集刊

集人文社科之思 刊专业学术之声

集 刊 名：德国哲学
主办单位：湖北大学哲学学院
主　　编：邓晓芒　戴茂堂
副 主 编：舒红跃

CHINESE JOURNAL OF GERMAN PHILOSOPHY
(2019) Vol.1

2019年上半年卷

集刊序列号：PIJ-2014-092
中国集刊网：www.jikan.com.cn
集刊投约稿平台：www.iedol.cn

德国哲学

2019 年上半年卷

CHINESE JOURNAL OF GERMAN PHILOSOPHY

(2019) Vol.1

主　编 / 邓晓芒　戴茂堂
副主编 / 舒红跃

社会科学文献出版社
SOCIAL SCIENCES ACADEMIC PRESS (CHINA)

卷首语

最近国内的德国哲学研究突然“火”了起来，继 2018 年的中华全国外国哲学史学会下属的德国哲学专业委员会成立之后，又于 2019 年 6 月成立了康德哲学专业委员会。于是 2019 年上半年，除了中华全国外国哲学史学会例行年会在复旦大学召开外，6 月在北京大学召开的“康德哲学与人类未来”国际学术研讨会暨康德哲学专业委员会成立会议是一个有 20 多位国外学者参加的国际学术会议，在贵州召开的德国哲学年会也是众多学者参加的全国性学术会议。6 月 29 日，湖北大学德国哲学与文化研究院挂牌成立，本人有幸被聘为院长。在研讨会上，赶来捧场的几位多年朋友在发表高见之余，也感叹现在学术会议如此密集，简直分身乏术了。不能否认，学术会议是学者们交流学术观点、展开思想碰撞的极佳场所，在科研经费吃紧的那些年里，一次好不容易召开的学术盛会所产生的影响会长久地留在与会学者的回忆中，多年之后仍被人们津津乐道。而在今天，缺乏经费导致会议难产的事情已经成为过去，课题经费用不完倒成为学术团队面临的难题。在这种情况下，频频召开的学术会议所带来的负面效应便浮现出来。首先，它们占用了大量本来用于做学问、坐冷板凳的时间，每到适合于外出的季节，一些学者疲于奔命，一个会接着一个会地赶场，耗费了精力，中断了研究思路。我颇怀疑这种会议对于与会学者来说得不偿失。其次，通常每次会议都会要求提交学术论文，一些学者在短时间内哪里写得出那么多有价值的论文，于是常常一篇论文用于好几个会，或者是拿过去发表过的论文来充数，为开会而开会，这就失去了交流新思想的意义了。我有时想，在康德和黑格尔的那个时代，人们从来不开学术会议，他们是如何交流思想的？一个是凭借发表的作品，某人的一篇文章或一本著作出来，引起轰动，于是大家纷纷传阅，写文章评论或反驳，有时是在杂志上反复辩难；再一个是通过私下里通信，学者间的信件往往长篇大论，就某个问题深入交换意见，有的信本身就成了学术经典。与今天人们乘坐飞机或高铁到某个地方去发表一些不成熟的思想观点以引起别人的注意相比，我觉得两百多年前的那种学术氛围似乎更适合于真正的哲学思想的生长。

因此，近年来我有意识地减少外出参加学术会议的次数，甚至接近于“闭关”状态，为的是腾出更多的时间来干自己计划要干的事。年过七十，我对自己剩余不多的时间做了一次全面的规划，首先是要将自己策划多年的“自否定哲学”即重建形而上学的方案弄出来，这是需要耗费大量脑力特别是发挥创造力和爆发力，因而要趁还不太老而做的一件工作。因为越往后推年纪越大，恐怕就做不动了。再就是要把康德和黑格尔的其余几部重要的经典著作逐一加以“句读”，这项工作不像前一项那么紧迫，但也绝不轻松，而且对于年轻学者来说可能更为需要。想当年，在周围找不到任何人请教和提供点拨的环境下，我单靠自己的冥思苦想和博览群书来解决在读经典时所遇到的无数疑难问题，经过四五十年的磨炼，才获得了今天这样可以逐句讲解经典的能力。我希望自己的这些解读能为当今的莘莘学子尽可能多地省掉我当年所经历过的探索历程，让他们在一个比我们那时高得多的起点上继续推进我们共同的事业。这就是我余生真正想做的事情。

当然，《德国哲学》还得继续编下去，除了是一项义务之外，我自己其实也从中获益不少。就如这一期的好几篇文章都使我大开眼界，真是活到老学到老啊！

邓晓芒

2019 年 7 月 2 日于喻家山

目录 德国哲学（2019年上半年卷）

德国自然法哲学专题研究

康德哲学专题研究

德国古典哲学专题研究

现象学专题研究

德国自然法哲学专题研究

从自然平等到法权平等*

——论普芬道夫的国家理论

宁　凡　杜　娥**

［内容提要］　普芬道夫主要从主权角度分析17世纪神圣罗马帝国的宪制问题，其意图是将帝国权力法权化。借助道德哲学，他为自己的国家理论提供了解释的空间。本文将讨论帝国的非正常性，进而考察普芬道夫如何利用国家体系这种新型政体来设计帝国宪制。本文还将讨论国家体系的法权关系，并从法权概念入手解释普芬道夫如何论证各邦国的平等关系。此外，各邦国面临法权平等与实质不平等的矛盾，该矛盾进一步表现为国家体系的共同意志与各邦国的个别意志间的冲突。而普芬道夫试图通过明确国家体系的权力归属来缓和这一矛盾。

［关键词］　普芬道夫　帝国　国家体系　主权　法权平等

一　普芬道夫国家理论的形成及其反响

近代以来，如何从传统帝国向现代国家转型是很多国家需要面对的问题，

* 本文为2017年西南政法大学学生科研创新项目“从自然平等到法权平等——普芬道夫自然法理论研究”（项目编号：2017XZXS－048）的研究成果。

** 宁凡（1991—　），辽宁鞍山人，吉林大学2018级法律史专业博士研究生，研究方向为西方近代自然法理论、中国古代监察法制史；杜娥（1993—），陕西榆林人，西南政法大学2016级法学理论专业硕士研究生，研究方向为中国近代法律思想。

它反映了一个国家对自己的身份认同。在各自的时间轨道上，各传统帝国向现代国家转变的方式和历史进程差异显著。两次世界大战以降，伴随传统帝国的灭亡和殖民地民族解放运动的兴起，从形式上看，全球范围内传统帝国向现代国家的转型基本完成。但传统帝国的内在特征影响了脱胎于帝国的现代国家，促使其以不同的形式在世界政治经济领域发挥作用。① 帝国作为一种社会组织，其维护社会团结的诸因素得以保留。② 因此，传统帝国内部政治和文化多样性重新受到重视。③ 在全球化背景下重新审视帝国的特征，可以为全球治理体系提供利用资源。

神圣罗马帝国（*Sacrum Imperium Romanum*, 962 - 1806）向现代国家的演变经历了漫长曲折的过程。随着中世纪晚期封建制的发展和基督教神权观念的渐次衰落，神圣罗马帝国所承载的世界帝国观念开始瓦解，取而代之的是民族观念。16 世纪伊始，神圣罗马帝国仍是一个具有浓厚中世纪传统的、权力分散的政治实体，面对周边民族国家的兴起和挑战，它显得越发羸弱。此时，帝国向现代国家转型的最迫切任务是加强集权，实现国家统一。在 1667 年出版的《德意志帝国宪制》④（*De Statu Imperii Germanici*，以下简称“《宪制》”）

---

① Partha Chatterjee, "Empires, Nations, Peoples: The Imperial Prerogative and Colonial Exceptions," *Thesis Eleven*, Vol. 139, No. 1, 2017, pp. 84 - 96; Sandra Halperin, "The Imperial City-state and the National State Form: Reflections on the History of the Contemporary Order," *Thesis Eleven*, Vol. 139, No. 1, 2017, pp. 97 - 112.

② Sinisǎ Malesěvić, "The Foundations of Statehood: Empires and Nation-states in the Longue dureé," *Thesis Eleven*, Vol. 139, No. 1, 2017, pp. 145 - 161.

③ 〔德〕彼得·哈特曼：《神圣罗马帝国文化史（1648 - 1806 年）：帝国法、宗教和文化》，刘新利、陈晓春、赵杰译，东方出版社，2005。

④ 本文参考英文版 Samuel Pufendorf, *The Present State of Germany*, trans. by Edmund Bohum, Michael J. Seidler ed., Indianapolis: Liberty Fund, 2007，简称 *DSI*。对《德意志帝国宪制》诸译本的介绍同见此书，*DSI*, xxix - xxxiv。

关于此书书名的译法，有直译和意译两种。拉丁文译本名为 *De Statu Imperii Germanici*，可译为“德意志帝国现状”。英文版据此将之直译为 *The Present State of Germany Empire*，如 Edmund Bohun 和 Michael J. Seidler 的译本。但亦有作者在介绍普芬道夫的著作时均将之意译为 *On the Constitution of Germany Empire*，分别见 Samuel Pufendorf, *The Political Writings of Samuel Pufendorf*, trans. by Michael J. Seidler, Craig L. Carr, ed., New York: Oxford University Press, 1994; J. H. Burns, Mark Goldie, *The Cambridge History of Political Thought 1450 - 1700*, Cambridge: Cambridge University Press, 2008, pp. 312 - 328;〔德〕普芬道夫：《人和公民的义务》，中国政法大学出版社，2003。

德文版中有的将之直译为“德意志帝国现状”，如 Notker Hammerstein 的译本 *Der wahren Beschafenheit und Zustand des Teutschen Reichs*，以及 Petronius Adlemansthal 的 （转下页注）

中，普芬道夫（Samuel von Pufendorf, 1632 - 1694）通过分析神圣罗马帝国的历史和政治现状，试图把一套主权国家理论应用到帝国身上，从而赋予这个古老的政治组织以更多现代国家（Modern state）的特征。① 普芬道夫并未在《宪制》中系统地论述其国家理论，但其关于主权的观点已然成型，并且该书以石破天惊的方式指出帝国主权的非正常性。他为帝国向现代国家转型提出的构想是，通过设计帝国的主权归属，将德意志重新统一于一个主权国家之下，这个主权国

（接上页注④）译本 *Bericht von dem Zustande des H. R. Reichs Teutscher Nation*。也有意译为"德意志帝国宪制"，如 Horst Denzer 的译本 *Die Verfassung des deutschen Reiches*。

本文认为，对《宪制》书名的直译与意译都不算错。从全书结构上看，该书先后论述了德意志的历史、现存政治制度、德意志的国家利益与缺陷，这种谋篇布局为当时历史写作的通行做法。但该书并非一部经典的史料著作，其历史部分主要援引其他史料。该书的主旨在于探讨德意志的主权问题和国家形态，其价值在于鲜明地指出帝国的非正常性。如普芬道夫在 1667 年版序言中所言："因此我的头脑中萦绕着一个想法，期望更加详细地考察这个国家的力量与财富，民族的多样性，以及将这个共同体紧密联系在一起的纽带。"而在 1706 年版序言中则直言："本书的首要目标是探寻德意志帝国的形态，人们越深入地观察这台庞大机器是如何运转的，就会越容易发现其非正常性。"而"宪制"一词可以很好地概括欧洲由古代向现代国家转型过程中包含的基本政治问题，尤其是国家权力问题。因此，将该书意译为《德意志帝国宪制》更能突出普芬道夫的写作意图和价值。所以本文采后一种译法。"宪制"的汉语意思国内学界也有讨论。苏力在一系列文章和著作中讨论过宪制的含义及中国古代宪制问题，如：《何为宪制问题？——西方历史与古代中国》，《华东政法大学学报》2013 年第 5 期；《精英政治与政治参与》，《中国法学》2013 年第 5 期；《宗法封建宪制变迁中的政治考量——中国古代宪制研究之二》，《石河子大学学报》2013 年第 6 期；《宪制的军事塑造——中国古代宪制之六》，《法学评论》2015 年第 1 期；《大国及其疆域的政制构成》，《法学家》2016 年第 1 期；《大国宪制：历史中国的制度构成》，北京大学出版社，2018。

① 对比伯伦知理对现代国家的定义，可见普芬道夫国家理论的特点。其中包括：既试图论证国家的建立是自给自足的，但也认为神学是国家建立的重要依据；肯定公民自我保全的正当性，但未提出天赋人权，也不认为民主制具有天然正当性；认为国家具有独立人格，但国家人格主要借助主权者的具体人格得以表现；坚持国家主权至上，但认为邦国的主权权力不可剥夺；主权的权威高于实在法，但主权的行使应受到法律约束；承认民族观念，并注意到各国宪制发展的特殊性，但坚持自然法国家理论的普遍性；在一定程度上承认信仰自由，但仍坚持国家应当统一国内的宗教信仰；承认国际法的必要性，但不认为国际法具有强制力。伯伦知理对古代国家、中世纪国家和现代国家的划分与比较，参见 Johann Kaspar Bluntschli, *The Theory of the State*, Kitchener: Batoche Book, 2000, pp. 21 - 72。

家具有其历史性和特殊性，它是一个国家体系（System of States）[①]。

普芬道夫在《宪制》中声称，似乎只有经过一场彻底的大混乱才可让其变成一个正常国家（Regular state）。[②] 然而，经历了三十年战争（1618～1648）的帝国似乎无力再承受如此剧烈的动荡。如此看来，普芬道夫之所以希望维持帝国框架，并非仅仅出于对旧制度的怀念，而是出于一种政治考量。由于帝国没有一个强大的上位者，势力均衡的皇帝和各邦国或者寻求外国支持，或者在帝国内部合纵连横，根本无法在和平有序的情况下达成建国契约。所以为避免帝国在转型中走向解体，普芬道夫只能希望在既有框架下逐步调整其内部结构。本文试图论证，普芬道夫在帝国主权归属上的踯躅恰恰表明主权理论本身的诸多难题。而以自然权利为基础的自然法理论，在调整个人权利与国家主权的紧张关系时越发困难。这同样表明，在激烈的地缘政治竞争中，一个传统帝国向现代国家转变面临着诸多现实问题。

为此，普芬道夫这一国家理论的提出有一个过程。首先，必须结合 17 世纪中后期欧洲的政治发展情况，来理解普芬道夫的主权理论在其自然法理论中的地位和发展情况。受导师魏格尔（Erhard Weigel，1625－1699）的影响，青

---

① 国家体系一词的拉丁文为 *systemata*，大部分英文版均将其译为 system of states。但亦有版本将之译为 confederacy，即国家联盟或邦联，参见 Samuel Pufendorf, *An Introduction to the History of the Principal Kingdoms and States of Europe*, Michael J. Seidler ed., Indianapolis: Liberty Fund, 2013, pp. 305, 316, 350。目前普芬道夫诸作品的中文版均将其直译为国家体系，同样的译法参见〔德〕迈内克《马基雅维里主义》，时殷弘译，商务印书馆，2008。而李猛将之译为国家法团，参见李猛《自然社会：自然法与现代道德世界的形成》，生活·读书·新知三联书店，2015。

system of states 的翻译困难在于如何理解不同语境下 state 的含义。由于当时对国家形态的划分仍不明确，state 被用来泛指各种具有国家特征的政治实体，它既可指州、邦国，又可指王国、帝国。因此，system of states 既可指帝国内诸邦的关系，又可指国际法意义上各国家间的关系。在《宪制》一书中 system of states 取前一种含义，用来描述各邦国之间密不可分的关系。同样的翻译困难亦体现在如何翻译“帝国”。普芬道夫在《宪制》中分别使用 *respulica*，*status*，*imperium* 来指代帝国，详见 1706 年版序言的注释 a，*DSI*，p. 10。

霍布斯对政治体系的分类，参见〔英〕霍布斯《利维坦》，中国政法大学出版社，2003，第 155～165 页。关于普芬道夫如何借鉴霍布斯对体系的用法，参见 Peter Schroder, "The Constitution of the Holy Roman Empire after 1648: Samuel Pufendorf's Assessment in His Monzambano," *The Historical Journal*, Vol. 42, No. 4, 1999, p. 968。关于格劳秀斯、霍布斯和普芬道夫三人对体系一词的不同用法，详见 N. Bobbio, *Thomas Hobbes and the Natural Law Tradition*, Chicago: The University of Chicago Press, 1993, pp. 180－181。而国际法意义上的国家体系一词，详见 Martin Wright, *Systems of States*, Heldley Bull ed., Leicester: Leicester University Press, 1977。

② *DSI*, p. 177.

年普芬道夫在《普遍法理学要素》[①]（1660）中以演绎的方式推导出一套自洽的道德哲学。他认为公民对国家的服从义务源于主权者的命令。基于一元论的主权观，普芬道夫认为主权不可分割，它是判断国家形态是否正常的标准。然而，当他运用这套教条式概念评价神圣罗马帝国时，却发现帝国主权归属混乱，因为它是一个非正常的政治实体。在1667年发表的《宪制》中，普芬道夫从历史、政体、利益和缺陷的角度对帝国整体现状进行分析。他激烈地抨击帝国现状，但在提出帝国改造建议时却异常保守。邦国利益难以触碰的现实使他修正自己的理论，在构建国家权力和意志的过程中提出国家体系这一概念。理论与现实的尖锐对立促使普芬道夫发出“帝国是一个怪物”的感慨。同时，在对格劳秀斯（Hugo Grotius，1583－1645）与霍布斯（Tomas Hobbes，1588－1679）理论的艰难调和中，普芬道夫日益认识到教条式自然法的局限，于是转而采用折中主义方式构建自己的自然法理论。这一点恰好就体现在之后的《自然法与国际法》[②]（1672）和《人和公民的自然法义务》[③]（1673）中。在这两部著作中，个人的自爱本性成为共同体建立的基础，国家通过义务论的方式得以建立。为维护共同体的安全，个人必须服从国家的命令，这使国家获得统治的正当性。自然状态下自我保存的意识支配个人的行为，在政治国家中主权者的命令支配个人的行为，而支配主权者行为的是国家理性。在论证过程中，自然法既是一种论证方法，也是一种缺乏强制力的规范。这种自然法体系本身十分脆弱，但已经有力地将神学逐出国家理论。书中系统论述了以主权至上和主权不可分割为核心的主权理论，与其契约理论共同构成了完整的国家理论体系。

在《宪制》中，普芬道夫将“国家理性”（Reason of State）观念、历史传统和主权等教条式概念相结合。而在《欧洲主要王国和国家历史导论》[④]（1682）中，他将此方法扩大以便分析欧洲各国行为及国家间关系。他认为，欧洲局势呈现出类似自然状态的图景：国家以公共安全为名，对内享有最高权

---

① Samuel Pufendorf, *Two Books of the Elements of Universal Jurisprudence*, trans. by William Abbott Oldfather, revised by Thomas Behme, Indianapolis: Liberty Fund, 2009. 简称 *EJU*。

② 英文版参考 Samuel Pufendorf, *On the Law of Nature and of Nations*, trans. by C. H. Oldfather and W. A. Oldfather, Oxford: Claredon University Press, 1934；拉丁文版参考 Samuel Pufendorf, *De jure naturae et gentium*, Berlin: AkademieVerlag, 1998；中文版参考〔德〕普芬道夫《自然法与国际法》，罗国强、刘瑛译，北京大学出版社，2012。简称 *DJN*。

③ 英文版参考〔德〕普芬道夫《人和公民的义务》，中国政法大学出版社，2003。中文版参考〔德〕普芬道夫《论人与公民在自然法上的责任》，支振锋译，北京大学出版社，2010；〔德〕普芬道夫《人和公民的自然法义务》，鞠成伟译，商务印书馆，2014。简称 *DOH*。

④ Samuel Pufendorf, *An Introduction to the History of the Principal Kingdoms and States of Europe*, Michael J. Seidler ed., Indianapolis: Liberty Fund, 2013. 简称 *EZDH*。

力，对外可依据国家理性自由行动。由此，普芬道夫将道德哲学、国家理论、历史和国际法理论一并纳入自然法体系中。在此之前，1677 年的论文《论非正常国家》（*De republica irregulari*）和《论国家体系》（*De systematibus civitatum*）已经稳固了他在公法领域的声望。①

但实际上不受拘束的国家理性对内强化了君主权力，对外导致国家间的激烈竞争。17 世纪下半叶再次升温的宗教矛盾就是证明。三十年战争后，路德宗与加尔文宗矛盾激化。同时，虔敬运动（Pietism）受正统路德宗抨击。法国在路易十四（Louis XIV，1638 – 1715）的领导下接连在遗产战争（1667 ~ 1668）和法荷战争（1672 ~ 1678）中获胜，其扩张趋势咄咄逼人。普芬道夫既认识到法国君主制的强大力量，也认识到不受约束的君主对欧洲的威胁。1685 年，野心勃勃的路易十四废除《南特敕令》，这被视为法国借恢复天主教势力而进行扩张的前奏。与此同时，以反对法国扩张为目标的奥格斯堡同盟形成（1686），宗教宽容问题再度引起讨论。在《就公民社会论宗教的本质与特性》②（1687）和《神圣封建法》③（1695）中，表面上普芬道夫意图解决信仰自由与主权者拥有统一全国信仰的权力之间的矛盾，实际上他要为以宗教为名的对法战争寻找依据。在奥格斯堡同盟中，被视为潜在领导者的奥地利和勃兰登堡互相竞争。普芬道夫将《就公民社会论宗教的本质与特性》一书献给勃兰登堡大选帝侯弗里德里希（Great Elector Friedrich，1620 – 1688）。在该书中，普芬道夫将宗教事务转化为教育和福利等世俗事务，由此为君主积极介入这些领域提供理论依据。弗里德里希自然将之视为提升自身威望的良好指导，于是欣然接受。1688 年，普芬道夫便受邀前往柏林担任普鲁士宫廷史官，直至 1694 年去世。

以下学者对普芬道夫的政治理论进行了总体评价。④ 罗纳德·克里格（Le-

---

① J. H. Burns, Mark Goldie, *The Cambridge History of Political Thought 1450 – 1700*, Cambridge: Cambridge University Press, 2008, p. 562.

② Samuel Pufendorf, *Of the Nature and Qualification of Religion in Reference to Civil Society*, trans. by Jodocus Crull, Simone Zurbuchen ed., Indianapolis: Liberty Fund, 2002. 中文版参见〔德〕普芬道夫《就公民社会论宗教的本质与特性》，俞沂暄译，上海三联书店，2013。简称 *DHR*。

③ Samuel Pufendorf, *The Divine Feudal Law*, trans. by Theophilus Dorrington, Simone Zurbuchen ed., Indianapolis: Liberty Fund, 2002. 简称 *JFD*。

④ 还有一些研究普芬道夫的二手文献，包括：Emil Gigas, *Briefe Samuel Pufendorfs an Christian Thomasius (1687 – 1693)*, Nabu Press, 2011; Wojciech Krawczuk, *Samuel Pufendorf and Some Stories of the Northern War 1655 – 1660*, Jagiellonian University Press, 2014; Arild Saether, *Natural Law and the Origin of Political Economy: Samuel Pufendorf and the History of Economics*, New York: Routledge, 2017。

onard Krieger）强调普芬道夫政治理论中的折中主义特征，他认为普芬道夫调和了政治理论中的理性主义和经验主义，并认为后者致力于解决协调个人权利与政治权威秩序的关系，还认为后者为君主制和团体政治社会提供了个人主义基础。① 克雷格·卡尔（Craig L. Carr）和迈克尔·赛德勒（Michael J. Seidler）从现代国家正当性的角度论述普芬道夫的自然法理论，指出上帝在其自然法理论中的重要地位。文章指出，普芬道夫在《自然法与国际法》中放弃了把人的自利性与社会性并列的方法，只把人性归于自爱性，但这种自爱性与社会性并不矛盾。② 有文章认为，普芬道夫将父权制与契约论结合，从而解释家长的权威。该文同时认为家长建国构想调和了中世纪晚期的社团主义和霍布斯的激进个人主义。③ 本杰明·利普斯科姆（Benjamin J. Bruxvoort Lipscomb）讨论了普芬道夫对权力和权威的划分，还从道德哲学的角度论述普芬道夫理论中义务的来源和特征，并以此回应科尔斯戈德和施尼温德对普芬道夫意志论的批评。④ 塔克（Richard Tuck）将普芬道夫置于西方自然权利观发展脉络中，指出格劳秀斯和霍布斯对其权利理论的影响。⑤ 霍赫斯特拉瑟（T. J. Hochstrasser）部分延续了此主题，重点展示普芬道夫如何调和霍布斯的意志论和格劳秀斯的理念论，并强调普芬道夫理论中的斯多葛学派传统。⑥ 鞠成伟认为，普芬道夫理论中的主权产生于消极转移而非积极转移，并指出普芬道夫的国家理论对官僚制的影响。⑦

一般认为，普芬道夫对政治思想史的贡献在于把国家视为独立的道德人格。⑧ 它区别于统治者，具有独立的意志并服从自然的道德法则。大卫·鲍彻（David Boucher）认为，普芬道夫的贡献在于将自然法的道德要求与《威斯特伐利亚和约》引起的国家变革结合起来，进而为17世纪晚期的国际秩序参与

---

① Leonard Krieger, *The Politics of Discretion: Pufendorf and the Acceptance of Natural Law*, Chicago: University of Chicago Press, 1965.

② Craig L. Carr, Michael J. Seidler, "Pufendorf, Sociality and the Modern State," *History of Political Thought*, Vol. 17, No. 3, 1996, pp. 354 – 378.

③ Michael Seidler, "Religion, Populism, and Patriarchy: Political Authority from Luther to Pufendorf," *Ethics*, Vol. 103, No. 3, 1993, pp. 551 – 569.

④ Benjamin J. Bruxvoort Lipscomb, "Power and Authority in Pufendorf," *History of Philosophy Quarterly*, Vol. 22, No. 3, 2005, pp. 201 – 219.

⑤ 〔美〕塔克：《战争与和平的权利：从格劳秀斯到康德的政治思想与国际秩序》，罗炯等译，译林出版社，2009；〔美〕塔克：《自然权利诸理论》，杨利敏、朱圣刚译，吉林出版集团有限责任公司，2014。

⑥ 〔英〕霍赫斯特拉瑟：《早期启蒙的自然法理论》，杨天江译，知识产权出版社，2016。

⑦ 鞠成伟：《建构法理共同体：普芬道夫的秩序法哲学研究》，中国法制出版社，2014。

⑧ Johann Kaspar Bluntschli, *The Theory of the State*, Kitchener: Batoche Book, 2000, p. 65.

者提供了主权和国家等概念。① 国家是一个复合的道德人格（Composite moral person）。后世的学者据此强调普芬道夫国家理论中的立宪主义色彩，即国家主权在运行中仍应受到内部或外部的限制。例如迈克尔·赛德勒把这种“复合”理解为一国中所有个人意志的集合，因此国家人格是一个统一的意志。② 而霍兰德把这种复合解读为国家人格既拥有意志（Will）又拥有理念（Intellect）。理念可以约束意志的行为，防止主权的滥用，所以普芬道夫的主权理论并不必然导致专制主义。③ 然而，普芬道夫强调国家主权至上，否认国际法的强制力，这也被视为国家主义（Statism）的理论渊源。此种倾向在当代国际关系理论中演变为反人道主义干涉和反世界主义。④

普芬道夫的双重契约建国理论对后世，尤其是对苏格兰启蒙学派产生了重要影响。有学者认为，普芬道夫对社会与国家的划分有助于限制主权的行使，为抵抗主权提供依据，防止主权者空位引发国家解体。⑤ 伊斯特凡·洪特（Istvan Hont）指出了普芬道夫的社会性理论对亚当·斯密的人类发展四阶段理论的影响：自然状态无法满足人更高级的需求，所以劳动和商品交换应运而生，因此自然自由进而进化为独立于政府的商业社会，并最终促使了社会与国

---

① David Boucher, “Resurrecting Pufendorf and Capturing the Westphalia Moment,” *Review of International Studies*, No. 27, 2001, pp. 557 – 577.

② “‘Monstrous’ Pufendorf: Sovereignty and System in the *Dissertations*,” In *Monarchism and Absolutism in Early Modern Europe*, Cesare Cuttica, Glenn Burgess ed., New York: Routledge, 2011, p. 161.

③ Ben Holland, “Pufendorf's Theory of Facultative Sovereignty: On the Configuration of the Soul of the State,” *History of Politic Thought*, Vol. 23, No. 3, 2012, pp. 427 – 454. 霍兰德在另一篇文章中延续了其观点，即国家人格中包括了意志和理念因素，并据此分析瓦特尔的国家理论。霍兰德认为，瓦特尔在解释国家人格的过程中遵循了与普芬道夫对立的沃尔夫的理念论，瓦特尔强化了国家人格中理念的作用而削弱了意志的作用。参见 Ben Holland, “The Moral Person of the State: Emer de Vattel and the Foundations of International Legal Order,” *History of European Ideas*, Vol. 37, 2011, pp. 438 – 445。

对该主题更详细的讨论参见 Ben Holland, *The Moral Person of the State: Pufendorf, Sovereignty and Composite Polities*, Cambridge: Cambridge University Press, 2017。

④ Richard Devetak, “Between Kant and Pufendorf: Humanitarian Intervention, Statist Anti-cosmopolitanism and Critical International Theory,” *Review of International Studies*, 2007, Vol. 33, pp. 151 – 174.

⑤ James Moore, Michael Silverthorne, “Protestant Theologies, Limited Sovereignties: Natural Law and Conditions of Union in the German Empire, the Neitherlands and Great Britain,” in *A Union For Empire: Political Thought and The Union of 1707*, John Robertson ed., Cambridge: Cambridge University Press, 1995.

家概念的分离。①

对《宪制》一书的评价如下。迈内克（Friedrich Meinecke）从国家有机体理论出发，认为普芬道夫已经认识到德意志作为一个政治实体的特殊性，但普芬道夫囿于教条的主权理论，对德意志政治形态的个别性认识与其图式化的主权理论构成了普芬道夫思想中的一对矛盾。② 彼得·施罗德（Peter Schröder）重点论述普芬道夫理论中有特色的两对国家划分标准——正常国家与非正常国家、单一制国家与复合制国家。他认为，普芬道夫认识到妨碍帝国成为正常君主制国家的最大障碍是各邦拥有缔结同盟权，帝国宪制的僵局在于皇帝与各邦国就帝国权力进行激烈争夺。③ 彼得·威尔逊（Peter H. Wilson）指出主权问题在帝国尤为明显，因为帝国正处于界定和塑造皇帝与各邦国关系的进程中。他归纳了对帝国的四种认识：失败的民族国家、联邦、帝国—国家、中欧文化共同体。并认为在帝国早期发展过程中，君主制、联邦制和封建等级制三个因素是并存的，它们在帝国发展的不同时期发挥了各自的作用。④

混合政体也是普芬道夫在《宪制》中着力批判的观点。朱利安·富兰克林（Julian H. Franklin）介绍了自博丹（Jean Bodin，1530 – 1596）以来至17世纪30年代，欧洲思想界对德意志帝国性质的认识，尤其探讨如何从混合政体理论来理解德意志帝国。⑤ 相比普芬道夫，莱布尼茨（Leibniz，1646 – 1716）提出了一种更为分散的主权理论，从而为帝国宪制寻找正当性。因此他批评前者的绝对主权理论。不过他同普芬道夫一样，都认为法国对德意志构成巨大威胁，这成为帝国宪制设计时必须考虑的问题。⑥ 约翰·罗伯森（John Robert-

---

① Istvan Hont, "The Language of Sociability and Commerce: Samuel Pufendorf and the Theoretical Foundations of the 'Four-Stages Theory'," in *The Languages of Political Theory in Early-Modern Europe*, Anthony Pagden ed., Cambridge: Cambridge University Press, 1987. 中文版参见〔英〕伊斯特凡·洪特《贸易的猜忌——历史视角下的国际竞争与民族国家》，霍伟岸、迟洪涛、徐至德译，译林出版社，2016。

② 〔德〕迈内克：《马基雅维里主义》，时殷弘译，商务印书馆，2008。

③ Peter Schröder, "The Constitution of the Holy Roman Empire after 1648: Samuel Pufendorf's Assessment in His Monzambano," *The Historical Journal*, Vol. 42, No. 4, 1999, pp. 961 – 983.

④ Peter H. Wilson, "Still a Monstrosity? Some Reflections on Early Modern German Statehood," *The Historical Journal*, Vol. 49, No. 2, 2006, pp. 565 – 576.

⑤ Julian H. Franklin, "Sovereignty and Mixed Constitution: Bodin and His Critics," in *The Cambridge History of Political Thought 1450 – 1700*, J. H. Burns, Mark Goldie eds., Cambridge: Cambridge University Press, 2008. 中文版参见《主权与混合宪制：博丹及其批评者》，载娄林主编《博丹论主权》，华夏出版社，2016，第55 ~93页。

⑥ 参见〔美〕赖利编《莱布尼茨政治著作选》，张国帅、李媛、杜国宏译，中国政法大学出版社，2014。

son）从帝国与联盟的角度分析了早期欧洲的政治秩序，将普芬道夫的主权理论与新教联系在一起，认为新教有助于建立有限主权理论。[①] 乔基姆·惠利（Joachim Whaley）认为帝国的权力分散同样有利于发展独特的宗教宽容理论与实践。[②] 大卫·桑德斯（David Saunders）指出，《南特敕令》的废除导致普芬道夫不再将法国视为欧洲秩序的维护者，而将之视为威胁和平的侵略者。[③]

普芬道夫理论中的平等与法权概念同样引起学界的关注。卡里·萨斯塔莫伊宁（Kari Saastamoinen）认为，尽管霍布斯和普芬道夫都论证了人的自然平等，但自然平等并不必然推导出民主制。作为一种论证方法，自然平等理论同样可以为专制提供支持。[④] 帕斯夸莱·帕斯奎诺（Pasquale Pasquino）探讨了普芬道夫的多数决思想，认为普芬道夫已经认识到多数决的先决条件是每个决策参与者的投票权重是相同的。[⑤] 李猛的著作对西方法权观念的发展，尤其对格劳秀斯的法权概念有细致的分析，认为现代国家的制度权力在其法权来源与权力形态之间存在潜在张力。[⑥] 这启发本文探讨普芬道夫的法权概念和帝国的国家权力问题。

二　普芬道夫论帝国的非正常性

普芬道夫继承了博丹和霍布斯的观点，认为主权不可分割，它应归属于单一主体，否则国家就是不正常的（irregular），帝国即是如此。[⑦] 对此我们应先理解普芬道夫对最高主权（supreme sovereignty）、主权权能（potential parts）与主权行使方式（the exercise of sovereignty）的区分。根据他的论述，最高主权即主权至上，主要指一国之内没有比主权更大的权力，每个人都应当服从主

① John Robertson ed. , *A Union For Empire: Political Thought and The Union of 1707*, Cambridge: Cambridge University Press, 1995.

② Ole Peter Grell ed. , *Toleration in Enlightenment Europe*, Cambridge: Cambridge University Press, 2000.

③ David Saunders, "Hegemon History: Pufendorf's Shifting Perspectives on France and French Power," In *War, State and International Law in Seventeen-Century Europe*, Olaf Asbach, Peter Schröder eds. , Farnham: Aschgate, 2009.

④ Kari Saastamoinen, "Pufendorf on Nature Equality, Human Dignity, and Self-Esteem," *Journal of the History of Ideas*, Vol. 71, No. 1, 2010, pp. 39 – 62.

⑤ Pasquale Pasquino, "Samuel Pufendorf: Majority Rule (Logic, Justification and Limits) and Forms of Government," *Social Science Information*, Vol. 49, No. 1, 2010, pp. 99 – 109.

⑥ 李猛：《自然社会：自然法与现代道德世界的形成》，生活·读书·新知三联书店，2015。

⑦ *DJN*, p. 1022.

权者的命令，主权者高于人定法等。[①] 而主权权能是主权者为维护国家运行所必需的权力，包括立法权、惩罚权和司法权等。[②] 主权权能不可分割，且必须统一于主权之下。[③] 主权与主权权能不可分成为普芬道夫划分正常国家与非正常国家的标准。但主权不可分割的观点遭到莱布尼茨的批评，后者认为现实中根本不存在主权完全集于一人的国家，而且这种设想只会导致独裁的霍布斯式国家出现。[④]

但是莱布尼茨忽略了普芬道夫对主权的另一种划分，即主权依照行使方式不同可分为绝对主权（absolute sovereignty）与有限主权（limited sovereignty）。前者指主权者可以完全按照自己的意志行动，后者指主权者的行为受到明确的法律或程序的限制。[⑤] 普芬道夫指出，绝对主权不同于专制（absolutism），它强调主权者须以国家利益为指导，完全按照自己的意志行使主权，不同于滥用主权。在他看来，绝对主权是从国家建立的目的中推导出的，与正义无关，“从这个词的严格含义上讲，绝对主权存在于所有国家中，即使并不总在实践中，但在习惯和理论上仍然成立”。[⑥] 有限主权并不是对主权的分割，而是对主权者的有限制约。只要能确定主权者的地位，有限主权的国家仍然是正常国家。所以，尽管君主立宪制的英国与中央集权制的法国君主权力差异显著，但普芬道夫把英国和法国都归为正常国家。[⑦] 皇帝和帝国议会（Reichstag）的存在使帝国在形式上似乎与其他王国并无两样，但皇帝徒具虚名，帝国议会议而不决。而各邦分享了主权权能，可以违背皇帝的意志而无须承担后果。所以他将德意志与古罗马一并归为非正常国家。[⑧]

---

① *DJN*, pp. 1055 – 1057; *DOH*, pp. 146 – 147.

② 关于主权权能的具体内容参见 *DJN*, pp. 1010 – 1015; *DOH*, pp. 139 – 141。

③ *DJN*, pp. 1016 – 1017.

④ “在此我认为它就是一个国家。而博学的人们在讨论这个话题时则走向两个极端：一方认为它是一个统一的国家，其中各成员不再拥有原来的自由或权力；而另一方认为它并非一个国家而只是一个联盟，其中各成员仍拥有原来的权力。不可否认，最高权力（supreme power）的分割会产生许多纷争，如果每个人都固守己见甚至会导致战争。但经验表明人们通常选择走中间道路，以免因自己的固执使所有的事陷入僵局……有的人在思考德意志时无礼地认为它是一个怪物；如果这种观点确能成立，那我就要斗胆指出荷兰、波兰和英国都属于这种怪物，甚至西班牙和法国也是。”参见莱布尼茨《哈布斯堡王朝率领欧洲抵抗法国》，载〔美〕赖利编《莱布尼茨政治著作选》，张国帅、李媛、杜国宏译，中国政法大学出版社，2014，第 117 ~ 120 页。

⑤ *DJN*, p. 1063.

⑥ *DJN*, p. 1064.

⑦ *DSI*, pp. 165, 192.

⑧ *DJN*, p. 1041.

帝国宪制是在长期权力斗争中形成的，此种经由历史粉饰的非正常宪制极具迷惑性。在普芬道夫看来，传统政体理论和维持现状（*status quo*）的共识掩盖了主权问题的本质，“非正常政体是指，在政体中无法找到建立国家所必需的那种完全联合。这并非由于国家管理的缺陷或错误，而是由于非正常政体已经被法律或习俗正当化了”。[①] 而以贝佐尔德（Christoph Besold，1577 – 1638）为代表的混合政体理论自 17 世纪 20 年代起被广为接受，它事实上迎合了帝国内势力均衡的需要。[②] 但在普芬道夫看来，混合政体理论要么认为主权是可分的，要么认为主权是统一的，但议会中多数人的意志无法强迫少数人服从。第一种观点违背“主权不可分割”的观点，因而无法解释主权背后的统一的国家意志。第二种观点维护了“主权不可分割”的观点，但其在形成决议的过程中效率低下。[③]

谙熟历史的普芬道夫用了五章分析帝国宪制的发展历史，他指出影响宪制发展的首要问题是帝国深陷皇帝与邦国争夺权力的僵局中。皇帝总是试图把德意志改造为一个正常的君主国，而各邦则竭力摆脱皇帝的约束。[④] 自 1356 年《金玺诏书》（Golden Bull）颁布后，历代皇帝加冕前均需重新承诺各邦权力，否则就难以得到后者的拥护。封建制世袭观念与帝国共有观念不断碰撞与融合，其结果是邦国与帝国权力相互混淆。选帝侯既是本邦君主，同时兼任帝国宫廷要职[⑤]，这就为权力争夺埋下隐患。普芬道夫在《宪制》中记录道，1657 年王位空缺期（*interregnum*），新晋的巴伐利亚选帝侯意欲与帕拉丁选帝侯争夺总督权（vicarian power），后者曾长期占有此权力。前者称总督权为帝国共有，因而自己有权主张。后者则称自己是基于邦国身份拥有此权力，该权力已非帝国所有，而是转化为帕拉丁家族的世袭权力，因此巴伐利亚无权主张。[⑥]

帝国权力斗争的结果就是帝国宪制既无力解决重大内部冲突，也无力针对帝国公共事务形成决议。16 世纪宗教改革的兴起加剧了帝国内部冲突。《奥格斯堡和约》（1555）尽管暂时平息了各派冲突，但它是妥协和秘密外交的产物，未能提供一套稳定的纠纷解决机制。[⑦] 17 世纪伊始，帝国最高法院（Reichskam-

---

① *DOH*, p. 144.

② J. H. Burns, Mark Goldie eds. , *The Cambridge History of Political Thought 1450 – 1700*, Cambridge: Cambridge University Press, 2008, pp. 312 – 328.

③ *DSI*, pp. 173 – 176; *DJN*, pp. 1038 – 1039.

④ *DSI*, pp. 176 – 177.

⑤ *DSI*, pp. 101 – 104.

⑥ *DSI*, pp. 108 – 109.

⑦ John Gagliardo, *Germany under the Old Regime 1600 – 1790*, New York: Routledge, 2013, p. 17.

mergericht）渐渐无法调和天主教各邦和新教诸邦的矛盾。[①] 新教同盟（*Union*）和天主教同盟（*Liga*）相继于1608年和1609年成立，预示着帝国宗教和政治矛盾逐渐转化为军事冲突，并为三十年战争埋下了伏笔。三十年战争后，德意志各邦达成的共识仍然是重回战前的旧制度，即保持各邦国的既有特权。[②] 或如普芬道夫所言，帝国政体的腐化如同一块依惯性下落的石头，非有强大的外力无法改变。[③]

此外，帝国的非正常性也是外部势力干预帝国内政的结果。《威斯特伐利亚和约》（1648）的订立虽然树立了主权平等观念，但在普芬道夫看来，它客观上也是法国和瑞典意图分裂帝国，并将之正当化的阴谋行动。一方面，法瑞两国试图削弱皇帝的权威，例如它们认为宣战对象是皇帝而非帝国，在和谈时要求全体邦国参会，并要求各邦国依自己的名义在和约上签字，还在和约中规定各邦国有对外结盟的权力，这就使各邦可以正当独立地行使权力。另一方面，它们又强调无论各邦是否签字，皇帝的签字对所有邦国均有约束力，这无疑又肯定了皇帝在帝国外交事务上拥有主权者的权威。[④] 普芬道夫认为，这种对帝国主权自相矛盾的解释加剧了帝国的混乱，皇帝或各邦国似乎都不能独占主权，却为它们争夺权力找到了借口。[⑤] 从地缘政治的角度看，法国和瑞典意图利用帝国宪制的缺陷，防止其作为一个统一国家在中欧崛起从而威胁自身安全。[⑥] 如果说和约借助强力将帝国主权分裂的局面正当化，那么普芬道夫则要借助自然法扭转这种非正常性，将帝国权力和权力关系法权化。

三　普芬道夫对帝国宪制的设计

国家体系之于普芬道夫国家理论的重要性已有论述。[⑦] 简言之，国家体系

---

① Ronald G. Asch, *The Thirty Years War: The Holy Roman Empire and Europe, 1618 – 1648*, New York: Macmillian Education, 1997, pp. 12, 26 – 28.

② Ronald G. Asch, *The Thirty Years War: The Holy Roman Empire and Europe, 1618 – 1648*, New York: Macmillian Education, 1997, p. 142.

③ *DSI*, p. 177.

④ Ronald G. Asch, *The Thirty Years War: The Holy Roman Empire and Europe, 1618 – 1648*, New York: Macmillian Education, 1997, pp. 132, 141.

⑤ *DSI*, pp. 124, 175.

⑥ Ronald G. Asch, *The Thirty Years War: The Holy Roman Empire and Europe, 1618 – 1648*, New York: Macmillian Education, 1997, p. 141.

⑦ Peter Schröder, "The Constitution of the Holy Roman Empire after 1648: Samuel Pufendorf's Assessment in His Monzambano," *The Historical Journal*, Vol. 42, No. 4, 1999, p. 972.

属于政体的一种形态。它是由不同成员国通过共拥一君或订立旨在实现永久联合的契约而形成的共同体，在此意义上它不同于旨在暂时合作的国家联盟（Confederate of states）。国家体系是一种复合国家（Compositive state），它不同于君主制、贵族制和民主制等单一制国家（Simple state）。在单一制国家中，尽管主权者数量不一，但其主权是统一的，主权者意志即国家意志。而国家体系由不同成员国组成，每个成员国在相当范围内保留自己的主权和意志，单个成员国的意志不能代表整个共同体。此外，在贵族制和民主制中，形成决议的过程适用少数服从多数原则，多数人的意志即上升为国家意志。但国家体系不适用少数服从多数原则，多数成员的意志不代表全体意志，其对少数成员也无约束力。① 国家体系的典型是荷兰和瑞士。②

在《利维坦》中，霍布斯把体系（System）称为拥有共同利益或目标的人的集合体，而政治体系（Political System）则涵盖了从国家到商人团体等所有的政治实体。普芬道夫修正了这一概念，他用"Body"来描述国家及国内组织，仅用"System"来描述国家间涉及主权转移的关系。③ 而各成员国通过契约的方式组成永久共同体，这一观点早已为格劳秀斯所表达："所以几个国家可以以最紧密的方式维系于一个联盟中，组成一个前所未有的联合体，而每个国家仍然保持完全国家的状态。"④ 普芬道夫的贡献在于调和了格劳秀斯和霍布斯的理论，并从道德哲学出发论证国家体系的正当性并以此取代混合政体理论。⑤ 由于普芬道夫区分了现实的内在和外在两个维度，在既有的社会和政治制度下，赋予理性科学以重塑其内在关系的功能，使统一原则能适应多样的现实⑥，因此普芬道夫尽管无意改变现实，但通过塑造独立于物质世界（*substantiam*）的道德世界（*modum*）⑦，他便可以在理论上重塑帝国宪制，并进一

① 普芬道夫所谓国家体系与混合政体的区别仍值得继续思考。如前文第一节所述，议会投票不适用少数服从多数原则，这也是混合政体理论的代表观点。普芬道夫实际上吸收了该原则。他亦要求只有全体成员意志达成一致才能行使主权，非经全体同意，单个成员无权行使主权。两者的区别在于国家体系是复合制国家，而混合政体所谓议会制国家是单一制国家。*DJN*, pp. 1039 - 1040。

② *DSI*, pp. 165, 166, 200; *EZDH*, pp. 305, 319.

③ 普芬道夫对国内组织的分类参见 *DJN*, pp. 995 - 996。

④ Hugo Grotius, *The Rights of War and Peace*, *Book I*, Richard Tuck ed., Indianapolis: Liberty Fund, 2005, p. 260.

⑤ Peter Schröder, "The Constitution of the Holy Roman Empire after 1648: Samuel Pufendorf's Assessment in His Monzambano," *The Historical Journal*, Vol. 42, No. 4, 1999, pp. 968 - 969.

⑥ Leonard Krieger, *The Politics of Discretion*: *Pufendorf and the Acceptance of Natural Law*, Chicago: University of Chicago Press, 1965, pp. 37 - 38.

⑦ *DJN*, p. 5.

步将国家拟人化。例如在讨论帝国政体正常与否时，普芬道夫便从道德哲学出发对其进行分析，“正如自然实体（natural bodies）的健康取决于其组成部分的和谐……道德实体（moral bodies）的稳固与否取决于各组成部分结合得是否紧密”。[①]

在普芬道夫的社会契约论中，自然状态下的人们认识到通过合作可以更好地实现自我保存，由此人们通过双重契约相继建立社会（*societas*）和国家（*civitas*）。据此可以认为，国家体系的建立同样遵循双重契约的方式。首先，各成员国认识到自身不足以抵抗外敌入侵，因此有必要成立共同体来保卫自身安全，因此通过订立第一个契约成为联合体。然后通过订立第二个契约明确其政体为国家体系。同时各成员国表示，涉及共同体的公共事务应当由全体成员决定，于是形成了国家体系的部分共同意志。这在主权上表现为国家体系对涉及全体安全的部分主权须经全体同意才能行使，例如发动战争、为战争而征税和对外缔结同盟权。而其他主权仍由各成员国保留。[②]

根据普芬道夫对国家类型的划分，我们可以合理推出帝国转化为正常国家的几种方案（见表1）。

表1 帝国转化为正常国家的几种方案

政体	主权归属	皇帝与各邦国的权力分配
君主制	皇帝	皇帝掌握帝国主权，各邦主权权能消失，蜕化为地方政权
贵族制	少数人组成的议会	皇帝为虚职，选帝侯议会掌握帝国主权，其余各邦主权权能消失，蜕化为地方政权
民主制	全体代表组成的议会	皇帝为虚职，帝国议会中全体代表掌握帝国主权。各邦在议事时投票权重一样，但各邦现有的主权权能消失
国家体系	各邦仍然拥有主权，但以某种纽带永久联合在一起	皇帝为虚职，各邦保留各自主权，帝国议会仅在公共安全事项上对各邦具有约束力。维系帝国的纽带是传统习惯和基本法律

如果普芬道夫认为帝国应该转变为一个正常国家，那么他必须在表1中的四个方案中加以选择。首先可以排除君主制。从历史上看，帝国非依靠强大的武力不能统一，这种力量在神圣罗马帝国皇帝查理五世失败后再没能恢复。而且在信仰自由无法保障的情况下，普芬道夫作为新教教徒，也不敢让信奉天主教的皇帝成为实权君主。其次民主制也不可取。在缺乏人民主权观念和政治实

---

① *DSI*, p. 159.

② *DJN*, pp. 1043 - 1049；*DOH*, pp. 144 - 145.

践的时代，在地域辽阔的国家建立民主制是不可想象的[①]，威尼斯共和国的稳定被普芬道夫视为一种奇迹。[②] 而贵族制亦难以实行，因为选帝侯集团掌握主权无疑会引发皇帝和中小邦国的反对，而选帝侯们在宗教事务上的分裂导致其无力领导整个帝国。[③] 国家体系保障各邦既有权力基本不变，这样会赢得各邦的认同；皇帝变为虚职，但仍可保留对奥地利的统治权。这是鉴于三十年战争后奥地利放弃统一帝国的野心，只想利用帝位为本邦谋求利益，虚职设计勉强可得到皇帝的认同。此外，普芬道夫在皇帝存废问题上反对开姆尼茨（Phillipp Chemnitz，1605 – 1678）的观点，后者主张废黜皇帝。普芬道夫主张保留皇帝的理由有两个。一是从帝国内部来看，皇帝被废势必打破各邦间的力量平衡，各邦定会就皇帝权力展开争夺，此举将加剧帝国的混乱。[④] 二是从外部看，褫夺哈布斯堡家族的帝位等于为外部势力扫除了强大的竞争对手，有利于它们进一步分化德意志。

对比国家体系的理想形态，现实中的帝国则是一个非正常的国家体系，这体现了普芬道夫对帝国主权归属的矛盾心理。他既不敢公然剥夺各邦的权力，也不放心将主权赋予野心勃勃的哈布斯堡王朝。这种矛盾一方面可归于他过于恪守主权不可分割的观点[⑤]，另一方面也因他必须考虑维护帝国稳定和统一，并保护各邦国的既有利益。这一点制约了普芬道夫对帝国的法权改造，使他不得不诉诸历史传统，重视帝国议会和《金玺诏书》等传统法律对维持帝国秩序的作用。

尽管从维护公共安全角度出发，普芬道夫论证了国家体系拥有部分共同意志，但主权国家中完全的意志联合并不存在于国家体系中。他列举了国家体系终结的四种情况：各成员国自动退出、成员国间爆发战争、国家体系转变为一

---

① *DJN*，p. 1054.

② *DSI*，p. 200.

③ 正如普芬道夫对美因茨大主教的评价，后者虽然号召各邦维护帝国的“贵族制”来对抗法国，但只是以贵族制之名掩盖了各邦国希望保存既有利益的企图。“如果德意志各邦国王希望维护他们现有的地位，他们就应避免帝国出现法国式君主统治，后者的宏伟目标是削弱国内的贵族势力，使之听命于专制君主的法律。毫无疑问，这种事也会在德国发生。”*DSI*，p. 167.

④ *DSI*，pp. 212 – 214. 开姆尼茨化名希泊利图斯（Hippolithus）并出版了《论我们罗马——日耳曼帝国的正当地位》一书，普芬道夫在《宪制》中即针对该书的观点进行批评。关于开姆尼茨（Bogislau Philipp von Chemnitz）的生平，参见〔德〕克莱因海尔、施罗德《九百年来德意志及欧洲法学家》，许兰译，法律出版社，2005，第 96 ~ 100 页。

⑤ 〔德〕迈内克：《马基雅维里主义》，时殷弘译，商务印书馆，2008，第 335 ~ 339 页。

个主权国家、外部力量的征服。① 其中前三种情况都源于各成员国完全凭自己的意志行动。国家体系面临的问题是如何减少各成员国间的冲突，以及防止冲突演变为共同体的分裂。这就要求道德哲学为解释和规范各成员国的关系提供依据。如果说契约国家的基本构成单位是个人，那么帝国的基本构成单位则是邦国。为了进一步探寻国家体系的内在机理并实现各邦国的永久联合，必须对邦国的性质加以研究。

四　关于国家体系的法权关系

邦国是帝国的基本组成单位，邦国间的关系成为帝国改革中应予以考虑的问题。各邦国尽管不具有主权之名，但拥有主权之实。普芬道夫的首要任务是明确各邦国作为道德人格（moral person）的本质规定性。同霍布斯一样，自然状态成为普芬道夫展开论证的语境。在普芬道夫看来，自然状态即自然自由，即一个人有权根据自己的理性和意志做任何事，其中最重要的是自我保全。② 而真实的自然状态存在于国家之间，“这种状态适用于目前国与国、不同国家间公民的关系。国家出现前适用于不同家族间的关系。这些国家的唯一纽带就是共同的人性”。③ 因此可以通过自然状态洞察国家的道德属性：自然状态下国与国之间的唯一纽带是相同的国家理性（Reason of State）——国家以维护自身安全为最高原则，它完全凭借自己的理性和意志做出决断。

同时，帝国的现状是各邦政体不同、利益不同，且实力悬殊。所以普芬道夫的任务是将平等观念注入本质上是不平等的政治领域。他把平等定义为人的自然本性平等地属于所有人。其中平等的核心不在于其具体内容，而在于适用的语境。通过将语境置换为基于人的自然本性的社会状态，传统的平等观念被赋予新的内涵。由此普芬道夫便可从人的行为自主性出发论证人的平等，而无视现实中人的自然禀赋的差异。“人类每时每刻都在追求这种平等，并且，自然在此处同

---

① *DJN*, p. 1052.

② 普芬道夫将自然状态归为三种。第一，自然状态指绝对孤立的个体生活，人与人之间无隶属关系。第二，虚构的和真实存在的自然状态。虚构的自然状态只存在于神话中，历史上可观察的自然状态存在于部落等小型共同体中。第三，自然状态即自然自由，即一个人有权根据自己的理性和意志做任何事，其中最重要的是自我保全。*DOH*, pp. 115 – 117。

③ *DOH*, p. 117.

在其他事情上一样展示了其智慧，它给予每个人的体力和智力是不同的，但这种多样性却保持着恰当的和谐，这应归因于我们所讨论的平等。”[①]

传统制度和理论的模糊性无法为规范各邦国之间的关系提供“科学的”论证。在此情况下，法权观念被引入用以调整邦国之间的关系。法权一词可以表示权力、权利、义务和荣誉等。[②] 普芬道夫指出，作为道德品质（moral quality）的法权（*ius*）是指正当地要求他人做某事或对某物拥有所有权。在这一点上法权与权力（*potestas*）相区别，前者强调占有某物的合法性，而后者只关注将某种道德品质赋予某个人或物的结果。[③] 他一方面细致地分解法权概念以明确其不同内涵，另一方面在使用法权概念时有意将权利和义务相混同，由此将义务论注入以自我保全为内容的人的自然本性中。权利既表明个体应从事那些符合共同体成员身份的活动，又表明他可以享有其中的利益。由此权利也被视为对共同体的义务。因而法权平等可以转化为组建社会的必要条件，“这种平等我们称之为法权平等（*aequalitatemjuris*），它产生于这样一个事实，即人的自然本性必然是倾向于社会生活，所以每个人同样都负有组成社会生活的义务”。[④] 因此，如果帝国可以转化为国家体系，就必然要求各邦之间实现法权平等，即保障各邦的基本权利。所以，普芬道夫借助平等观念使各邦的权利得以正当化。“因此必须保证各邦国都拥有自己的权利（rights），防止强邦压迫弱邦。尽管各邦在力量（power）上是不平等的，但在维护自由（liberty）这一点上各邦是平等的，并应受到同样的保护”。[⑤] 此外，普芬道夫试图赋予国家体系以道德品质，进而论证帝国对各邦的安全负有不可推卸的义务。道德实体（moral body）的各部分是有生命的，因此不能像没有生命的物理实体（physical body）一样通过牺牲部分保全整体。[⑥] 作为道德实体的国家体系亦不得以维护整体安全的名义牺牲部分成员的利益。这既能论证强邦不能凭其实力侵害弱邦，又能论证弱邦不能靠多数决投票损害少数强邦的利益。

---

① *DJN*, p. 332.

② 法权在不同情况下有不同的含义，它既可作为一种积极品质（*qualitates activas*），如一人可要求他人做什么，又可作为一种消极品质（*qualitates passivae*），即正当地拥有某物而不受侵犯。*DJN*, pp. 18 – 20。

③ *DJN*, p. 19.

④ *DJN*, p. 333.

⑤ *DSI*, pp. 216 – 217.

⑥ *DJN*, p. 1289.

综上可知，各邦国的平等地位并非指它们的自然条件和政治制度完全一致，而是指法权平等。这种平等表现为：各邦在服从自然法要求的社会性和维护帝国统一和主权权威上负有相同的义务；各邦必须被视为帝国不可分割的一部分，只有在帝国中各邦才能体现其尊严；各邦在经济上互相依赖，维持帝国共同市场有利于促进各成员共同发展；各邦只有团结在一起才能抵御外敌入侵；帝国议会在决议时应合理分配利益，同等保护各邦利益不受侵犯。

如施米特所言，政治平等是一种实质平等，它以某种不平等为前提。[①] 普芬道夫明白，法权平等无法消除现实中各邦在政治事务上的不平等。强邦在历史上一直主导帝国事务的走向。选帝侯集团在帝国议会中有决定性投票权，其余各邦则拥有部分投票权，帝国自由市只能列席而无投票权，而骑士阶层干脆无法列席。[②] 即使帝国自由市通过《威斯特伐利亚和约》获得投票权，但影响力微弱。[③] 而理论上，平等原则使普芬道夫面临多数决适用问题。[④] 普芬道夫反对在国家体系事务表决中适用多数决，因为少数服从多数违背每个成员的国家理性，而当少数成员对整个共同体的贡献大于多数成员时适用多数决也是不正义的。[⑤] 在他看来，多数决是人们无法达成全体一致而采用的权宜之计，其目的在于形成共同意志。而国家体系本身不具有完全的共同意志，各邦在相当大程度上保留自己的独立意志。所以国家体系中平等与不平等的矛盾本质在于，如何在维护共同意志权威的同时为个体成员意志留下空间。

意志的划分通过权力的划分得以明确。帝国宗教事务管辖权是权力争夺的焦点。帝国议会在三十年战争后分开议事，天主教和新教就宗教事务分开表决。[⑥] 但由于对政治事务和宗教事务的划分标准不明确，新教集团试图利用这个漏洞，将政治事务混入宗教事务中，从而使其不进入帝国议会决议事项。普芬道夫的政治立场显然倾向于各邦自主管理宗教事务。[⑦] 在《就公民社会论宗

---

① 〔德〕卡尔·施米特：《宪法学说》，刘锋译，上海人民出版社，2016，第301页。

② *DSI*, pp. 49 – 77.

③ *DSI*, p. 154.

④ Pasquale Pasquino, "Samuel Pufendorf: Majority Rule (Logic, Justification and Limits) and Forms of Government," *Social Science Information*, Vol. 49, No. 1, 2010, pp. 99 – 109.

⑤ *DJN*, pp. 1050 – 1051.

⑥ John Gagliardo, *Germany under the Old Regime 1600 – 1790*, New York: Routledge, 2013, p. 84.

⑦ Ole Peter Grell ed., *Toleration in Enlightenment Europe*, Cambridge: Cambridge University Press, 2000, p. 186.

教的本质与特性》中，普芬道夫将宗教事务区分为纯粹个人信仰和涉及公共安全的宗教行为，并将之法权化。前者作为一种个人自由将退出政治领域，后者演变为由国家管理的财政、教育和福利等事务。① 他声称划定教会与国家边界的目的是防止权力滥用②，但在国家体系的权力分配中却将宗教事务排除出帝国的公共事务，从而为各邦执行不同宗教政策提供更多的空间。这样，各邦既可以以信仰自由为由抵制皇帝的干预，又可以在涉及公共安全的宗教领域扩张世俗权力。这种解释无疑会受到勃兰登堡选帝侯弗里德里希等强势君主的欢迎。

五 结论

普芬道夫根据其国家理论试图实现帝国宪制的法权化，但历史的走向与他的设想大相径庭，神圣罗马帝国愈加分裂，最终于 1806 年寿终正寝。而继承其衣钵的奥地利帝国（1804 ~ 1918）和德意志第二帝国（1871 ~ 1918）也没能逃脱灭亡的命运。透过历史可以发现，主权统一及其方式问题一直困扰着德意志的发展。将普芬道夫的作品与 17 世纪欧洲历史结合起来进行研究，既有助于加深对现代国家理论中诸多主题的理解，也有助于对普芬道夫的理论做出更客观的评价。

第一，主权问题是现代国家权力与意志塑造中的重要问题，其背后有浓厚的道德哲学色彩。尽管近代自然法通常将保障个人权利与维护公共安全作为国家建立的正当性来源，但国家的首要目的是维护自身存续。在塑造国家权力与意志的过程中，必须使国家获得最高权威，并辅以强制力，以便实现正当的支配。而主权就是这一理论的逻辑产物。普芬道夫通过道德科学论证国家的建立，这就为其理论留下调整的余地。他既捍卫个人的信仰自由，又支持国家对宗教事务拥有管辖权；既主张各邦通过契约实现永久联合，又能借主权不可分割来论证统一战争的必要性。沿此路径，后人既可以从理念论（Idealism）出发推导出某种政治自由主义，也可以从意志论（Voluntarism）出发推导出君主专制的合理性。

---

① *DHR*, pp. 85 – 99.

② *DHR*, p. 17.

第二，普芬道夫的双重契约理论已隐约赋予人民与国家各自独立的地位，这为市民社会与政治国家的分离埋下伏笔。而他对主权、主权权能、绝对主权与有限主权、正常国家与非正常国家等概念做出教科书式的清晰表述，也为主权理论的进一步发展提供了基本的概念支撑。虽然普芬道夫认为国家具有独立人格，但在其主权理论中，国家人格仍依赖主权者的具体人格得以表现，因此这种独立并不充分。这也导致他囿于主权不可分割以至于无法展开对分权理论的讨论。这个问题直到卢梭的公意理论出现才得以解决。

第三，普芬道夫将法权平等观念注入国家理论中。为实现国家体系的建立，必须承认各邦国之间的法权平等，同时也认识到各邦国之间实质不平等。通过论述法权平等与实质不平等，他得以协调各邦国的同一性和多样性。这种基于法权的分析方法为现代国际法所借鉴，使现代国际法能够既肯定主权平等原则，又肯定各国发展方式上的显著差异，并承认大国在某些国际事务上有更多的话语权，例如二战后联合国安理会投票中的“大国一致原则”。①

如果将普芬道夫的国家理论置于 17 ~ 19 世纪思想史的背景下观察便可以发现，传统国家理论主题在近代发生了显著变化。国家的首要目标从追求德性生活变为维护公共安全，从如何使公民参与政治生活变为塑造国家权力和国家意志；宗教事务中的个人信仰问题日益退出政治领域，而其他部分则转化为教育和福利等事务得以保留。② 人们逐渐从讨论抽象的主权概念转向讨论主权是否可分、主权的运行规范、主权权能的配置等实证性问题。主权不可分割的观

① 主权平等与大国特殊地位的矛盾贯穿于联合国安理会的发展历程中。讨论该主题的中文论文包括袁士槟《联合国安理会表决机制的探讨——对否决权的思考》，《外交学院学报》1994 年第 2 期；陈卫国《安理会大国否决权的事实和法理依据》，《国际关系学院学报》1999 年第 2 期；孙建中《发展中国家与发达国家在国家主权原则上的十大分歧》，《解放军外国语学院学报》2000 年第 5 期；杨泽卫《国家主权平等原则的法律效果》，《法商研究》2002 年第 5 期；李雪平《联合国安理会改革的国际法思考》，《法律科学》2005 年第 4 期；蔡从燕《国际法上的大国问题》，《法学研究》2012 年第 6 期。

② 值得注意的是，“福利政策”在不同时代有截然不同的语境和含义，现代意义上的“福利政策”观念在 18 世纪工业革命之后才逐渐形成。而从历史来看，国家权力向福利事务的渗透则兴起于 16 世纪下半叶。在宗教改革中，德意志诸邦开始大力攫取原属于教会、帝国和城市的资源和权力，这客观上导致救济穷人的义务转移到各邦国身上。这时各邦国推行“福利政策”的主要目的并非保障个人权利，而是增加劳动力和税收、维持社会秩序。关于早期现代德国福利政策的发展情况，参见 Michael Stollies，*Origins of the German Welfare State Social Policy in Germany to 1945*，trans. by Thomas Dunlap，Springer-Verlag Berlin Heidelberg，2013，pp. 32 – 36。

念将继续困扰联邦国家的理论者们。在美国，汉密尔顿（Alexander Hamilton）等人与杰斐逊（Thomas Jefferson）就联邦主权与州主权问题展开论战，此类争论延续至南北战争（1861～1865）并达到高峰。而德国公法学界则面临另一个问题，即如何解释德意志第二帝国与作为其成员国的普鲁士王国之间的身份重叠问题。[①] 自然法学家们的研究从防止政体腐化转向规范主权运行，尤其是如何用法律规范国家行为，哈林顿（James Harrington，1611－1677）、洛克和孟德斯鸠均借此反击君主专制。主权权能与政体类型也不再具有密不可分的联系，而分权制衡成为限制国家权力的重要方式。从阿尔图斯修斯（Johannes Althusius，1557－1638）到卢梭，深入人心的人民主权论宣告传统政体划分已成明日黄花。随着历史的发展，以上命题在 18 世纪最终演变为对自由与专制、共和制与君主制的激烈争论。进入 19 世纪，功利主义、历史主义和实证主义将瓜分自然法的统治领域，并逐渐取代自然法成为解释国家本质的主流观点，普芬道夫的自然法国家理论渐行渐远。

① Johann Kaspar Bluntschli, *The Theory of the State*, Kitchener: Batoche Book, 2000, pp. 221－222.

康德哲学专题研究

一种形而上学式的“自然状态”概念

——论康德对“自然状态”概念的理解

胡　磊*

[内容提要]　在政治哲学史上，“自然状态”是一个被诸多思想家使用的概念，但这个概念在康德思想中的重要地位和独特含义却没有得到充分阐发。对康德而言，“自然状态”并非一个人类学或历史学的概念，即并非一个在人类发展史上曾经出现过、后来则被超越了的“特定阶段”，它所代表的乃是“法治状态”的对立面，是一种缺乏“强制性的公共法律”的“状态”，而这种“强制性的公共法律”只能通过一个“普遍立法的意志”确立起来。人类之所以要离开自然状态并不在于“自我保存”或“追求更大利益”这样的经验性目的，而是出于对“权利”的维护，归根结底是出于对“自由”的追寻。与“自然状态”的斗争不是一件一劳永逸的事情，而是人

* 胡磊（1995—　），山东淄博人，清华大学哲学系硕士研究生，德国图宾根大学（Eberhard Karls Universität Tübingen）哲学系暨政治哲学研究中心在访学生，研究方向为德国古典哲学、现象学以及宋明理学。

说明：由于康德的几本著作在本文中被频繁引用，为避免脚注烦琐，本文将以缩写的形式（详见下方）将对应的参考文献出处标注于正文之中；而由于康德的著作有很多不同的德文版本，也有很多其他语言的译本，为便于读者查找原文出处，本文中所引的康德著作均按照普鲁士科学院版康德著作全集依次给出卷数和页码，如“6：306”指第6卷第306页。本文所用缩写如下（以下文献的详细信息请参考正文中相应的脚注）。

MS：*Die Metaphysik der Sitten*。

ZeF：*Zum ewigen Frieden*。

ÜG：*Über den Gemeinspruch*：*Das mag in der Theorie richtig sein*，*taugt aber nicht für die Praxis*。

类的一项持久的事业，在这一意义上，“永久和平”乃是一个不可实现但需要不断接近的理想。总之，在康德这里，自然状态是一个形而上学式的概念。

［关键词］ 自然状态　普遍立法的意志　形而上学

“自然状态”（Naturzustand/state of nature）这个概念一直是政治哲学、法或权利学说的核心概念之一，常常被思想家们拿来回答这样一个问题：法或权利、国家或政府、政治制度等是如何产生的。这个概念不仅在不同时期被频繁使用，而且在不同哲学家那里被赋予了不同含义，以至他们足以以“自然状态”为主题写作一部甚至多部专著。

而在 17～18 世纪的启蒙思想家中，霍布斯、洛克、孟德斯鸠、卢梭等人对“自然状态”概念的论述常常是大家关注的焦点。[①] 然而，也许是由于康德哲学所涉及的范围太广——理论哲学、道德哲学、美学、宗教学、法哲学都是他所重点关注的领域，大概也由于康德的论述过程更为复杂，语言相对晦涩，其对“自然状态”这个概念的深刻见解尚未得到足够重视和充分阐发。然而，自然状态在康德的法哲学中却同样是一个极为关键的概念，并且，通过细致的阅读我们也将发现，康德并不是从人类学或历史学的经验性视角来审视自然状态的，而是从“形而上学”的视角来理解这一概念，并以此来建构其法哲学、权利学说，正如《权利学说的形而上学的初始根据》这本书的标题所显示的那样。

鉴于上述状况和本文的目标，本文将按如下方式展开：第一部分试图阐明这个概念在康德那里的独特含义；第二部分从康德的视角说明人类为何要走出自然状态，其根据是什么；第三部分阐述康德为人类走出自然状态所提供的一套系统方案；第四部分将指出，人类与自然状态进行斗争的终极目标乃是“永久和平”，而这也是人类在政治事务上的最高理想。

---

① 本文引述了诸多近代启蒙思想家的“自然状态”理论，但这并不意味着康德关于自然状态的观点就是针对这些思想家的。相反，从康德自己的行文和诸多研究资料来看，康德所经常引述或批评的是阿亨瓦尔（Gottfried Achenwall）、西塞罗（Marcus Tullius Cicero）、格劳秀斯（Hugo Grotius）以及普芬道夫（Samuel Pufendorf）等人的观点。

一 何谓“自然状态”

自然状态这个概念由来已久，其含义也在不同思想家那里有诸多不同，难以一言以蔽之。但在这里我们可以给出两个典型的例子，在这两个例子中，自然状态的含义是截然不同的。第一个例子是霍布斯对自然状态的理解。在霍布斯这里，处于自然状态中的人们缺乏一种“公共权力”（common power）的约束，因而也就是处于一种“战争状态”之中，这种战争状态是“每个人敌对每个人”（every man against every man）的状态，并且，即便不是实际的作战，而只是在一定持续时间内的斗争倾向或意向也同样被霍布斯看作战争状态。[①] 第二个例子则是与霍布斯观点针锋相对的卢梭对自然状态的理解。卢梭将自然状态看作“社会”（society）的对立面，在自然状态中的人们是和平相处的、胆怯的，而人们进入“社会”之后才产生了荣誉和利益、偏见和复仇这些情感，它们都是“自然状态”中的人们所没有的。[②] 不过，尽管霍布斯和卢梭所理解的自然状态概念在含义上有很大差别，但这两种理解也有其相同之处：他们都把自然状态看作人类发展史上一个曾经的确存在的阶段，之后人们通过签订契约的方式离开了自然状态并迈入了下一个阶段。[③] 换句话说，卢梭和霍布斯对自然状态的理解都带有人类学和历史学的视角。

康德对自然状态的理解与上述理解不同。他将自然状态分为两个基本的维度进行阐释：“个体人”之间的自然状态和“国家”之间的自然状态。

就“个体人”之间的自然状态而言，康德认为与这种自然状态相对立的并不是“社会状态”（gesellschaftlicher Zustand），而是“公民状态”（bügerlicher Zustand），“因为在自然状态中也可以有合乎法律的社会（rechtmäßige Gesellschaft）（如婚姻社会、父权制社会、一般而言的家庭社会，以及其他任何

---

① Thomas Hobbes, *Leviathan*, ed. Richard Tuck, Cambridge University Press, 1996, pp. 88 – 89.

② Jean Jacques Rousseau, *The State of War*, *in The Social Contract and Other Later Political Writings*, ed. Victor Gourevitch, Cambridge University Press, 1997, p. 166.

③ See Thomas Hobbes, *Leviathan*, ed. Richard Tuck, Cambridge University Press, 1996, Chapter 13 – 14; See also Jean Jacques Rousseau, *Discourse on the Origin and the Foundations of Inequality among Men*, Part I and Part Ⅱ, in *The Discourses and Other Early Political Writings*, ed. Victor Gourevitch, Cambridge University Press, 1997.

社会)”。(*MS*，6：306)[①] 也就是说，社会状态与自然状态并不是非此即彼的关系，处于社会状态中的人们也可能“同时”处于自然状态中[②]；从另一个角度来说，即便是自然状态中的行为也可以是合法的，自然状态并不就是一个“不正义”的状态。(*MS*，6：312)

在严格意义上，康德认为自然状态是一种缺乏“分配正义”的状态，与此相对，拥有“分配正义”的状态，康德则称之为“公民状态”。(*MS*，6：306) 那何为“分配正义”呢？在康德看来，“分配正义”乃是“公共的正义”(öffentliche Gerechtlichkeit) 的三种形式之一，另外两种是“保护的正义”和“交换的正义”。而按照康德的解释，我们有理由认为这三种“公共的正义”并不是一个简单的并列关系，确切地说，“分配正义”是包含“保护的正义”和“交换的正义”这两者的。因为康德指出，在“保护的正义”中，法律表达了何种行为内在地在其“形式”上是正当的 (recht)，在“交换的正义”中，法律表达了对什么东西在其“质料”方面的占有是合法的 (rechtlich)，而在“分配正义”中，法律则表达了法庭按照已经制定的法律对一个“特殊案例”所进行的判决，也就是指出什么是正义的 (rechtens)。(*MS*，6：306) 要想在一个“特殊案例”中判定什么是正义的，就必须知道何种行为在“形式”上是正当的，并且还要知道什么东西在其“质料”方面的占有是合法的。换句话说，“分配正义”的实现必然以“保护的正义”和“交换的正义”这两者的实现为前提。那么，当康德说“自然状态”就是缺乏“分配正义”的时候，也就等于说“自然状态”是缺乏“公共的正义”——这一概念包含上述三种正义的形式——的状态。

现在，是否拥有“公共的正义”就成了区分“自然状态”和“公民状态”——公民状态是“法治状态”在诸国家自身之“内”的体现形式 (*MS*，

---

① 此处的“*MS*”代表“*Die Metaphysik der Sitten*”，“6：306”代表“普鲁士科学院版康德著作全集第 6 卷第 306 页”，下同（另参见本文最前边的脚注对此给出的说明）。具体参考文献如下：Kant, *Die Metaphysik der Sitten*, in *Kants gesammelte Schriften*, *Band VI*, Herausgegeben von der Königlich Preußischen Akademie der Wissenschaften, Berlin: Druck und Verlag von Georg Reimer, 1914; English Version, *Metaphysics of Morals*, in *Immanuel Kant*: *Practical Philosophy*, tr. Mary J. Gregor, Cambridge University Press, 1996。

② 注意到这一点是重要的，并且这一点同样适用于当今社会。按照康德所理解的自然状态，我们当下的社会同样处在一种自然状态之中，仍然需要与自然状态做斗争。关于这一点请参考本文最后一部分。

6：311），而在诸国家之“间”也存在一种“法治状态”的概念——这两种对立形式的基本标志，同时也就是区分“自然状态”和“法治状态”（rechtlicher Zustand）的标志。那“公共的正义”这一概念意味着什么呢？康德指出，“公共的正义”乃是一条形式原则，该形式原则按照“普遍立法的意志”（allgemeiner gesetzgebender Wille）使得“法治状态”得以可能。（*MS*，6：305－306）因此，要想拥有公共正义，必须确立一个“普遍立法的意志”。于是，“自然状态”和“公民状态”（以及一般意义上的“法治状态”）的区别就在于前者并没有确立起一个“普遍立法的意志”，因而自然状态中缺少“强制性的公共法律”。（*ÜG*，8：289）①

但我们需要注意的是，虽然自然状态中尚且没有确立起“普遍立法的意志”和“强制性的公共法律”，但这并不代表自然状态中就没有任何用于评判行为是否正义的尺度，也并不意味着自然状态中的人是可以为所欲为的。因为“人”有一种生而具有的权利（angeborenes Recht），即“自由”。它意味着只要一个人的自由能够按照一条普遍的法则与其他人的自由共存，那么这个人就可以不受他人的强制，它是一项按照人的“人性”而使得每个人都具有的“原初的权利”。（*MS*，6：237）既然“自由”是人生而具有的权利，那这就意味着该权利无论是在“自然状态”中，还是在“公民状态”中始终都是存在的。并且，我们可以说，那些通过后天的行为而“获得”的权利——这些权利与“自由”这种“生而具有的权利”相对——都是以“自由”这项唯一生而具有的权利为基础的。（*MS*，6：237－238）这一点同样与“自然状态”和“公民状态”的区别无关。

那“权利”在自然状态和公民状态这两种对立状态中的区别是什么呢？

---

① 此处的“*ÜG*”代表“*Über den Gemeinspruch*：*Das mag in der Theorie richtig sein*，*taugt aber nicht für die Praxis*”，“8：289”代表普鲁士科学院版康德著作全集第8卷第289页，下同（另参见本文最前边的脚注对此给出的说明）。具体参考文献如下：Kant，*Über den Gemeinspruch*：*Das mag in der Theorie richtig sein*，*taugt aber nicht für die Praxis*，in *Kants gesammelte Schriften*，*Band Ⅷ*，Herausgegeben von der Königlich Preußischen Akademie der Wissenschaften，Berlin und Leipzig：Walter de Gruyter，1923；English Version，*On the Common Saying*：*That May Be Correct in Theory*，*But It is of no Use in Practice*，in *Immanuel Kant*：*Practical Philosophy*，tr. Mary J. Gregor，Cambridge University Press，1996。

康德把处于这两种状态中的权利分别称为“私下性的权利”（Privatrecht）[1] 和“公共性的权利”（öffentliches Recht）。（*MS*，6：242）然而这种区别并不代表自然状态中的权利和公民状态中的权利在“质料”亦即“内容”上有本质区别，相反，两种状态中的权利在“内容”上是一样的，差别只在于权利在这两种状态中的呈现“形式”。（*MS*，6：306）“公共性的权利”是通过一个普遍立法的意志公之于众（allgemeine Bekanntmachung）的，即向共同体中的所有个体人所宣告的，由此“法治状态”得以产生。（*MS*，6：311）而“私下性的权利”则没有通过一个普遍立法的意志被公之于众，故没有将所有个体人都置于普遍有效的“强制性法律”的约束之下，因而只是“私下性的”。（*MS*，6：256）但这并不意味着私下性的权利就是无效的，也不意味着它是违法的，它只是缺乏一个普遍有效并被普遍认可的“形式”，这种形式只由“普遍立法的意志”通过普遍立法才能够赋予它。正如康德所说，自然状态中的人有权利去“获得”处于其能力范围之内的事物，只要我的这项行动能够与其他人的自由共存，因为这是基于“自由”这项生而具有的基本权利。（*MS*，6：250）只不过此时这项用于获得外在之物的权利只是“临时的”——但并不是无效的，也不是违法的——而这种权利只有在“公民状态”中通过一个普遍立法的意志才能最终被“永久地”确立起来。（*MS*，6：256；6：267；6：264 中的第 15 节标题）

如果考虑到“权利的普遍法则”——“如此外在地行动，使得你的行动意志（Willkür）的自由运用能够按照一条普遍法则与每个人的自由共存”，那么我们可以说，无论是对于自然状态中的“私下性的权利”，还是对于公民状态中的“公共性的权利”，这条“权利的普遍法则”都是有效的，始终是权利这一概念的终极尺度。只不过这条“权利的普遍法则”在自然状态和公民状态中有不同的呈现“形式”：在自然状态中，它隐而不显，但依旧是判定某个行为是否正当的基本尺度；而在公民状态中，它通过一个“普遍立法的意志”向共同体中的所有个体“宣告”出来，这一宣告的成果就是产生对所有人都有约束力的“强制性法律”。

自然状态除了上述这种“个体人”之间的自然状态之外，还有第二种

---

[1] “权利”（Recht）这个概念既有“法律”的意思，又有“权利”的意思，因而本文中所用的“法律”和“权利”很多情况下指代同一个德语词，只是根据不同语境选择了不同的译名。

表现形式：“国家”之间的自然状态。这种自然状态就是一种“战争状态”（*ZeF*, 8：349；*MS*, 6：343）[①]，但值得注意的是，所谓战争状态不一定是国家间“实际的战争或攻击”，甚至仅仅是为了参与实际的战争而进行的“准备性工作”——因而会对他者造成战争威胁——也是战争状态。[②]（*MS*, 6：344，§54；6：346，§56）

与自然状态中的“个体人”一样，自然状态中的各个“国家”都具有彼此独立而且相互平等的“人格”，因而也都具有“权利”。这些权利可以分为三类：去参战的权利，战争中的权利，战争后的权利。它们都指向“和平”这一终极目的。一个国家之所以具有去参战的权利乃是因为国家对其人民负有“义务”（*MS*, 6：346），即维护本国人民之权利的义务。在这一意义上，虽然每个国家都“拥有”去参战的权利，但并不是任何时候都可以“行使”这项权利，对这项权利的“行使”是有“前提”的，即必须是在被其他国家侵犯的时候才可以行使该权利。（*MS*, 6：346）因此，“去参战的权利”并不意味着一个国家有权去侵犯他国以获取利益，而只是在自身的权利受到侵犯时可以加以维护，因而这是一项防卫性（defensive）的权利。[③] 在这一意义上，“和平”才是有可能实现的，反之，那些为了获取利益而侵犯他国的行为则是走向和平的障碍。另外，除了上述“去参战的权利”以外，“战争中的权利”和“战争后的权利”同样以走出战争状态、走向和平为终极目的。所谓“战争中的权利”旨在维护一种“可能性”，即参战各国仍有可能从自然状态中走出，进入法治状态。康德将其表述为：按照这样一些原则进行战争，这些原则使得各国从自然状态中走出并进入法治状态是“可能的”。（*MS*, 6：347）按照这一观点，“惩罚性战争”“灭绝性战争”以及安排暗杀者、间谍等有损国家间信任的行为都是被禁止的，因为这些行为会使诸国家走出战争状态变得不可

---

① 此处的“*ZeF*”代表“*Zum ewiegen Frieden*”，“8：349”代表“普鲁士科学院版康德著作全集第 8 卷第 349 页”，下同（另参见本文最前边的脚注对此给出的说明）。具体参考文献如下：Kant, *Zum ewiegen Frieden*, in *Kants gesammelte Schriften*, *Band Ⅷ*, Herausgegeben von der Königlich Preußischen Akademie der Wissenschaften, Berlin und Leipzig：Walter de Gruyter, 1923；English Version, *Toward Perpetual Peace*, in *Immanuel Kant*：*Practical Philosophy*, tr. Mary J. Gregor, Cambridge University Press, 1996。

② Thomas Hobbes, *Leviathan*, ed. Richard Tuck, Cambridge University Press, 1996, pp. 88 – 89.

③ 可参见 B. Sharon Byrd, Joachim Hruschka, *Kant's Doctrine of Right*：*A Commentary*, Cambridge University Press, 2010, p. 194。

能。“战争后的权利”则是指作战双方签订合约走向和平的权利。

总而言之，处于自然状态中的诸国家作为彼此独立且平等的“人格”是有其“权利”的，尽管上述权利还只是“临时的”，因为只有当这些国家结合成一个“普遍的国家统一体”（allgemein Staatenverein），亦即一个“多民族国家”（Völkerstaat）时，这些权利才会变成“永久的”。[①] 因为在这种情况下，这些国家才会通过共同遵守具有普遍强制力的法律从而走出战争状态并进入法治状态（gesetzlicher Zustand）。（*MS*，6：350）虽然这些战争状态中的权利只是临时性的，但这并不代表这些权利是无效的、不被承认的，因为即便是在战争状态中，仍然存在着判定一项行为是否正当的根本尺度，这也就是康德所说的判定“不正义敌人”的标准：当这个敌人的意志被公开地表达出来之后，就会揭示出这样一个准则，一旦这个准则成为一条普遍的规则，就会使国家间的和平状态成为不可能，从而使得自然状态被永久化。

通过对自然状态在“个体人”之间和“国家”之间这两种表现形式的阐发，我们可以看出，康德并没有从人类学和历史学的视角来理解自然状态，并没有将自然状态理解为一个人类发展史上曾经出现过，现在已经超越了的特定阶段，而是将自然状态作为“法治状态”的对立面来理解：法治状态意味着通过一个“普遍立法的意志”确立起“具有普遍强制力的法律”，从而以法律的形式将所有成员置于普遍的约束之下。而这正是自然状态所缺乏的。但是，这并不代表自然状态是无序的、混乱的，相反，无论是个体人之间的自然状态，还是国家之间的自然状态，其中的成员都拥有不可侵犯的权利，也都有判定一个行为正当与否的根本标准。

二　为何要走出自然状态

近代启蒙思想家不仅对自然状态的内涵给出了自己的理解，并且，由于他们试图通过“自然状态”这一概念来回答“政府、国家以及社会制度是如何产生的”这样的问题，所以他们就必须回答“人们为何要离开自然状态”这一问题。尽管他们对这一问题的回答不完全一致，却通常带有功利主义的印迹

---

① 康德有时用“普遍的国家统一体”这种说法，有时用“多民族国家”这种说法。

和经验性的视角，即认为人们离开自然状态乃是为了保障自身生命安全或者追求共同利益。如霍布斯认为，对死亡的恐惧、对舒适生活的欲求以及由此而来的希望使得人们走出自然状态，走向和平，霍布斯将这些称为“自然律”（Laws of Nature，或译“自然法”）。[①] 洛克同样认为自然状态中存在自然律：理性教导人们，既然人们是平等的和独立的，那么任何人都不可以损害他人的生命、健康、自由和财产。[②] 而人们进入公民社会乃是为了谋求彼此之间舒适、安全、和平的生活，以便安稳地享受他们的财产并且获得更大的保障来防御共同体以外的人的侵犯。[③] 卢梭的观点同样属于这一类别：追求安乐（well-being）是人们行动的唯一动力[④]；当自然状态中的种种障碍对每个个体的自我保存造成威胁的时候，人们就通过共同协作、结合成集体的方式以谋求自我保存，这导致了社会契约的诞生。[⑤]

但康德对“人们为何要离开自然状态”这一问题的回答却是与上述思想家截然不同的。本文前面已经提到，在自然状态中，每个个体人用于获取外在之物的权利只是“临时的”，这种权利只有在“公民状态”中——或者更一般地说，只有在“法治状态”中——才能被“永久地”确立起来，且这一点也适用于处于自然状态中的诸国家。那么，在这一意义上，人类之所以要走出自然状态乃是出于对“权利”的保障与维护。因为在公民状态中，或者更一般地说，在“法治状态”中，对所有人都有效的强制性法则通过一个“普遍立法的意志”得以确立起来，因而每个成员的“权利”也就有了一个被普遍承认的法律基础和保护屏障。所以康德才会说，“倘若你无法避免与所有其他人共处，那么你就应该离开自然状态，并与他们一同进入法治状态”，这一点是从“权利”这个概念中分析出来的，但不是从“暴力”（Gewalt/violentia）这

① Thomas Hobbes, *Leviathan*, ed. Richard Tuck, Cambridge University Press, 1996, p. 90.

② John Locke, *Two Treatises of Government*, Book Ⅱ, ed. Peter Laslett, Cambridge University Press, 1988, p. 271.

③ John Locke, *Two Treatises of Government*, Book Ⅱ, ed. Peter Laslett, Cambridge University Press, 1988, p. 331.

④ Jean Jacques Rousseau, *Discourse on the Origin and the Foundations of Inequality among Men*, in *The Discourses and other Early Political Writings*, ed. Victor Gourevitch, Cambridge University Press, 1997, p. 163.

⑤ Jean Jacques Rousseau, *The Social Contract*, in *The Social Contract and other Later Political Writings*, ed. Victor Gourevitch, Cambridge University Press, 1997, pp. 49 – 50.

个概念中得来的。（*MS*，6：307）正如康德接下来所解释的那样，如果一个人不能向他人保证自己不会侵犯他人的占有物，那么他人同样也就没有责任保证不侵犯这个人的占有物。因此，任何个人如果想确保自己的占有物不被侵犯，就必须与他人一同进入“法治状态”，共同遵守具有普遍强制力的法律。这是出于维护“权利”的需要，而不是由“暴力侵犯”所推动的，因为人们并不需要等到自己被实际侵犯而只是考虑到人的本性就已经有权对威胁到自己的人予以强制约束。

那么人为什么会不可避免地去寻求“维护自身权利”呢？这是因为，对权利的维护其实就是对“自由”的维护。如前文已经提到的，“自由”是唯一一项每个人生而具有的权利，是唯一一项源初的权利，其他的那些通过“行动”而获得的权利都是以“自由”这项源初的权利为基础的。因此，人们维护自己的权利其实是在维护自己的“自由”。而实践意义上的“自由”恰好是人真正区别于其他生物的地方。在人与人的外在关系层面，这种自由就体现为：只要我的行动按照一条普遍的法则与其他任何人的自由共存，那么我的这项行动就是被允许的。这正是判断一个行为正当与否的标准（*MS*，6：230），也是“权利的普遍原则”（*MS*，6：231）。人并不是“仅仅”因为畏惧死亡就会通过缔结契约的方式结合成一个集体，也不是“单纯”因为有自我保存的需要、追求共同利益的需要才会缔结这种契约。因为倘若如此，那么我们可以说，动物也会以缔结契约的方式结合成一个集体，因为动物同样有这些需求；甚至我们可以说，动物缔结契约的需求要比人缔结契约的需求更为迫切，动物以缔结契约的方式所结合成的集体要比人以同样的方式所结合成的集体更加有序和稳固，因为动物比人更畏惧死亡，动物比人更有共同的利益，更倾向于自我保存。对于“人”而言，在自我保存和追求共同利益等经验性目的背后潜藏着另一种目的。这另一种目的涉及人和动物的真正区别，该区别就在于一种“纯粹理性”。这种纯粹理性在实践层面上体现为：去做那些可以被其他任何人依照他们的理性所接受的事情，即去做那些可以被有理性者普遍接受的事情。这种实践意义上的纯粹理性也就是人实践中的“自由意志”。对自由意志的维护是人“不得不”去做的，否则人就丧失了其特有的“人性”，而降为一种单纯的“动物性”。因为“自由意志”或者说“纯粹理性”才是使人真正区别于动物的地方。因此，对“自由”的维护是一件人不得不去做的事情，对“权利”的维护也是人不得不去做的事情，离开自然状态同样是人不得不去做的事情。而这一点也就是康德对“人为何要离开自然状态”这一问题的回答：这是人的人性使然。人作为“人”，必然会去维护自己的自由与权利。

自然法作为“人”的自然法并不是指每个人都有自我保存、追求利益的需要，因为这种意义上的自然法只是“动物”的自然法（自然律）而非“人”的自然法，“人”的自然法在于：对自由与权利的维护是每个人一定会去做并且不得不去做的事。也正是在上述意义上，康德对“自然法/权利”的理解与霍布斯、洛克等人的理解（自然律）是不同的①，对康德来说，“自然法/权利”的学说必须为一切实证法的立法提供“永恒不变的原则”（*MS*，6：229），在这种意义上，“自然法/权利”乃是一种形而上学式的概念。②

三　如何走出自然状态

接下来的问题就是，既然人出于维护自由与权利的需要应当离开自然状态，那么“如何做”才能离开自然状态呢？

这要从“自然状态”的缺点与不足之处入手。正如前文多次提到，自然状态的缺点就在于缺乏具有普遍强制力的法律，而这种法律只能由一个“普遍立法的意志”建立起来。因此，若想走出自然状态，就需要通过一个普遍立法的意志去建立具有普遍强制力的法律体系。这正是康德在《权利学说的形而上学的初始根据》的第二部分，即“公共性的权利”中所要完成的工作。而由于“自然状态”被分成“个人间”的自然状态和“国家间”的自然状态两个层次，走出自然状态的“方案”也相应地有两个层次。

就“个体人”之间的自然状态而言，我们首先要承认的是，只要人们在“自然状态”中所获得的东西是以正当的（recht）方式获得的，那么这种获得就可以被看作合法的（rechtlich），尽管只是“临时地”被看作合法的，而如果否定这一点，那么甚至“公民状态”也就变成不可能的。（*MS*，6：312）因为无论是在自然状态中还是在公民状态中，“权利的普遍原则”都是有效的，

---

① 可参考本部分的第一、二段。

② Otfried Höffe, *Kant's Innate Right as a Rational Criterion for Human Rights*, in *Kant's Metaphysics of Morals: A Critical Guide*, ed. Lara Denis, Cambridge University Press, 2010, p. 73.

只不过在两种状态中的呈现方式是不一样的：在公民状态中，“权利的普遍原则”通过一个“普遍立法的意志”被公开宣布为对所有成员都有效的“强制性法律”；而在自然状态中，“权利的普遍原则”则只是隐而不显。考虑到自然状态和公民状态中具有同一个“权利的普遍原则”，我们可以说，如果人们在“自然状态”中以正当的（recht）方式所获得的东西“并不”被看作合法的（rechtlich），那么“权利的普遍原则”也就被摧毁了，“公民状态”也就成为不可能的。

通过一个“普遍立法的意志”，所有成员被置于“强制性法律”的约束之下，也就是处于“宪政”（Verfassung）之中，每个处于宪政状态中的成员被称作“公民”，这样一个公民的集合体就是“国家”。（*MS*, 6：311）这也就是“源初契约”的理念，按照这一理念，每个人放弃了其野蛮的、无法的自由，而共同遵守具有普遍强制力的法律，从而形成了一个建基于“普遍意志”之上的共同体，亦即国家，而国家的合法性（Rechtmäßigkeit）正是源自这样一个“源初契约”的理念。（*MS*, 6：315－316）因此，一个国家的“宪政”建设就必须努力遵循这样一个理念，确保一切制度、决议与行动都是符合“普遍意志”这一理念的。这就要求一个国家不得不采取“代议制”的政府组织形式，即人民通过选出“代表”来管理这个国家，而不是“每个人”都参与国家的管理。因为倘若“每个人”都参与国家的管理，那么最终只能是按照“少数服从多数”的原则做出决策，然而，这恰恰是多数人对少数人的暴政，违背了“普遍意志”这样一个理念，从而造成“普遍意志”这个概念的自相矛盾。（*ZeF*, 8：352）在这一点上，卢梭的贡献是巨大的，他区分了“普遍意志”（general will）和“所有人的意志”（the will of all）这样两个概念，前者是追求大家“共同的利益”，后者只能引发利益冲突，因为每个人都有各自的私人利益。①“代议制”就是按照“普遍意志”这样一种理念来制定的。人民通过选出“代表”来代表自己参与决策，而人民选出的“代表”要想能够代表所有人的诉求，这种诉求就必须是能够为所有人接受的，即具有普遍的接受性，因而“代表”做出的决策必须是基于实践理性的，即基于普遍意志的。另外，“普遍意志”这样一个理念还要求必须采取一种“分权制”，即“立法

---

① Jean Jacques Rousseau, *The Social Contract*, in *The Social Contract and other Later Political Writings*, ed. Victor Gourevitch, Cambridge University Press, 1997, p. 60.

权”和“执行权”必须分离。因为，倘若不实行分权制，那么由人民所选出的“代表”组成的机构就同时具有“立法权”和“执行权”，这样的一个机构也就成为一个国家的最高机构，无法接受更高一级机构的监督，从而走向专制集权，这就会导致这些被选出的“代表”以“私人意志”充当“公共意志”，从而违背了“普遍意志”这样一个理念。因此，分权制原则对一个国家的宪政来说也是必需的，因为这是源初契约中的“普遍意志”这一概念所要求的。这种分权的政治原则被康德称为“共和制”。（*ZeF*，8：352）唯一一种源自“源初契约”这一理念的宪政就是“共和制宪政”。（*ZeF*，8：350）

和“个体人”之间的自然状态一样，在“国家”之间的自然状态中，各个国家同样有其“权利”，尽管这些权利只是“临时性的”，而要想使这些权利变成“永久性的”，即要想走出自然状态，那么诸国家就需要像“个体人结合成一个国家”那样，结合成一个唯一的“普遍的国家统一体”（allgemein Staatenverein），也就是结合成一个唯一的“多民族国家”（Völkerstaat）（*MS*，6：350），康德有时也称之为“世界共和国”（Weltrepublik）。（*ZeF*，8：357）按照前文所述的“国家”概念，在这样一个“世界共和国”中，各个国家必须放弃各自原先具有的主权，从原来的诸“国家”“降级”为一个国家中的诸“民族”，并遵守相同的强制性法律（*ZeF*，8：357），只有这个作为整体的“世界共和国”才具有唯一的主权。最初，康德在1793年的《论俗语：这在理论上可能正确，但不适用于实践》中认为，这样一个在“理论”上可设想的“多民族国家”即“世界共和国”在“实践”上同样也是可行的（*ÜG*，8：312－313），这样一个国家中的宪政就是“世界公民宪政”（*ÜG*，8：310），其成员也就是世界公民。通过这样一个“多民族国家”，“永久和平”也就可以实现。（*MS*，6：350）但后来，在1795年的《走向永久和平》和1797年的《权利学说的形而上学的初始根据》（《道德形而上学》第一部分）中，康德则在“实践”的角度上否定了这一构想的可行性，康德认为这样一个“多民族国家”（即“世界共和国”）在实践上是无法实现的，因为它会过于庞大，从而无法管理，也就无法保障其成员的权利。（*MS*，6：350）但康德同时给出了另一个替代的解决方案，那就是“多国联盟”（Verbindung der Staaten）（*MS*，6：350；*ZeF*，8：354），这样一个联盟并没有“主权”，并可以随时解除和重新结盟。（*MS*，6：344）既然“世界共和国”是无法实现的，那么“永久和平”也就无法实

现，但我们仍然可以通过这样一个“联盟”来尽力避免战争，并不断地接近永久和平。（*MS*，6：350）

四 与自然状态进行斗争：人类的一项持久的事业

“权利”概念始终是与“和平”概念紧密结合在一起的。按照“权利的普遍原则”，只要一个人的行动意志（Willkür）能够按照一条普遍的法则与其他所有人的自由共存，那么这个人的行动就是被允许的，并且这作为一种“权利”也是不可被侵犯的。这种“不可侵犯性”，亦即对权利的维护与尊重就是“和平”概念的真正内涵。在这一意义上，“和平”不仅是各个国家之间“应当”追寻的理想状态，也是个体人之间“应当”追寻的理想状态。因为不断地去接近永久和平是一项任务，这一项任务乃是基于义务，并因此基于人类的权利和国家的权利。（*MS*，6：350）因此，康德说建立普遍而持久的和平乃是《权利学说》[1] 的终极目的（Endzweck），并且，永久和平乃是政治上的最高善。（*MS*，6：355）

然而，永久和平是一个不可实现的“理念”，因为实现永久和平所需要的制度条件是我们无法达到的：世界共和国是无法建立的，因而也就无法建立对世界上所有人都有约束力的强制性法律。（*MS*，6：350）并且，就每个国家之内的制度而言，现实之中的国家宪政也很难完全符合权利的普遍原则。如康德所说，权利法则（Rechtsgesetzen）是“一般而言的国家”的形式（Form），亦即“理念中的国家”[2] 的形式，这一理念为现实世界中共同体的联合提供了“准绳”。（*MS*，6：313）在这一意义上，康德所设想的那种完全符合权利原则的“共和制宪政”乃是一个“理念”，这一理念乃是一个模板，现实中的国家宪政应当不断地完善自己，以求尽力符合这一模板的要求，却无法完全符合这一模板。然而，这样一个理念并不是无意义的，因为它为现实中的国家宪政指明了应当前进的方向。

既然世界共和国无法实现，永久和平无法实现，那么各个国家也就会一直

---

① 《权利学说的形而上学的初始根据》（《道德形而上学》第一部分）常常被学界简称为《权利学说》。

② 文中的着重号是康德自己所加。

处于“与自然状态的持续斗争”之中，无法一劳永逸地摆脱自然状态。各个国家的内部情况与此类似，同样是一直处于与自然状态的持续斗争之中，只能通过法治的完善来不断地远离自然状态，但无法一劳永逸地摆脱自然状态。因为如果考虑到人性中的弱点，那么即便一个“国家”的宪政本身是完全符合权利原则的，“国家公民”之间也会时常出现侵犯他人权利和自由的情况。因此，在康德这里，“自然状态”这一概念并不是一个历史上曾经出现过，并且已经被超越了的特定“阶段”（哪怕我们可以在历史上或者现实中为自然状态找到实际的例子），也不是将来有一天可以一劳永逸地摆脱的特定“阶段”，而是一种人类需要长期与其斗争的“状态”。与自然状态进行斗争，不断地远离自然状态乃是人类的一项持久的事业，也是一项应当予以执行的任务。因为自然状态是作为“法治状态”的对立面而存在的，后者代表了一种“应当”，它基于人类的权利与自由，前者则代表了一种“不应当”，它没有充分保障人类的权利和自由。自然状态在康德这里不是一个历史学的概念，不是一个人类学的概念，而是一个形而上学式的概念。

事物的可能性与上帝的充足性*

——论康德前批判时期的上帝观念与乐观主义的关系

周小龙**

［内容提要］　上帝观念是康德前批判时期思想的核心问题。本文考察了康德从1753年到1763年期间，最初如何以上帝的充足性为出发点反对乐观主义，后来倒向了乐观主义，但与此同时始终坚持上帝的充足性。本文简要勾勒了上述线索，并且试图探讨康德同时坚持乐观主义和上帝的充足性是否可行。本文希望梳理康德前批判时期的上帝观念与乐观主义之间的复杂关系，并为理解他批判时期的上帝观念提供线索。

［关键词］　上帝观念　可能性　充足性　乐观主义　神义论

为了解决神义论问题，莱布尼茨指出：①存在众多可能的世界，现实世界是上帝能够选择的最好的（optimus）世界；②现实世界中的恶出自事物的必然性，而与上帝的善和智慧无关；③世界整体的善弥补了局部的恶。这被称为乐观主义（Optimismus）。① 在康德看来，乐观主义最大的问题在于，它所理解

---

* 本文受国家留学基金委建设高水平公派研究生项目资助（项目编号：201706010377）。

** 周小龙（1990—　），江西赣州人，德国图宾根大学哲学院（Faculty of Philosophy，Tuebingen University）博士研究生，主要研究方向为德国古典哲学和基督教神学。在文章写作期间，刘长安和岳圣豪等提供了中肯的建议，特此感谢。

① 关于莱布尼茨的观点，可以参见先刚《斯宾诺莎和莱布尼茨的乐观主义》，《世界哲学》2018年第1期，第43～54页。

的事物的可能性和必然性将限制和剥夺上帝的充足性（Allgenugsamkeit）。与此同时，康德的上帝存在证明也正是从事物的可能性开始。因此，对事物的可能性与上帝的充足性之间复杂关系的澄清，有利于理解康德对乐观主义的基本态度，并厘清康德与乐观主义的理论分歧。故本文以此为题。本文将分为以下几个部分：从 1753 年康德的《论乐观主义》残篇指出康德对乐观主义批判的几个主要方向；理解康德如何在 1755 年分别从自然研究和形而上学考察两个方向延续上述的思考；从康德 1755 年思路的内在困难出发，澄清康德后来在什么意义上转向了乐观主义，并且指出它如何体现在 1762 年的上帝观念的阐述中。

一　对乐观主义的批判

1753 年柏林科学院发布有奖征文，它要求“对蒲柏（Pope）先生的体系的考察，这个体系认同这句话：一切皆好（Alles ist gut）。它需要：（1）根据作者的假设，确定这句话真正的意思；（2）比较它与乐观主义，或有关最佳选择的体系，以最为细致地澄清它们特别的共同点和差别；（3）征引肯定或者否定这个体系最重要的原因”。[①] 在通常的理解中，英国诗人蒲柏的诗，比如《人论》（*An Essay on Man*），似乎是莱布尼茨乐观主义的注脚。然而，康德却不按套路出牌，他在《论乐观主义》这篇残稿中指出，蒲柏是比莱布尼茨更出色的形而上学家，同时还批判了莱布尼茨的乐观主义。

在当时的康德看来，乐观主义的错误有两个方面。首先，乐观主义为了使上帝免于允许尘世中的恶的责难，赋予事物以独立于上帝智慧和善的必然性，于是尘世中的恶来自事物的必然性。康德认为，这导致了上帝受制于必然性。其次，“乐观主义的第二个主要错误在于，在世界中感知到的恶与荒谬只能通过上帝存在的预设而免于责难；在人们确定作为上帝作品的世界是美丽的和合规则的之前，人们必须先相信，存在一个无限有效和无限完满的存在者”。[②]

---

① Immanuel Kant, *Über Optimisimus*, *in Gesammelte Schriften*, *hrsg. von der Königlich Preußischen Akademie der Wissenschaften*, Berlin, 1911f. , Band 17, Nr. 3703 – 3705, S. 229. 以下柏林科学院版的《康德全集》引用简化为 *AA*（akademische Ausgabe），并附上卷数，比如 *AA* 17。

② Immanuel Kant, *Über Optimisimus*, *AA* 17, Nr. 3703 – 3705, S. 238.

前者实质上在说，按照乐观主义的观点，存在上帝之外的可能性和必然性。“永恒自然的独立性走在前面。［自然的］依赖性只存在于计划中，其中上帝根据最佳法则致力于将安排永恒自然和它的本质规定所允许的一样好。”[①] 这样就将永恒的自然和自然的秩序、世界的缺陷和缺陷的补偿割裂开来，最终导致了上帝的理智和意志之间的分裂：上帝的理智知道所有的可能性，但是上帝的意志只能选择最好的世界。换言之，上帝的意志受到了事物的必然性的限制。

后者则意味着，乐观主义主张，在充满恶和荒谬的世界中无法认识上帝，因此需要“关于上帝存在的形而上学证明”[②]，因此，身处这个世界中的人只能“希求（hoffen）从其他原因认识（erkanten）主的善好、智慧和力量”。[③] 换而言之，乐观主义不能从现实世界本身的秩序中后天地认识上帝，而只能通过形而上学的方式——无论是本体论论证（ontologischer Beweis）还是偶然性论证（Kontingenzbeweis）——先天地认识上帝。

康德指出，乐观主义最终导致的结果是对上帝充足性的剥夺：“当智慧的最高原因并不能够把所有事物带入相互关联的美丽之计划，至少并非所有事物根据其本性都服从于她的欢心，永恒的命运严重地限制了富有能力的［最高］原因的力量，并逼迫她默许粗野的恶，因此剥夺了她的充足性并使她服从于这些的必然性。”[④] 在《理性神学演讲录》中，康德指出，充足性（omnisufficientia）表明所有在上帝之中的实在性对于我们而言都是根据（ens entium），因为充足性（sufficientia）总是表达一个根据（Grund）与其后果（Folge）之间的关系。[⑤] 因此，在康德那里，充足性意味着，上帝必然是万事万物的根据。乐观主义则使上帝不是事物的必然性的根据，这就损害了上帝的充足性。

莱布尼茨的乐观主义是为了解决神义论的问题。在《单子论》中，莱布尼茨说：“被造物把它们的完满归功于上帝的影响，把它们的不完满归结为它们自身并非没有限制的本性（leur nature propre）。因为正是在这里，被造物与

---

① Immanuel Kant, *Über Optimisimus*, *AA* 17, Nr. 3703 - 3705, S. 237.
② Immanuel Kant, *Über Optimisimus*, *AA* 17, Nr. 3703 - 3705, S. 233.
③ Immanuel Kant, *Über Optimisimus*, *AA* 17, Nr. 3703 - 3705, S. 232.
④ Immanuel Kant, *Über Optimisimus*, *AA* 17, Nr. 3703 - 3705, S. 239.
⑤ Immanuel Kant, *Vorlesung Über Rationaltheologie*, *AA* 28, S. 1019.

上帝区分开来。”[1] 依照康德的想法，莱布尼茨把恶归结为不依赖于上帝的事物的必然性，这种必然性导致的恶是局部的，不会影响大局上的善，整体的善是对局部的恶的补偿（Ersetzung）。然而，如上所述，这种神义论的解决方案是以牺牲上帝的完善自足为代价的。康德认为，自己的方案既能保全上帝的充足性，又能解决神义论的问题。这一方案是：存在一个普遍的自然法则，事物按其本性将被置于这个法则之下。这样，事物按其本性，从自身之中产生了事物之间的和谐，这种和谐根植于原初存在者的智慧，同时也产生了不完满与恶。

> 事物的本质和必然规定，即普遍的法则，它们在关联中通过非强迫的联合被置于相互间和谐化的计划中，同时将自发地准备维护完善的目的。自爱（Eigenliebe）只以自身的满足为目的，它似乎是我们观察到的道德上无序的原因，却是我们惊叹的道德上美丽的协同一致的根源。所有利己的东西置身于必然性中，同时也对其他东西有用。普遍的纽带以一种不可探究的方式把全体勾连起来，使得单个的好处仅通过一个自然的序列（eine natürliche Folge）总是关联到其他事物的好处。因此一个普遍的自然法则确定了那种保存全体的爱，然而也是通过这种动因，自然的方式也产生了（我们乐于看到其源头会消除的）恶。[2]

康德这段描述颇像他后来提出的“非社会的社会性”的思考。与莱布尼茨将恶归结为独立于上帝的事物的必然性不同，康德把恶归结为事物按照普遍自然法则运动所产生的自然序列，这种根植于上帝智慧的运动自然而然地产生了善与恶。康德不是让上帝对尘世的恶免责，而是通过尘世的恶去认识上帝的智慧和善好。也就是说，倾注了上帝智慧的自然法则处于上帝和万事万物中间，它同时产生善与恶，但是恶同时也有利于整体的善。

康德这篇文稿于 1926 年由 Erich Adickes 整理在《康德全集》第 XXⅦ 卷

---

① Gottfried Wilheim Lebniz, *Monadologie und andere metaphysiche Schriften*, französiche-deutsch, herausgaben, Übersetzt, mit Einleitung, Anmmerkungen und Registern versehen von Ulrich Johannes Schneider, Hamburg: Meiner, 2002, S. 127. 另外，相关的论述可以参见《神义论》20、27 –31、153、167、377 等节。

② Immanuel Kant, *Über Optimisimus*, *AA* 17, Nr. 3703 –3705, S. 234.

中。Adickes 认为，康德在此处的思考蕴含了他在 1755 年撰写的《形而上学认识各首要原则的新说明》（以下简称《新说明》）命题七中本体神学（Ontotheologie）① 的萌芽。② 然而后来的研究者纷纷反驳这种猜测，认为康德此处的思考导向了 1755 年《一般自然史和天体理论》（以下简称《自然史》）中的自然神学（Physikotheologie）。③ 现在学界基本认同后者。然而 Adickes 的理解并非空穴来风，他接受了 Friedrich Paulsen 的理解，即康德本体神学和自然神学完全是一致的。④ 本文并不同意康德的本体神学和自然神学是完全等同的，然而 Adickes 的理解传达的是，康德这两种上帝证明方式具有共同点，而这并非毫无道理。本文接下来将以反驳乐观主义为线索，试图说明康德这两个文本之间的关联。

我们总结一下康德对乐观主义的几个批评点。①康德否定可能世界的理论，因为可能世界的假设使得上帝的理智和意志割裂开来，这意味着事物的所有可能性都是现实世界中的可能性。②与此同时，所有事物都必须服从上帝的智慧给它们设定的规定性，而不存在独立于上帝的必然性。上帝具有充足性，他的理智和意志是合一的，万事万物必须服从他的智慧的安排和计划。③人们可以从现实世界中认出上帝的智慧和善好，换言之，必须能够后天地证明上帝的存在。这就是上帝存在的自然神学证明（physiotheologischer Beweis）。乐观主义只能先天地证明上帝，而不能从世界本身中认出上帝的智慧。康德于 1755 年写成的《自然史》和《新说明》分别从自然研究和形而上学的角度沿着上述思路前行。

二　力学规律与上帝存在

如今，康德要做的事情就是从现实世界的秩序与和谐中认识上帝的智慧。

① 注意，请不要将这里的本体神学与笛卡儿、莱布尼茨关于上帝存在的本体论证明混淆，前者是康德自己所做的证明上帝存在的尝试，后者是康德批判的对象。

② Immanuel Kant, *Über Optimisimus*, *AA* 17, Nr. 3703 – 3705, S. 233.

③ 这些研究者包括 Tillmann Pindar、Joseph Schmucker 和 Gionanni B. Sala。参见 Tillmann Pindar, *Kants Gedanke vom Grunde aller Möglichkeit*, Dissertation Berlin, 1969, SS. 145 – 146; Joseph Schmucker, *Die Ontotheologie des vorkritischen Kant*, Berlin, New York: de Gruyter, 1980, SS. 133 – 135; Gionanni B. Sala, *Kant und die Frage nach Gott*: *Gottesbeweise und Gottesbeweiskritik in den Schriften Kants*, Berlin, New York: de Gruyter, 1990, S. 37。

④ Vgl. Tillmann Pindar, *Kants Gedanke vom Grunde aller Möglichkeit*, Dissertation Berlin, 1969, S. 38.

《自然史》的主要工作是说明宇宙通过机械的力学规律形成，诚如它的副标题所言“或根据牛顿定理试论整个世界大厦的状态和力学起源”。康德在这篇文章的前言中概括了他的整体思路：“我假定所有世界的物质（Materie）都处于一种普遍的分散状态，并且用这些物质构成一种完全的混沌。我看到材料（Stoff）按照已揭示的引力规律形成，又看到斥力改变着它们的运动。看到不要借助任意的虚构，按照已揭示的运动规律的安排就可以产生一个井然有序的整体，这整体与我们眼前所看到的世界体系如此相似，以至我情不自禁地把它们视为同一个东西，此时，我感到愉快满足。”[①] 康德这篇文章为他赢得了科学家的声誉，本文更关注他的自然研究背后所呈现出来的上帝观念。

康德认为，整个世界的井然有序是从由物质所组成的混沌中，按照牛顿力学的规律自行产生出来的。然而康德已经预感到，自己的这番解释很有可能被批判为伊壁鸠鲁主义或者自然主义，因为上述对宇宙秩序形成的解释显然与宗教传统所认为的上帝直接干预宇宙形成的观念相左，因此被认为“神性创造者的证明就完全失效了”“伊壁鸠鲁就又在基督教里复活了”。[②] 因此康德在《自然史》中对宇宙秩序形成的解释既要批判宗教传统的理解，又要与伊壁鸠鲁主义划清界限，从而摘掉无神论的帽子。“宗教的捍卫者担心：从物质的自然倾向得到说明的这种和谐，会证明大自然与神明天意无关。”[③] 在康德看来，这些人实际上贬低了自然，因为他们认为，“大自然没有和谐，它如果听任于自己普遍的规律支配，就只会造成紊乱”。[④] 因此，他们认为，自然如果没有外在的设计者的干预，任其规律自由发展，不可能形成现在的秩序井然的宇宙。自然主义者与此相反，他们否认宇宙秩序的形成需要任何的外在干预，他们“从偶然的巧合推演出可以从世界结构感知到的一切秩序，这些偶然的巧合使原子如此幸运地汇合在一起，以至构成了一个井然有序的整体。伊壁鸠鲁甚至如此厚颜无耻，竟然要求原子无须任何原因就偏离其直线运动，以便能够碰撞到一起。他们都把这种荒唐发展到如此地步，以至于把一切有生命的造物的起源都归结为盲目的汇合，真要从无理性中派生出理性”。[⑤] 因此，自然主

① 《康德全集》第 1 卷，李秋零译，中国人民大学出版社，2003，第 222 页。
② 《康德全集》第 1 卷，李秋零译，中国人民大学出版社，2003，第 219 页。
③ 《康德全集》第 1 卷，李秋零译，中国人民大学出版社，2003，第 220 页。
④ 《康德全集》第 1 卷，李秋零译，中国人民大学出版社，2003，第 219 页。
⑤ 《康德全集》第 1 卷，李秋零译，中国人民大学出版社，2003，第 223 页。

义者把宇宙秩序的形成归结为偶然的原子碰撞或者事物自身的偶然性，而绝不认为其中存在什么必然性。

通过反驳上述两种思路，康德自己的思路慢慢地清晰起来。首先，世界秩序的形成是物质自身按照机械规律自然而然的结果，因此不需要任何外在智慧的直接干预，从而反驳传统宗教的捍卫者。其次，这些机械规律不是像自然主义所说的那样，是出自事物本性的偶然，而是事物必然的规定性，从而，康德在《自然史》中首次公开了他关于上帝存在的自然神学证明："因此，万物的原始材料，即物质，是受某些机械规律制约的，物质听凭这些规律支配，必然产生出美好的结合。物质没有偏离何种完美设计的自由。由于物质服从一个至高无上智慧的目的，所以它必然被一个支配它的原始原因置于这样协调的关系之中。而且正因为大自然即使在混沌中也只能按照规则井然有序地行事，所以有一个上帝存在。"① 简言之，从混沌中必然产生宇宙的和谐，这不需要上帝的直接干预，然而万物运动的必然规律则是上帝意志的体现，这与《论乐观主义》残稿的观点如出一辙。现在的研究者已经清楚地指出，康德在《自然史》中所表达的宇宙论实际上是牛顿的机械论和莱布尼茨的上帝创造的综合。②

康德有关上帝存在的自然神学对乐观主义的批判表现为以下几点。①自然神学证明是从世界本身中认出"大自然的和谐、美、目的以及手段和目的的完善关系"③，从而证明上帝的存在，而非像乐观主义那样，只能先天地证明上帝的存在，而在看到现实世界中的恶时，只能希求而不能认识上帝的智慧。②自然神学把事物的一切规定性都归结为上帝的智慧，从而使得自然完全服从和依赖上帝。尽管万物都自行发展，但是必须按照规律来进行，而不是出于偶然性任意组合。力学规律就是万事万物和谐的基础，是事物的本质规定（Bestimmung）。因此，不存在脱离上帝的自然必然性。③康德否认可能世界的

---

① 《康德全集》第 1 卷，李秋零译，中国人民大学出版社，2003，第 224 页。

② 牛顿的机械论与莱布尼茨的上帝创造之间是否相容，在当时存在激烈的争论，康德的老师 Martin Knutzen 也在积极地促成二者的相容。当时的气氛和教育都影响了康德。参见 Gionanni B. Sala, *Kant und die Frage nach Gott: Gottesbeweise und Gottesbeweiskritik in den Schriften Kants*, Berlin, New York: de Gruyter, 1990, SS. 33 - 35。另外请参考 Hans-Joachim Waschkies, *Physik und Physikotheologie des jungen Kants*, *Die Vorgeschichte seiner Allgemeinen Naturgeschichte und Theorie des Himmels*, Amsterdam: Grüner, 1986, SS. 20 - 24。

③ 《康德全集》第 1 卷，李秋零译，中国人民大学出版社，2003，第 219 页。

设想。在《自然史》第二部分的第七章，康德特别强调了造化必须在无限的时空内进行："基本物质必须一下子就如此丰富、如此完备，以至于其各种组合的发展在永恒的流溢中按照一个计划展开，而这个计划自身包含着一切可能的东西，它没有任何限制，简而言之，它是无限的。"① 这意味着，事物的一切可能性都在现实世界中，无须可能世界的假设。其中，①是《自然史》自然神学所独有的，②和③是《自然史》和《新说明》共同的理论旨趣，我们下一部分将进一步阐明。通过①②③，我们可以理解康德在以下总结陈词中对乐观主义的批判："因此，存在着一个一切本质的本质，一个无限的理智和独立的智慧，大自然甚至就其在规定性的整个总和之中的可能性而言也就是从它里面得到其起源的。"②

在《自然史》三个部分的开头，康德都引用了蒲柏的诗。联想到康德1753年的残稿与蒲柏思想的关联，尤其是其对神义论问题的解决，我们有必要简单地说明《自然史》对神义论的解答。康德尽管并没有太多地提及神义论，却在第二部分的最后指明："大自然虽然有达到完善和秩序的本质规定性，但在其多样性的范围内也包含着所有可能的变化，甚至缺陷和偏差。正是大自然的这种无限的丰富，它所造就的，既有有人居住的天球，也有彗星，既有有益的山岭也有有害的礁岩，既有可供居住的田野，也有荒无人烟的不毛之地，既有德性也有邪恶。"③ 因此，大自然的和谐与失序都是力学规律的结果，大自然服从上帝的规律并不意味着它不带来破坏和偏差。④ 因此，康德将上帝存在的证明与神义论糅合到自然神学中。

三　事物的可能性与上帝存在

如果《自然史》的自然神学是对上帝存在的后天证明，那么《新说明》的本体神学就是对上帝存在的先天证明。与《自然史》类似，上帝存在的证明并非《新说明》的首要任务。这篇文章实际上与克鲁修斯（Crusius）在

---

① 《康德全集》第1卷，李秋零译，中国人民大学出版社，2003，第293页。

② 《康德全集》第1卷，李秋零译，中国人民大学出版社，2003，第314页。

③ 《康德全集》第1卷，李秋零译，中国人民大学出版社，2003，第326页。

④ 康德在此处也表达了他的道德哲学观念，由于篇幅关系，就不详细展开了。就此问题可参看 Dieter Henrich, "Über Kants früheste Ethik," in *Kant-studien 54*, 1963, SS. 404 - 431。

1743 年发表的一篇文章相关，文中克鲁修斯反对沃尔夫的观念，即矛盾律对形而上学是充足的，甚至可以从矛盾律中引出充足理由律。相反，克鲁修斯认为人类理性有三条基础原则：矛盾律（principium contradictionis），不可分律（principium inseperabilium），不可合律（principium inconiungibilium）。[①] 康德这篇文章的全名是《形而上学认识各首要原则的新说明》，顾名思义，它的内容就是要澄清形而上学认识的诸首要原则。康德与沃尔夫和克鲁修斯都不同，他认为形而上学认识的首要原则有四：矛盾律，规定理由律（principium rationis determinantis），相继律（principium successionis）和共存律（principium coexistentiae）。规定理由律实为充足理由律。本文要谈的重点是康德在规定理由律部分谈到的上帝存在的证明。[②]

在命题四中，康德对规定理由律做了两重区分："规定就是以排除对立面来设定一个谓词。就谓词而言来规定主词的东西，被称作理由（ratio）。理由分为在先（antecedenter）规定的理由和在后（consequenter）规定的理由。在先规定的理由，其概念先行于被规定者，也就是说，不假定它，被规定者就不可理解。在后规定的理由，如果被它规定的概念不是事先已经从某处得到设定，就不会设定它。前一种理由也可以称作为什么的理由或者存在或者产生的理由，后一种理由也可以称作是什么的理由或者认识的理由。"[③] 康德这里的说法相当抽象，我们可以用康德所举的例子来说明。当我们寻求圆的理由时，即我们要理解圆是什么，我们会说它是所有等距图形中面积最大者，即认识理由。当我们要寻求尘世的恶的理由，我们不是要理解恶是什么，因为经验告诉我们恶是什么，而是要问世界上为什么存在恶，即存在理由。这个区分与康德对笛卡尔关于上帝存在的本体论证明的批判紧密相关。命题六指出："某物在其自身拥有存在的理由，这是没有道理的。"[④] 很显然，这是对自因（causa sui）学说的批判。康德的理由是："假定存在某物，它在其自身就拥有其存在的理由，那么它就是它自己的原因。但由于原因的概念在本性上先于结果的概

---

① Vgl. Gionanni B. Sala, *Kant und die Frage nach Gott*: *Gottesbeweise und Gottesbeweiskritik in den Schriften Kants*, Berlin, New York: de Gruyter, 1990, S. 41.

② 事实上，康德也在这篇文章的第三部分，即根据相继律和共存律，证明了上帝的存在。不过出于文章主题的考虑，这部分内容不准备详述。

③ 《康德全集》第 1 卷，李秋零译，中国人民大学出版社，2003，第 371 页。

④ 《康德全集》第 1 卷，李秋零译，中国人民大学出版社，2003，第 374 页。

念，结果的概念迟于原因的概念，所以，同一个东西同时先于并且迟于它自身，这是悖理的。”① 这意味着，某物的存在理由必定是与之相区别的东西。笛卡尔在《第一哲学沉思录》第一组回应中引入的自因概念，被斯宾诺莎发扬光大。② 在康德看来，上帝不能自身拥有其存在的理由，因为在先规定的理由必须在他物之中。因此康德以他独有的方式反对本体论证明。与此同时，他进一步提出：“任一被宣称绝对必然存在的事物，都不是由于某个理由而存在，而是由于其对立面完全不可思议。”③ 换言之，必须从认识的理由，即其对立面不可思议，寻找上帝存在的依据。

在批判了本体论证明之后，在命题七，康德提出了上帝存在的本体神学的证明。根据 Pindar、Schmucker 等学者的研究，康德的证明实际上分为两个步骤：①从事物可能性的材料推论到绝对必然的存在，②从绝对必然的存在推论到无限的、唯一的存在者。④ 就①而言，康德说：“如果没有某种在任何可能的概念中都是实在的东西（quicquid est in omni possibili reale）存在，并且它（因为如果放弃这一点，就根本没有任何可能的东西（possibile）存在，也就是说，只有不可能的东西存在）绝对必然地存在，就不能把任何东西设想为可能的。此外，完全的实在性（omnimoda realitas）也必须统一在一个唯一的存在者里面。”⑤ 它从事物的可能性概念自身出发证明上帝的存在，是整个论证的关键和难点。按照康德的说法，事物的可能性概念必须以实在的东西（realia）为依据，因为实在的东西是“所有可能概念的材料”（quae sunt possibilium omnium conceptuum velut materiale）。比如，三角形的概念必须以边、围起来的空间等实在的东西为依据和材料。这些材料并不只是形式上归属于主词，而是在质料上规定主词的可能性，即自身具有形而上学的肯定性（das

---

① 《康德全集》第 1 卷，李秋零译，中国人民大学出版社，2003，第 375 页。中译本对“Pone aliquid esse”的翻译是“假定存在有某物”，笔者以为“存在”和“有”重复，故译为“假定存在某物”。

② 对自因概念的详细阐述，可以参看吴增定《自因的悖谬——笛卡尔、斯宾诺莎与早期现代形而上学的革命》，《世界哲学》2018 年第 2 期，第 67 ~ 79 页。

③ 《康德全集》第 1 卷，李秋零译，中国人民大学出版社，2003，第 375 页。

④ Vgl. Tillmann Pindar, *Kants Gedanke vom Grunde aller Möglichkeit*, Dissertation Berlin, 1969, SS. 47 – 65; Joseph Schmucker, *Die Ontotheologie des vorkritischen Kant*, Berlin, New York: de Gruyter, 1980, SS. 18 – 25.

⑤ 《康德全集》第 1 卷，李秋零译，中国人民大学出版社，2003，第 376 页。译文略有改动。

metaphysiche Positive）。[①] 根据康德对规定理由的区分，如果实在的东西是事物之可能性的在先规定，那么实在的东西之所以存在，则是由于其对立面不可思议，即由于在后的规定。当然，必然的存在者与三角形这种偶然的存在者是不同的："由于绝对必然性（absoluta necessitas）并不像与各种实在性（realitatibus）符合那样与这些事物符合，它属于一个事物的完全规定（omnimodam rei determinationem），没有完全规定则将无物存在，以这种方式受到限制的实在性只能偶然地（contigenter）存在。"[②] 完全的实在性（omnimoda realitas）作为所有实在性的总和是对事物完全的规定，它具有绝对必然性，因为其对立面不可思议，即没有它，将无物存在。通过证明完全的实在性是绝对必然的存在者，康德进一步指出这个绝对必然的存在者是单一的、无限的存在者。康德的理由是，如果它是有限的、多样的，它将必然是偶然的。对于康德的上帝证明，我们暂时点到为止。总之，康德从事物的可能性概念出发，以本体神学的方式，证明了上帝这个无限的、唯一的必然存在者的存在。

为了方便之后的论述，我们需要指出上述证明的几个特点。①康德所说的事物之可能性的概念，是指这种可能性是在人的理智中被给予的。与之相对的观念则认为，事物之可能性是在上帝的理智中被给予的。前者理解的事物之可能性是现实世界的可能性，因为现实世界是人的理智所能把握的范围，后者理解的事物之可能性则超出现实世界，因为上帝的理智必然能够理解超出现实世界的事物之可能性。②这个论证把完全的实在性，即实在性之全体，直接等同于必然的存在者，上帝被理解为实在性的总和，具有数量上的无限性。

那么，上述的上帝观念在什么意义上反驳了乐观主义呢？首先，事物之可

---

① Vgl. Gionanni B. Sala, *Kant und die Frage nach Gott*: *Gottesbeweise und Gottesbeweiskritik in den Schriften Kants*, Berlin, New York: de Gruyter, 1990, S. 70.

② 《康德全集》第 1 卷，李秋零译，中国人民大学出版社，2003，第 376 页。译文改动较大。中译本的错误不仅体现在语法上，而且体现在关键的概念上，比如 omnimodam rei determinationem 被译为"事物……必需的……规定"。另外，实在性之全体（*omnitudo realitatis*）是个术语，康德直到《纯粹理性批判》的"纯粹理性的理想"第二节还在使用它（B604）。在这里，realitas、realia 被分别翻译成了"现实性""现实的东西"，这是完全错误的翻译。因为，在康德的语境中，realitas 作为实在性恰恰是与现实性（Wirklichkeit）相反的可能性。这涉及存在（essetia）和本质（existentia）的区分问题，也与康德对上帝存在的本体论证明的批判紧密相连。关于这个问题，可以参看 Martin Heidegger, *Die Grundprobleme der Phänomenologie*, Frankfurt: Vittorio Klostermann, 1975, SS. 35 – 107，或中译本〔德〕海德格尔《现象学之基本问题》，丁耘译，上海译文出版社，2008，第 45 页。

能性是在人的理智中被给予的，因此，在这个理论视野中，不存在超出现实世界的可能性，这实际上取消了可能世界的理论假设。我们可以借鉴 Pindar 的解释："对于康德，人类的想象（Vorstellung）并非通过材料而与上帝的想象相区分——正如世界的材料的实在性也不是通过内容与上帝的实在性相区分。因此二者的无限性是绝对的。这从根本上与莱布尼茨和沃尔夫的看法相左，根据这些看法，上帝的想象包含了所有的可能世界，而我们的想象只能延伸到现实的世界，因此不能被当作绝对无限的。（参看沃尔夫《自然神学》，Ⅱ，§71）这意味着，康德的看法——如果我们正确地阐释了的话——反驳了可能世界的理论并因此反驳了乐观主义。"① 其次，上述的思考迫使康德承认现实世界的所有实在性的综合必然包含事物的所有可能性，现实世界包含了万物的一切造化，不需要可能世界作为预设。这就与《自然史》第二部分第七章所强调的"造化必须在无限的时空内进行"的观点暗合。《新说明》的命题十也提出："世界上绝对实在性的量不以自然的方式发生变化，无论是通过增多还是减少。"② 《自然史》和《新说明》这两部风格迥异的著作在这点上紧密相关：现实世界本身具有无限的可能性，世界的实在性之全体的无限性可以容纳无穷多的事物的可能性。再次，上帝作为实在性之全体，是对事物的完全规定，因此事物的一切规定性都在上帝之中。换言之，不存在上帝之外的事物必然性和规定性，这就使得事物完全服从上帝的智慧。这就以形而上学的方式证实了《自然史》的自然研究所得出的结论。

现在，我们总结一下康德在《自然史》和《新说明》中对乐观主义的批评：①现实世界包括了事物的所有可能性，无须可能世界这个假设；②事物的规定性都必须服从上帝或上帝的智慧，因此上帝无须受制于事物的必然性；③人们可以从世界本身的和谐与秩序中认出上帝，这点主要与《自然史》相关。这两部著作千差万别，当然不能等同起来，我们只是从反对乐观主义这点上来谈它们的共性。

---

① Vgl. Tillmann Pindar, *Kants Gedanke vom Grunde aller Möglichkeit*, Dissertation Berlin, 1969, S. 259, Anmerkung 120.

② 《康德全集》第1卷，李秋零译，中国人民大学出版社，2003，第393页。

四 乐观主义转向

如上所述，上帝存在的证明在《自然史》和《新说明》中都只是自然研究和形而上学原则思考的附带性工作。与此不同的是，1762 年，康德专门就上帝证明这一问题撰写了《证明上帝存在唯一可能的证据》（以下简称《证明根据》）。[①] 在某种程度上，《证明根据》是《自然史》和《新说明》的综合，因为它在第一部分给出了一个新的关于上帝存在的本体神学证明，这被康德认为是对上帝存在唯一可能的证明根据，又在第二部分提供了改进的自然神学证明。但是，它绝对不是 1755 年的两部著作的简单重复，它从形式上和内容上都有特别大的改变。就《证明根据》与《自然史》在自然神学这一问题上的关系而言，前者提供的是后者的改进版本，即前者的自然神学不仅考察了力学的普遍规律，而且也将生物的特殊规律考虑在内。就《证明根据》与《新说明》的区别而言，前者不仅仅在形式上脱离了后者的经院哲学的格式，以更加自由的论文的方式阐述了上帝存在的证明[②]，而且在内容上与后者有显著差别。从 1755 年到 1762 年，康德的上帝观念发生了较大的变化。

学者们纷纷猜测原因，概括起来有两个：①《自然史》以力学规律来描述宇宙形成的做法在有机物层面遇到了困难；②《新说明》把实在性之全体直接等同于上帝的做法导向了泛神论，这在当时等同于斯宾诺莎主义。[③] 从整体上看，康德此时的思想发生了所谓的“乐观主义转向”（die Wendung zum Optimismus）[④]，这在他 1759 年的《试对乐观主义做若干考察》（以下简称《考察》）中已初露端倪。接下来我们将逐一做出说明。

---

① 本文认为，中译本对名词的翻译并不妥当，因为整篇文章的关键词 Realgrund 被翻译成了“实在根据”，那么题目似乎应当翻译成“表明上帝存在唯一可能的证明根据”（*Der einzig mögliche Beweisgrund zu einer Demonstration des Daseins Gottes*），因此本文简称为《证明根据》，希望这样的看法不是对辛苦的中译者吹毛求疵。

② Vgl. Joseph Schmucker, *Die Ontotheologie des vorkritischen Kant*, Berlin, New York: de Gruyter, 1980, SS. 14 – 17.

③ Vgl. Gionanni B. Sala, *Kant und die Frage nach Gott: Gottesbeweise und Gottesbeweiskritik in den Schriften Kants*, Berlin, New York: de Gruyter, 1990, SS. 98 – 102.

④ Vgl. Tillmann Pindar, *Kants Gedanke vom Grunde aller Möglichkeit*, Dissertation Berlin, 1969, SS. 148 – 158.

如上所述，在《自然史》中，康德宣称："万物的原始材料，即物质，是受某些机械规律制约的，物质听凭这些规律支配，必然产生出美好的结合。"康德把万物的产生完全看成原始材料按照力学规律运动的结果。这种规律既是必然的，也是普遍的，正如这篇文章的标题"Allgemeine Naturgeschichte"所表明的那样。这意味着，万物毫无例外地遵循机械规律而产生。按照康德的设想，有机生命也是按照机械规律形成的，在说明天体形成的力学规律之后，还要"清楚完备地用力学理由说明一棵草、一个幼虫的生成"。[①] 总而言之，康德试图将无机物和有机物的形成都看成机械运动的结构。后来康德意识到，机械规律并不能说明有机物的产生。在《证明根据》中，康德在有机物和无机物之间做出划分，他在第二部分的考察二中，把万物对上帝的依赖分成"道德的"（moralisch）和"非道德的"（unmoralisch）依赖："当上帝凭借自己的意志而成为一个事物的根据时，我把该事物对上帝的依赖性称之为道德的，而把其余一切依赖性都称之为非道德的。"[②] 有机物对上帝的依赖是道德的，因为它的存在是上帝意志的自由选择，无机物对上帝的依赖是非道德的，因为它按照普遍的力学规律必然地产生。康德进一步在考察三中把前者当成超自然的（übernaturlich）或服从偶然的（zufällig）自然秩序，把后者看成服从必然的（notwendig）自然秩序。康德认为，有机物属于艺术的自然秩序（künstliche Naturordnung），这完全出自设计者的自由选择。"植物和动物的构造表现出普遍的、必然的自然规律不足以解释这样的安排"，"把一种植物或者动物的第一次产生看做是出自普遍的自然规律的一个力学附带结果是荒唐的"。[③] 这些都逼迫康德改进原先的自然神学。

如前所说，在《新说明》中，康德为了避免"可能世界"的理论假设，把所有的可能性都看成在人的理智中被给予的，而不是像莱布尼茨那样看成在上帝的理智中被给予的。这意味着，所有的可能性都是现实世界的可能性，作为事物可能性基础的实在性之全体也是现实世界的实在性全体，它具有无限性。康德进一步将实在性之全体等同于必然的、无限的存在者即上帝，因此，在康德那里，"我们表象的实在的东西之无限性、世界全体之无限性和上帝之

---

① 《康德全集》第1卷，李秋零译，中国人民大学出版社，2003，第226页。
② 《康德全集》第2卷，李秋零译，中国人民大学出版社，2004，第107页。
③ 《康德全集》第2卷，李秋零译，中国人民大学出版社，2004，第121页。

无限性之间紧密关联”①，这就有了导向泛神论的嫌疑。② 在《证明根据》中，康德论证上帝存在的方式的确发生了巨大的变化。比如，同样是从事物的可能性推论到绝对必然的存在者，康德不再把事物的可能性看成在人的理智中被给予，而是看成在上帝的理智中被给予，这样就使得事物的可能性成为可能世界的可能性，而不再仅仅是现实世界之可能性。Pindar 还举出了康德可能存在泛神论风险的重要证据：“可能性之‘实在根据’（Realgrund）的概念，通过它，在《新说明》中因为可能性之‘实在的东西的存在’（Existenz des Realen）所造成的危险操作被处理掉（《证明根据》A21 以下）；对上帝精神性的强调，它产生了上帝证明与自然神学新的关联（A39 以下，48 以下）；实在之冲突（Realrepugnanz）概念的神学运用，通过它，Ens Infinitum［无限的存在者］（*omnitudo realitatis*，实在性全体）的概念被修正，上帝和世界之间的存在论区分被重新表达（A34 以下）；对于一般的上帝无限性概念的批判，这个批判建立在同样的考虑之上（A186 以下）。”③ 对康德术语不太熟悉的读者，可能会对 Pindar 的话产生相当的困惑。我们下一部分将涉及对这些术语的解释。现在只需要记住，康德似乎意识到了自己著作中的泛神论并做出了重要的改变，反过来说，康德之前的论证使得上帝与世界之间的界限模糊。

在《证明根据》中所有的这些转变，都使它具有了乐观主义的特征。首先，艺术的、偶然的自然秩序是出自上帝意志和自由选择，与此相应，机械的、必然的自然秩序则并非上帝的意志选择，它们产生自内在的必然性。这就使得上帝意志和事物的必然性割裂开来。其次，事物之可能性不是在人的理智

---

① Vgl. Gionanni B. Sala, *Kant und die Frage nach Gott*: *Gottesbeweise und Gottesbeweiskritik in den Schriften Kants*, Berlin, New York: de Gruyter, 1990, S. 74.

② 实际上，指出康德《新说明》具有泛神论特征，并把这看成康德转向《证明根据》的动机，这条研究线索由来已久，从早期的 Günter Thiele 及其学生 Carl Friedrich Jeppel，到当代的 Tillmann Pindar 和 Gionanni B. Sala，都持同样的见解。参见 Tillmann Pindar, *Kants Gedanke vom Grunde aller Möglichkeit*, Dissertation Berlin, 1969, S. 39。也有学者如 Schmucker 持反对意见，参见 Joseph Schmucker, *Die Ontotheologie des vorkritischen Kant*, Berlin, New York: de Gruyter, 1980, SS. 195 – 226。本文认为，康德在《新说明》中的上帝观念的确具有明显的泛神论特质，但是由于史料欠缺，我们的确难以判断，这是不是康德在《证明根据》中明显地强调上帝和世界的区分的内在动机。但是这并不影响对康德的本体神学的前后差异的描述。

③ Vgl. Tillmann Pindar, *Kants Gedanke vom Grunde aller Möglichkeit*, Dissertation Berlin, 1969, S. 151.

中被给予，而是在上帝的理智中被给予。上帝的理智必然认识比现实世界更多的可能性，即存在比现实世界更丰富的可能世界。这一切都与乐观主义的理路若合符节。

此外，我们还想简单地提及1759年的《考察》。在这篇演讲中，康德反对了克鲁修斯对乐观主义的批评，同时证明了以下几个论点：能够设想一个世界，在它之上更好的世界是可能的；“在所有可能的世界中有一个世界是最完善的，既没有一个世界在优越性上超过它，也没有另一个世界能够与它媲美”①；上帝选择了这个世界，因为上帝断定这个世界是最好的世界。最后康德得出结论说：“整体是最好的东西，所有的一切都由于整体而是好的。”② 这个结论就是乐观主义的，即整体的好是对局部的恶的补偿。我们发现，康德似乎已经忘记1753年的残稿中对乐观主义的所有批评，也将1755年两篇论文的核心思想抛诸脑后，他在1762年的《证明根据》中也表达了乐观主义的基本设定。然而，如果我们还记得康德批评乐观主义的初衷是保全上帝的充足性的话，那么我们应该先考察1762年的《证明根据》是否仍然坚持了上帝的充足性，再来评判康德乐观主义转向的问题。

五 上帝的充足性与乐观主义的和解?

《证明根据》是康德前批判时期思辨水平最高的文章，因此无法在如此短的篇幅中澄清康德的证明步骤。本文将以《新说明》为参照，简单地重构其中重要的步骤。③ 在第一部分，即上帝存在的本体神学证明部分，康德将证明步骤分为三个范畴考察，即一般存在（Dasein）、可能性（Möglichkeit）和必然性（Notwendigkeit），三者恰好构成了康德的模态范畴。

与《新说明》类似，整个证明的起点也是事物的可能性。④ 不同的是，

---

① 《康德全集》第2卷，李秋零译，中国人民大学出版社，2004，第35页。

② 《康德全集》第2卷，李秋零译，中国人民大学出版社，2004，第38页。

③ 详细的论证可以参看 Joseph Schmucker, *Die Ontotheologie des vorkritischen Kant*, Berlin, New York: de Gruyter, 1980, SS. 62 – 106; Gionanni B. Sala, *Kant und die Frage nach Gott: Gottesbeweise und Gottesbeweiskritik in den Schriften Kants*, Berlin, New York: de Gruyter, 1990, SS. 105 – 145。

④ 从行文看，康德的证明是从存在部分开始的，但是富有成效的讨论则是从可能性部分开始的。为了使本文的线索更加清晰，我们暂且忽略存在部分的讨论，尽管这段讨论相当重要。

《新说明》的出发点是“事物的可能性之概念”，而这里则直接从“事物的可能性”开始。如上所述，它们的区别在于，前者是在人的理智中被给予，后者则是在上帝的理智中被给予。康德进一步把事物的可能性分为形式的和质料的。事物的可能性在形式上是按照矛盾律设想主词和谓词的关系，比如四个角的三角形按照矛盾律是绝对不可能的。事物的可能性在质料上是指可能性之实在性的材料，比如直角三角形是可能的，是因为直角和三角形共同构成了它的材料。这实际上是对《新说明》中“可能概念的材料”更加精细的分析。

接下来，康德并没有从事物的可能性直接推到实在性之全体的存在，即不是以实在性之全体的存在作为事物的可能性的基础，而是指出“一切事物的内在可能性都以某一存在（Dasein）为前提条件”①，从而进一步指出：“一切可能性都是在某种现实的东西中（in irgend etwas Wirklichen）被给定的，或者作为该物的一个规定性，或者是通过该物而作为该物的一个结果。”② 可能性的前提条件不再是泛泛的实在性之材料，而是某个现实的东西，康德把这个现实事物称为“绝对可能性的首要的实在根据（erster Realgrund）”。③ 接下来康德要证明这个现实的东西的实存，同样运用了《新说明》中的认识理由，即这个现实的东西的对立面是不可能的，否则的话就将取消一切可能性：“有某种现实性，其取消本身将会从根本上取消一切内在的可能性。这种其取消或否定摈除了一切可能性的东西，就是绝对必然的。”④ 通过证明这个必然的存在者唯一、单纯、不变和永恒，包含着最高的实在性、精神性等，康德说：“这就是一个上帝（Es ist ein Gott）。”⑤ 与《新说明》不同的是，无限性不再是必然的存在者的属性。

为了突出《证明根据》的特质，我们需要做出以下几点说明。①必然的存在者不再等同于实在性之全体（*omnitudo realitatis*），前者转而变成了后者的根据，后者变成了前者的结果。康德特地强调，必然的存在者包含着最高的实在性，但它不是实在性之全体，因为所有的实在性不可能都是它的规定性，比如它作为精神，不可入性和广延就不是它的规定性或属性。实在性之全体只是

---

① 《康德全集》第 2 卷，李秋零译，中国人民大学出版社，2004，第 85 页。
② 《康德全集》第 2 卷，李秋零译，中国人民大学出版社，2004，第 85 页。
③ 《康德全集》第 2 卷，李秋零译，中国人民大学出版社，2004，第 86 页。译文略有改动。
④ 《康德全集》第 2 卷，李秋零译，中国人民大学出版社，2004，第 90 页。
⑤ 《康德全集》第 2 卷，李秋零译，中国人民大学出版社，2004，第 96 页。

实在性的混杂，其中会产生实在之冲突（Realrepugnanz），比如精神和广延两种实在性就会产生冲突。进一步说，实在性之全体是无限的，这只是数量意义上的无限，必然的存在者作为最高的实在性在质上与实在性之全体相区别，因此康德放弃了以无限性来描述必然的存在者。因而上帝和世界之间划出了明显的界限。这样，我们就理解了前文 Pindar 的那段话。②康德特别强调上帝的精神性，即上帝具有理智和意志。这样，上帝就不再像《新说明》中那样，似乎与世界的造化无关，而是积极地参与世界的创造，尤其是有机生命的创造，这从根本上为第二部分的自然神学证明准备了基础。这样，在《自然史》和《新说明》中似乎毫不相干的自然神学和本体神学被整合进一个体系。③由于事物的可能性不在人的理智中被给予，而是在上帝的理智中被给予，事物的可能性就超出了现实世界的实在性之总和，因此可能世界的预设就不可避免了。同时，上帝作为最高的实在性，凭意志而选择了这个世界，尤其是创造了有机物，无机物的机械规律似乎在上帝的意志之外。如此，上帝的理智和意志之间的分裂似乎不可避免。这些都导向了乐观主义，康德一直坚持的上帝的充足性似乎岌岌可危。

上帝的充足性问题的解决仍需回到自然神学证明。如上所述，康德改进了自然神学，不仅考虑机械自然律对上帝的依赖，也考虑有机生命的艺术规律对上帝的依赖，前者（尤其在第二部分的命题七）只不过重复了《自然史》的基本说法，后者则让上帝意志成为事物产生的根源。同时，康德不仅使事物的运动规律和艺术性依赖于上帝，还使上帝成为“物质和所有自然物的基本材料的创造者”。① 而这实际上是《自然史》中所没有的内容。这似乎为解决事物的可能性和上帝的充足性之间的张力提供了线索。在第二部分的命题八，康德努力论证神的充足性：“上帝是充足的。凡是存在的，无论是可能的还是现实的，都只是就凭借它被给定而言才是某种东西。”② 万物都凭借着上帝才有可能，这仍是对乐观主义强调的独立于上帝的事物必然性的批判。上帝的充足性是康德坚持的：“如果我们按照其充足性来思考神的本性，它的这一高深概念就可以在我们直接缺乏裁决根据的关于可能事物性状的判断中充当一种辅

① 《康德全集》第2卷，李秋零译，中国人民大学出版社，2004，第133页。
② 《康德全集》第2卷，李秋零译，中国人民大学出版社，2004，第156页。

助手段，从这种作为一个根据的本性出发推论到别的作为结果的可能性。”①据此，上帝的充足性被当作理论前提。以上帝的充足性为基础，康德还思考了《考察》之中的几个问题，即是否可以设想更好的世界，是否存在完善等级相同的世界等。康德认为，这些问题不能从可能性出发来考察，而是应该直接从上帝的视角来思考。他认为，在所有可能的世界中，上帝必然选择了这个世界，而不会左右为难，因为上帝“包含着所有这些可能性的终极根据（den letzten Grund）”②，所有的事物可能性都因为上帝而处于和谐的关系中。

因此，对于康德的“乐观主义转向”我们需要更加细致的分析和审慎的态度。因为康德并没有接受乐观主义的所有设定，而是在坚持上帝之充足性的前提下，有选择地接受了乐观主义的某些理论。首先，康德完全不接受乐观主义关于“永恒自然”的学说，因为这会损害上帝的充足性。康德有理由否定独立于上帝的自然必然性，因为通过自然研究，更具体地说，通过无机物和有机物的考察，康德指出，万物必定因为上帝的智慧而处于和谐的关系之中，限制上帝的自然必然性是不存在的。其次，即使坚持有机生命的生成与上帝的意志相关，无机物按照自然规律，与上帝的理智相关而无关乎上帝的意志，康德似乎并不认为上帝的理智和意志会像乐观主义所认为的那样分离。Gionanni B. Sala 敏锐地指出，康德通过设定某种东西，“这种东西包含事物可能性的依据，从而也就是他自己的智慧的依据”③，从而解决了选择难题。因为，通过论证无机物按照力学规律形成和谐和秩序，康德证明了可能世界的和谐不仅依赖于上帝的理智，更依赖于上帝的意志，而有机物的秩序依赖于上帝的意志是不言自明的。因此，通过否认事物自身的必然性，上帝的理智和意志的分裂问题得到了彻底解决。再次，我们看到，康德真正接受的只是乐观主义的可能世界的预设。如上所述，因为无机物和有机物的产生机制的差别，加上上帝和世界之间界限的明晰化，他不得不接受现实世界之外的可能世界的存在。最后，虽然康德并没有在《证明根据》中明确提到恶的产生，然而对照《自然史》我们也可以推测，康德必定认为恶产生于事物按照规律运动的自然结果，而不

---

① 《康德全集》第 2 卷，李秋零译，中国人民大学出版社，2004，第 158 页。

② 《康德全集》第 2 卷，李秋零译，中国人民大学出版社，2004，第 159 页。

③ Vgl. Gionanni B. Sala, *Kant und die Frage nach Gott*: *Gottesbeweise und Gottesbeweiskritik in den Schriften Kants*, Berlin, New York: de Gruyter, 1990, S. 159.

是事物独立于上帝的必然性。

然而，我认为，几乎所有的研究者都没有看到，康德在最深层的意义上导向了乐观主义。上述所有关于上帝充足性的阐明，必须以上帝存在的本体神学证明为前提，从文本上看，《证明根据》的第二部分必须建立在第一部分的基础之上。康德在 1753 年的残稿中就指出，乐观主义不能从现实世界中认识上帝，而必须以先天的上帝存在之证明为基础。现在，即使康德在《证明根据》的第二部分分别从有机物和无机物的规律中认出了上帝的存在，甚至把上帝看成质料的创造者，但是不要忘记，所有这一切都必须建立在本体神学证明即上帝存在的先天证明的基础上，也即上帝是精神，上帝具有理智和意志，只有这样康德才有可能在《证明根据》的第二部分绘声绘色地描述上帝参与世界造化的过程，尤其是有机物的生成。这当然涉及《证明根据》两个部分之关系的复杂问题[①]，然而就本文的兴趣而言，康德为了说明上帝的充足性，必须首先对上帝存在及其属性进行本体神学论证。Schmucker 正确地指出，《证明根据》与《新说明》的重要区别在于，前者着重强调了对宗教的上帝概念具有基础地位的上帝的精神性和人格性[②]，这不仅契合了乐观主义先天证明上帝存在的基本精神，甚至还超出了乐观主义的理性神学的基本框架。

综上所述，本文认为，虽然康德在《证明根据》中出现了某些乐观主义的样态，但是这并不意味着康德对乐观主义无原则地妥协，上帝的充足性是康德更为重要的理论前提。他只是有限地接受了乐观主义的可能世界的假说，而否定独立于上帝之外的事物必然性。本文也指出，康德的自然神学必须以本体神学为前提条件，这虽然暗合了乐观主义以先天的上帝存在证明为前提，却超出了理性神学的基本框架。

---

① 对此的梳理可以参考 Joseph Schmucker, *Die Ontotheologie des vorkritischen Kant*, Berlin, New York: de Gruyter, 1980, S. 107f。

② Joseph Schmucker, *Die Ontotheologie des vorkritischen Kant*, Berlin, New York: de Gruyter, 1980, SS. 16 – 17.

康德的至善论[*]

拉尔夫·拜德尔 文/阮　航 译[**]

[**内容提要**]　对于康德在《实践理性批判》中对至善的论说，本文提供了一种诠释，尤其处理了如下问题：①幸福为什么会被纳入至善；②我们应该以怎样的方式让我们的意向完全符合道德法则；③幸福为什么应该按照与德性相匹配的方式来分配；④在何种意义上至善是我们应该实现的；⑤道德法则的有效性或有约束力为什么预设了至善的可能性。

[**关键词**]　康德　至善　德性　幸福　不朽　比例正义　实践理性的悬设

一　导论

至善（highest good）是康德伦理理论的完成，它把实践理性的所有对象（object）系统地组合在一起，把所有善的事物整合为一个无条件的整体（to-

---

* 本文译自 Ralf M. Bader，“Kant's Theory of the Highest Good,”载 Joachim Aufderheide 和 Ralf M. Bader 编《亚里士多德和康德的至善》（*The Highest Good in Aristotle and Kant*）第八章，牛津大学出版社，2015，第 183～213 页。本文的翻译经作者本人授权。另注：文中对康德著作的引用，除《纯粹理性批判》采取 A/B 页码外，其余均采用 *Akademie-Ausgabe* of *Kants gesammelte Schriften*（1900 Reimer/de Gruyter）的文献分卷及页码，摘要及关键词均为原文所有。

** 拉尔夫·拜德尔（Ralf M. Bader），英国牛津大学默顿学院教授，主要研究方向为康德、形而上学、伦理学和政治哲学。阮航，湖北大学哲学学院副教授，湖北大学高等人文研究院副院长，湖北省道德与文明研究中心研究员。

tality)。这样一来，它就在道德价值与感触性的价值（pathological value）[①]、义务与审慎（prudence），以及德性与幸福的二元对立（dualism）之间架起了桥梁。由此就产生了一个统一而必然的目的体系。

本文对康德的至善论提供了一种系统性的论说，尤其处理了如下问题。

一是幸福为什么会被纳入至善。

二是我们应该以怎样的方式让我们的意向（disposition）完全符合道德法则。

三是幸福为什么应该按照与德性相匹配（in proportion to）[②] 的方式来分配。

四是在何种意义上至善是我们应该实现的。

五是道德法则的有效性或有约束力为什么预设了至善的可能性。

本文提出的论说把至善看作实践理性的对象，这一对象来自经验实践理性的对象（亦即幸福）和纯粹实践理性的对象（亦即德性）的结合。德性是无上的且无条件的善（道德善），而幸福是有条件的善（感触性的善），幸福与德性相一致而成为完满的（complete）善（第二部分）。德性应被理解为某种广延量（extensive magnitude），这种广延量是出自善良意志（good will）的行为之比率，是当我们把“让我们的意向完全符合道德法则”这一要求视为“按照绝对命令来行动”的要求运用于我们的行为整体而导出的。这种完全符合相当于神圣性（holiness）的扩展版，并且只能在无限的行为序列中不断接近，乃至恶行所占的比例越来越小（第三部分）。幸福与德性之间的成比例性（proportionality）可以由如下两点的结合来解释：一是幸福之善的有条件性（conditionality）；二是至善之中幸福和德性之间的必然关联——鉴于这种关联是先天地被认识的，它就是必然存在于幸福和德性之间的。总之，善的成比例性与至善诸要素之间必然关联的存在，一起得出了分配的成比例性（第四部分）。通过个人的至善与世界的至善之间的区分可以看出，每个人都是由于听从绝对命令来实现其自身无上的善，亦即成为有德性的并获得善良意志的人；

---

① pathological 的一般含义是“病理学的”，但并非中文语境中通常蕴含的“不健康”“有问题”等，而是指“由感性冲动所规定的”（《实践理性批判》，邓晓芒译，人民出版社 2003，第 22 页）。李明辉建议译作“感性的”，但 sinnlich 和 ästhetisch 也是“感性的”，无法区分，故在此译作“感触性的”。——译者注

② 对于 in proportion to，文中采取“相匹配”“成比例”两种译法。前者侧重相对应的关系，后者侧重数量关系，译文由此将根据语境及中文表达的习惯作相应的取舍。相关术语 proportional，proportionality 的译法亦作类似处理。——译者注

并且每个人都是由于听从实用命令（pragmatic imperative）来实现其自身有条件的善，亦即采取必要的手段来享有幸福，其幸福程度对应于他对幸福的配享程度。与此相反，世界的完满善并非任何有限生物之意志的对象，而仅仅是上帝意志的对象（第五部分）。最后，通过把至善看作一个诸目的的必然体系，我们可以看出，实践理性如果不应陷入自身冲突，陷入会动摇恰好为其道德根源的状态，那就必须预设诸目的的这样一种系统性的统一是可能的。通过如此方式，我们就可以理解如下观点：如果道德要成为有约束力的，那就必须预设至善的可能性，同时无须损害道德的无条件性和绝对性（第六部分）。

应注意，本文提供的分析是被限制在《实践理性批判》所提出的至善论这一范围的，因为就康德处理这一难解观念的努力而言，这部分的理论是最系统且有根据的。[①] 一方面，在揭示自律之前的讨论——比如康德在《纯粹理性批判》的“方法论”中对至善的处理——存在不够充分的弊端，因为对于打算从德性行为中得出的预期幸福，它安排了一个动机的角色。[②] 另一方面，就其引入目的论要素并试图把至善整合于康德的历史与政治理论而言，后来的讨论由于加入了一些并不发挥根本作用的不相干考虑而造成了混淆。

二　无上的、有条件的和完满的善

实践理性（意志）具有对象。这些对象呈现为通过自由的因果性而得出的可能效果（参见 5：57）。在行动时，我们是基于已自由采纳的准则来因果地产生效果的，由此给这个世界带来某些效果。意想的效果（准则所指向的目的）是意志的对象，也是实践理性的对象（＝善）。

纯粹实践理性并不是被提供对象而后产生原则，亦即如何实现目的的原则，情况反而是，纯粹实践理性是法则（亦即给予其自身对象的道德法则）之源。换句话说，纯粹实践理性决定其对象，而不是为对象所决定。与此相反，经验实践理性有其经验地被给予的对象。其目的是由我们的感觉方面尤其是我们的禀好（inclination）来设立的。这些目的由此决定意志之行动的原则，

---

① 关于《实践理性批判》之前康德对至善的讨论，一个颇有助益的论说参见 Düsing，1971，SS. 7－27。

② 参看《纯粹理性批判》A813＝B841。——译者注

以便实现这些目的。因此，在道德的情形中原则决定对象（=道德善），而在感触性的情形中对象（=感触性的善）决定原则（参见5：62－65）。

上述区别相应于自律的意志与他律的（heteronomous）意志之区分。在前者的情形中，立意（volition）的原则是由理性指定的，由此决定什么是善。在后者的情形中，什么是善是由感觉指定的，由此决定立意的原则。也就是说，自律的意愿是以自我施加的原则为特征的，其中原则先于且决定善；而他律的意愿乃至是外部地既定的善先于且决定原则。

于是，实践理性在其经验运用中具有由我们的感觉方面提供的目的（可以把这些目的整合在一起，归为幸福目的，因为幸福无非就在于禀好的最大满足（参见A806/B834），而实践理性是在其纯粹运用中提供其自身目的的。经验实践理性的目的是幸福。纯粹实践理性的目的是德性（拥有善良意志）[①]。

这两类目的是彼此不可化约（reducible）而独立的，体现了感性与理性、审慎与道德之间根本的二元对立，这种二元对立居于康德伦理体系的根基之中。但与此同时，它们并非不相关联，就幸福具有价值且其被追求仅应该根据在何种程度上为具有善良意志者所拥有来说，它们反而是处于有条件的关系之中。换言之，纯粹实践理性的目的（道德善）是经验实践理性的目的（感触性的善）的条件。

纯粹实践理性的对象是德性。这是一种无条件的善，一种在一切情况下都有价值的善，进而是其他所有善的条件。于是它是无上的善，因为没有比它更高的善，没有任何规定它的善。与之相反，经验实践理性的对象是幸福。这是一种有条件的善，一种只有与善良意志相伴随才具有价值的善。它是一种建立在善良意志这一无条件善的基础上的有条件的善。[②]

这种条件关系（conditioning relation）之所以存在，是因为某事物是善的，就是说它是意志的对象，而意志要具有对象就必须不陷入实践矛盾（pra-ctical contradiction）的状态，这转而又要求意志不采取不可普遍化（non-universalizable）的准则。换个说法，拥有恶的意志就相当于按照不可普遍化的准则行事，且由此相当于拥有处于矛盾状态的意志，而其本身不可能有任何对象。也

① 拥有善良意志是特定选择的对象，而德性是整体选择的对象（参见第三部分）。

② 这并非意味着，幸福是从善良意志那里获得其善性，从而其善性是由善良意志赋予的，情况反而是这样的：幸福之为善，乃是借助其自身是如何满足“为拥有善良意志之人所获得”这一条件。尽管幸福之为善的条件是外在的，但其善的根源在其自身之中。参见《康德与幸福有条件的内在价值》（拜德尔的手稿）。

就是说，理性要求可普遍化，而不可容许的准则就是那种在被普遍化时会导致矛盾的准则。就此而论，恶的意志是处于实践矛盾的意志。然而，实践理性要运用理性概念的“善”，就必须处于融贯的（coherent）状态。因此，除非消除实践矛盾，否则实践理性不可能将这个概念一贯地运用于事物。于是，幸福只能是实践理性的对象，并且只有依据人的有德程度[①]亦即这个人使自爱（self-love）隶属于道德的程度[②]，幸福才能是善的。

实践理性的完满善把这两种异质的善结合在一起，其结合方式是通过遵从存在于两者之间的条件关系。它最终在于幸福与德性相一致，亦即它既包含幸福也包含德性，其中幸福服从并依赖于德性。这种完满善是实践理性之对象的、无条件的整体，因为它没有遗漏任何善的事物，而是囊括了作为意志对象的一切事物（参见 5：110）。[③] 由此幸福之所以被纳入至善，是因为幸福（在应得时）是内在地善的，并且若被遗漏则得出的善就是不完满的。[④]

考虑到幸福价值的这种有条件性，幸福就只是实践理性的对象，从而幸福之为善，是就它为拥有善良意志之人亦即有德者所享有而言的。这蕴含着幸福之为善取决于它与德性相结合的程度并按照这种程度被纳入完满善。这种条件关系构成了如下要求的根据：幸福在何种程度上被纳入完满善，是由其中会被发现多大程度的德性来决定的。在完满善之中，幸福是与德性相应而与之成比例的。成

---

① 第三部分解释了应如何理解“德性”这个概念以及德性如何可能是一个程度的问题，尽管拥有处于融贯状态的善良意志和拥有陷入实践矛盾的恶的意志，是个二元的（binary）问题。尤其是结果表明，德性在于对行为者性格的整体评价，从而是“关于该行为者终其一生的意志”的事实的函数（function）。既然在某一时刻，幸福的善（goodness of happiness）是该行为者在那一刻的意志的函数，且一生幸福的善的程度是其所过生活的各个时期幸福的善的函数，那么幸福的善的程度最终就是行为者德性的函数。

② 不是从“由于处于矛盾状态而没有对象”的恶的意志，而是从绝对命令施加的容许性约束来解释幸福价值的有条件性，这样的解释方式会遭遇如下难题：它们只能解释我们把幸福作为目的来追求的条件，却不能解释幸福本身成为善的条件。绝对命令只是对追求幸福的方式予以限制，而没有解释为什么幸福本身只有为拥有善良意志的人所享有之时才是善的。如果某个拥有恶意志之人享有的幸福是由于运气或他人的行为，而不是来自任何不可容许的行为之效果，那么在解释为什么不能说这种幸福是善之时，（处理）上述难题（的要求）就变得尤为急迫。

③ 不应把至善理解为某种有机的统一，而应理解为两种处于条件关系中的、有别的善的结合。它们的结合并没有增加价值，亦即没有在这个善的结合体之上或超出其范围的价值。

④ 对于为何纳入幸福的这种解释，截然不同于在解释这一纳入时诉诸行善（beneficence）义务的论说。第五部分做出了这样的论证，即在对至善的具体说明中关于行善义务的考虑不可能发挥作用。

比例性这一要求蕴含着，假定有一定“水平”或“数量”的德性，实践理性就会把相应数量的幸福判断为善的并作为其对象之一。如果拥有如此“水平”或“数量”的德性却缺乏相应的幸福，那就遗漏了某些善，从而导致不完满，而如果拥有一定量的幸福却缺乏相应“水平”或“数量”的德性，那就不是善的，就反而与完满善的组成部分之间的必然联系相冲突（参见第四部分）。

至善这一概念是既包含幸福又包含德性的先天理性概念，由此就一方包含于另一方而言这两种成分的结合并非分析的，反而就两种相别而异质的要素结合在一起而言是综合的。鉴于幸福与德性在至善之中的关联可以由理性先天地确立，就可以导出，它必定是一种必然的关联，进而可以导出，幸福与德性构成了一个关于目的的理性而必然的体系。因此，如果要实现至善，幸福与德性就必须处于对彼此来说为必然的关联。这一点会产生重要影响，因为至善的两要素之间任何仅为偶然或意外的关联［由此］都是不足的，且不会归为该先天概念的实现。也就是说，如果由于纯粹偶然，幸福的分配结果碰巧满足了成比例的要求，那么这种状况并不会归为至善的实现。幸福不是仅仅与德性相应，而必须是由德性而来的结果。

在两要素之间存在必然关联这一要求，动摇了“使至善的实现成为偶然而意外”的现世（secular）论说，比如瑞斯（Reath）1988 年提出的一种论说。这样的论说至多只能得出如下结论：某些形式的行为以及某些类型的制度之存在，可能导出“幸福与德性成比例地分配”的情况。然而，这种情况不能归为至善的实现。至善不仅要求幸福应该按照德性来分配，而且要求这种分配是基于必然的关联。若非如此，则尽管至善的诸成分得以实现，至善本身也没有得到实现，因为这些成分彼此之间没有足够的关联。换言之，至善要得以实现，其所要求的就不仅是通过某种外在关联来达成幸福成分与德性成分成比例这一分配效果，而是要求这些成分是内在地相关联的①。因此，有些事态不能根据存在于其成分之间的外在关联而区分开来，却可能根据它们是否归为至

① 这个关联必须是内在的，其意思是指对于这一对成分来说是内在的，而不是指附加于关系项的固有属性之上，也不是在分析的意义上说的，并且依此相容于对上帝的依赖。（这一内在性［internality］的观念由此区别于巴尼［Barney］在如下一段话中的想法。她说，相匹配性“并非像在古代体系中一样由［德性与幸福］之间的内在或直接的因果关系引起的……而是说，这种关系只是被外部地引发，是由理性的意志所决定而使之如此的”。［巴尼：《亚里士多德和康德的至善》第七章第二部分］）

善的实现而有所区别。幸福与德性之间的任何偶然而意外的关联只是碰巧符合至善的要求，因此就是不充足的且不会产生一个诸目的的理性的必然体系①。

完满善来自无条件的善与有条件的善这两者的结合。前者是道德善，等同于德性；而后者是感触性的善，等同于为拥有善良意志之人所享有的幸福（参见 R6876）。完满善由此就在于幸福与德性保持一致。这可以采取两种方式来理解，采取哪一种取决于是仅仅聚焦于成比例性的方面还是同时纳入最大值（maximality）的方面。

有限的完满善（restricted complete good）：如果按照人们实际上多么有德的状况来分配幸福，那就实现了有限的完满善。德性的水平被视为既定的，而将幸福作相应的分配。如此情况满足了成比例的要求，并确保在实际德性水平既定的状况下没有遗漏任何善。

无限的完满善（unrestricted complete good）：如果人们如其应该的那样有德且将幸福作相应的分配，那就实现了无限的完满善。在此情形中，将存在完满的德性并伴随完满的幸福。如此情况不仅由于纳入一切有条件的善而满足了成比例的要求，而且满足了最大值的要求。

只要我们有必要区分这样两种情况——一种是鉴于其实际的德性水平，人们应该享有怎样的幸福（要求何种比例）；另一种是鉴于其应该的德性水平，人们应该享有怎样的幸福（理想状态）——那么对完满善的上述两种理解之间的区别就是要紧的。对于理解实践理性的二律背反（antinomy）及其两个悬设（postulate）各自的角色来说，成比例性与最大值之间的这一区别显得尤为重要。

这种二律背反在于“至善是可能的”与“至善是不可能的”这两个主张之间的冲突。这种冲突可以被区分为与完满善的两个方面相应的、两种具体的二律背反冲突。

第一，“由于其为实践理性的对象，最大值是可能的”这一主张与“最大值是不可能的”② 主张相冲突。这个冲突可以通过如下方式来消解：区分关于

---

① 可能有人提议说，一旦以目的论的方式来构想历史，就要突破容纳非偶然和非意外关联的空间。然而这种提议是有问题的，因为如我们在第五部分会看到的，至善的成比例构成必须是就每一个个体而言来实现，尤其是就每一个人来说其德性与幸福之间必须存在某种必然的关联，这蕴含着至善的实现是在于个体而不在于物种。

② 我们将在第三部分看到，这种不可能性有待于借助根本恶的趋向（propensity to radical evil）来解释。

第二个论点的绝对不可能性与相对不可能性，由此认为最大值并非绝对不可能的，而只是相对于行为者的有限性存在来说是不可能的。因此，通过引入灵魂不朽的悬设，在无限的进展中让意向完全符合道德法则，我们就可以避免上述冲突。

第二，“由于其为实践理性的对象，成比例性是可能的”这一主张与“成比例性是不可能的”主张相冲突。鉴于至善组成部分的异质性，它们之间的关联不可能是分析的，而必定是先天综合的，尤其是这两种成分必须通过因果关系而发生关联（参见5：113）。然而，至善成分之间这种必要的因果关联看上去是不可能存在的。一方面，不可能由幸福得出德性。另一方面，德性的因果效应似乎是一种偶然之事，从而似乎排除了必然关联的可能性。康德宣称，幸福与德性之间的第一种关联是绝对不可能的，而第二种关联只是在一定条件下是不可能的——如果把理性存在者仅仅看作感性世界的成员而存在，那就不可能存在这样的关联。既然这种有条件的不可能性所要求的假设为假（false），那么只要可以拒绝这个反论（antithesis），纯粹实践理性的二律背反就可能得以解决。尤其是通过引入上帝存在这一悬设，人们就可以由此避免这个冲突。这个假设使幸福与德性的必然关联成为可能，其中德性是幸福的根据。

尤其是康德坚持认为，如果作为理知的（intelligible）自然的作者以及一切可能性的根据，上帝会如此创造世界——其中德性与幸福之间存在非意外的关联①。因此，至善的实现，也就是说这样一种情况的实现——其中幸福与德性非偶然地处于一种因果关联，如此关联会得出幸福是按照与德性相匹配来分配的——只有由上帝来构造世界才有可能，由此幸福与德性按照如此方式发生关联，从而确保对幸福的最终分配是与德性成比例的。上帝能够以这种方式来确保德性的因果效应会以由至善指定的方式（亦即成比例地）在德性与幸福之间建立非偶然的关联，由此使至善的实现得以可能。

① 德性与幸福的关系并非直接的，而是由于上帝的干预（参见5：115）；这一事实不会破坏必要的内在性，因为德性是导出幸福者，而上帝只是使德性导出幸福的情况得以实现。也就是说，上帝不是这个因果之链中的要素，而是由于起初使德性与幸福之间的因果关联成为可能而被卷入。相应地，上帝的干预并不意味着德性只是幸福的远因（distal cause）。上帝在这方面的作用可类比于自然法则（laws of nature）发挥的作用，后者尽管对处于因果关系的事件来说是外在的，但不会破坏因果关系的内在性，因为这些法则并非原因，反而是使处于因果关系的事件成为现实的东西。

成比例的要求和最大值的要求由此基于两个实践理性的悬设而得以描述。一方面，最大值是关于道德，是关于我们应当做什么，从而是关于我们如果有能力做什么就必须成为什么样的，亦即成为不朽的，使得我们可能让我们的意向完全符合道德法则并由此实现理想。另一方面，成比例性是关于幸福，是关于我们能够希望什么，从而是关于如果诸目的会构造成一个系统的整体，那么这个世界必须成为什么样的，亦即上帝按照如此方式安排事物，乃至幸福是按照与德性成比例的方式来分配的。

既然上帝不可能使我们成为有德的，上帝就不可能带来无限的完满善，而只能通过确保成比例性的存在来实现有限的完满善。换个说法，上帝只负责成比例性，而不负责实现这个理想。确保满足无限的完满善的实现条件，是我们负责的事情，因为我们是有德的还是邪恶的，取决于我们的自由选择。无限的完满善之可能性由此既要求成比例性，也要求最大值的可能性，由此使上帝存在和灵魂不朽必须事实上成为被设定的。

进一步说，上述论说解释了为什么“（最好世界的）被派生出的至善（*highest derived good*）之可能性的悬设，同时是原初的至善（*highest original good*）之现实性（actuality）的悬设，亦即上帝存在”（5：125）。乍看上去，这个主张是可疑的，因为可能产生这样的问题：为什么情况会是至善的可能性要求上帝存在的现实性，而不是仅仅要求上帝存在的可能性（参见伍德［Wood］，1970：135）。

作为回应，我们可以注意到，被理解为无限完满善的至善的可能性，要求成比例性的现实性，由此要求上帝的实际存在，同时要求我们接近完满德性的可能性，由此要求我们实际的不朽。换个说法，上帝的现实性对于确保成比例性来说是必需的，而不朽的现实性对于我们能够接近完满德性来说是必需的。这两个悬设之间的区别源自如下事实，即无上的善之实现取决于我们，而成比例的善之实现取决于上帝（参见 R6451）。这一点之所以要紧，是因为至善的可能性必须这样来理解：对我们来说实现至善必须是可能的。其意思是说，至善是否会实现，这是依我们的行为和选择而定的。为了让这一点成为事实，不在我们控制范围之内的要求就必须现实地得以满足。也就是说，至善的实现在一定程度上取决于我们（取决于实践理性本身），这就预设了其实现的可能性。至善的实现在一定程度上独立于我们（独立于实践理性本身），这就预设了其实现的现实性。既然只有德性才是轮到我们负责的，那么成比例性的要求就必须现实地得到满足，而不仅仅是可能得到满足。

总之，为了让我们实现无上的善成为可能，我们必须现实地成为不朽的，由此使我们可能按照某种方式行动，以便让我们的意向完全符合道德法则；而为了让幸福与德性成比例这一点成为事实，上帝就必须存在并且使得情况如此。

三　意向的完全符合

最大值的组成，要求每个人都让自己的意向完全符合道德。意向完全符合道德既然是实践上必要的，那就必须是可能的。然而有限的道德行为者仅仅是有可能无限地趋近于完善（perfection），从而基于其为不朽这一条件把意向的完全符合做到极致（in the limit）。由此可以相应地得出，这种实践上必要的完全符合，其可能性依赖于灵魂的不朽。

为了弄清康德的论证，意向对道德法则的符合必须从"行为（或许更恰当地说是选择）在多大程度上是从善良意志发出"的方面来理解。尤其是要按照如下行为的数量所占的比例来理解其符合的程度，这些行为之采取乃基于优先考虑与道德法则保持一致的意向。要评估一个行为者的德性水平，就要比较由该行为者做出的善行数量与其行为总量。基于正确优先排序的行为数量越大，其意向符合道德法则的程度就越高。处于极致状态的完全符合就意味着这两者的比达到1∶1。

在不朽论证中起作用的德性概念（更一般地说康德在《纯粹实践理性的辩证论》中对至善的讨论也是如此）由此应理解为指向广延量①，尤其指向那种与在多大程度上从善良意志发出的行为相关的广延量②。它相应地区别于被

① 就其为由分体论的（mereologically）截然有别的不同部分汇总而成的幅值而言，德性是一种广延量，亦即其不同组成部分可被视为彼此独立的分立项，因而不同于运用于单一项本身的强度量（独立于任何部分－整体的结构）。也就是说，我们所关注的是某个序列的特征，该序列是其所有组成部分的函数，而不是要关注与该序列的某些特定成分相关的进程。（在康德哲学的语境中，广延量通常并没有自然的单位。它们反而被给予某种由于时空连续性而来的常规尺度。这也适用于德性，只要行为的个性化同样被视为某种可被给予常规尺度的事物——假定时间上延伸的行为能够以多种方式来划分，且能够被理解为要么基于某种选择要么基于某种选择的集合，那么该常规尺度就容许对诸单位的任意选择）

② 值得注意的是，康德在5：122多次谈到意志之中意向（dispositions /Gesinnungen）的完全符合，这表明了他对广延量的关注。

理解为意志之道德力量的德性的强度量（intensive magnitude）[①]，后者突出表现为康德在《道德形而上学》（*Metaphysics of Morals*）中的讨论，例如他指出，“德性是在履行义务之中人类准则的力量”（6：394；另参见6：405）[②]。

按照康德的观点，我们的不完善是与我们的有限性紧密相关的。我们只要是有限的生物，就是不完善的；作为有限的生物，我们有来自感性方面的需要，这些需要可能与道德要求相冲突，由此使得我们的意向与道德法则的符合是偶然的[③]。由于我们的不完善性，道德对我们来说就是规定性的，采取的是迫使我们意志的命令形式；而对神圣的意志来说，道德是描述性的，并且是完全非偶然的。因此，企及完善对我们来说看上去是不可能的，因为这要求我们克服自身的有限性，这等同于转变我们的本性。为了让我们的意向符合道德法则不再是偶然的，我们就必须不再是带有需要的感性生物，但鉴于我们本质上是有限的，这就是不可能的。

但康德认为，有一种可相容于有限性的通向完善的替代途径。该途径在于拥有实现完善的无限数量的时间。由加总无限数量的选择而得出的广延量可以合计起来达到完善，即便对于那些不确定地遵循道德法则的、有限的感性生物来说也是如此。拥有无限数量的选择使得我们有可能达成如下情形的扩展版：在此情形中，意志不会由于有限性而苦恼，从而实现自身，亦即善行的数量与行为总量的比为1∶1。总之，不朽状态容许我们达成神圣性的扩展版[④]。

于是可以看到，我们从未达到这样的境地，即其中特定的选择必然随道德

---

① 强度的概念可理解为要刻画一种对于潜藏的本体延展概念来说表象的类比或展示。

② 把《道德形而上学》的德性概念引入《实践理性批判》的论证的做法是不恰当的，这一点还为如下事实所证实：他在后来的著作中指出，“德性本身或对它的拥有，这并不是义务”（6：405）。如果这种德性概念在灵魂不朽的论证中发挥作用，那么要理解“对德性的拥有是实践上必要的”这一主张就会变得相当困难。

③ 由拥有感性一面导出的偶然性，其本身不足以说明根本恶的趋向（参见6：35）。

④ 这一论说有这样的意思，即接近神圣性始终是可能的。一个人（只要是在处理无限数量的选择）无论已做出多少坏选择，其所做出的好选择都仍然足以产生坏行为所占的比例变得越来越小的情况。因此，让意向完全符合道德法则就始终是可能的。这就可以保证，对于我们的选择来说即便“至善是否事实上实现”是不确定的，“至善是否具有实现的可能性”也是确定的。换个说法，我们不可能破坏至善的可能性，所能破坏的仅仅是其现实性。这里是在不严格的意义上来理解至善，亦即将之理解为既包含（ⅰ）采取意向完全符合道德法则这一形式的最大值，也包含（ⅱ）采取幸福按照德性来分配这一形式的成比例性。既然成分的成比例性是由上帝保证的，那就可以得出，不纳入成分最大值的、严格意义上的至善之实现是独立于我们的选择，从而其本身对我们之所为来说并非不确定的。

法则而来，从而道德法则失去其规定性的性格转而成为描述的。在特定时间点达成这种完善对我们来说是不可能的，因为我们本质上是有限从而不完善的。它是“一种感性世界的任一理性行为者在其存在的任何时刻都不可能达到的完善”（5：122）。我们转而只能达成在行为的无限序列中的完善。

那么完善就不应作为该序列中的要素而被发现，而应等同于这个序列本身。正是这种被看作整体的选择序列，被上帝在不受时间影响地观看某个生命时直观为一个统一体，从而使神圣性“整体可见于理性存在者唯一的理智直观（intellectual intuition）”（5：123）得以可能。直观的理智通过极限运算以唯一的直观来观看这整个的存在，由此把潜在的无限性变成现实的无限性，让上帝把在我们看来是不确定的进程看作一个完成了的序列。尽管行为者在每一个瞬间本来只会做出有限数量的选择，但这个序列如果不受时间影响地被看作一个完成了的整体，那就有可能等同于完善。

上述的选择序列于是可以从两种不同的视角来看。一方面，从现象的视角看，这个序列可被解释为一个无穷进展的时间序列。在任一时刻，行为者将始终只有有限数量的选择，从而该序列始终只是潜在地无限的。从这种视角看，人们可以离完善越来越近但永远不会实际地企及。另一方面，从本体的视角看，对该序列的检视不是从序列之内的某一特定点，而是从外部的视角，是把这个序列看作完成了的整体。在此情况下，该序列构成了现实的无限，并且正是从这种视角，完善就不仅是能够接近的，而且是能够实现的。

按照这种方式把德性理解为一种广延量，就有上述两种方式来看待选择序列，从而让我们可以解释上帝如何能够把这个序列直观为一个完成了的整体。相比之下，把德性理解为强度量的任何论说，都无法解释“无穷进展的序列被视为一个统一体”的主张。这样的论说会在极致状况下把神圣性视为该序列的成员之一，由此无须持有如下观点，即上帝不受时间影响地把行为者的存在看作一个统一体。

这意味着这个进程不是被理解为包含这样的情况，即一个人在这个序列中接近神圣性，而该序列中的每个成员都往向善的方向不断进步。换个说法，它不是这样的进程：就一个人获得越来越强的意志而言，这个人在变得越来越有德性（从强度量的方面来理解的德性）。情况反而是，这个进程是关于作为整体的序列，因为我们处理的是一种广延量。行为者变得越来越有德，是因为就善行的比例增长而言，是这个序列本身而不是其成员变得更善。在极致情况下，恶行所占的比例不断变小，让人们越来越接近完善，在无限的进程中逐渐接近 1 : 1。

对于理解“完善仅仅可见于无穷进程之中”这一主张来说，把德性理解为一种广延量就很关键。如果是关于特定行为和特定选择——它们构成无穷进展序列的成员，那么被看作强度量的德性概念就是相关的。然而，一旦是关于作为整体的序列而不是序列的成员，那就必须诉诸由序列成员加总而确定的广延量。这是因为强度量不可适用于必需加总的程序。它们不能按照如此方式加总乃至得出这样的情况，即其中一个无穷进程一旦不受时间影响地被视为整体就意味着一种完全的一致性①。既然这一必需类型的加总只有在处理广延量时才能进行，那么鉴于这样的量在性质上是累积的，我们就可以看到，在此背景中德性不会从意志的强度方面来理解。

在此，或许有人反驳说，广延的特性描述并没有得出正确的结果因而应予拒绝，其根据是假如有这样一个行为者，就他没有做出任何坏选择而仅基于道德准则来行事而言，他会被归类为符合上述论说的完善者，那么要达成 1 : 1 的比例，就并非必然需要无穷的进程。如果一个人能够一开始行事就是道德的，那么确实就不需要任何无穷的进程。虽然如此，但康德认为，人性之中存在一种天生的根本恶，从而人具有恶的自然趋向（参见 6：29 – 39）。因此，在某种意义上所有人一开始都是恶的，由此要克服这种起初的恶，实际上就需要无限数量的选择。

把德性理解为一种广延量还让我们明白，意向对道德法则的完全符合如何是在实践上必要的。如康德所指出的，“意向对道德法则的完全符合是至善的无上条件”（5：122）。意向的完全符合之所以是必需的，是因为它是纯粹实践理性的对象，且其本身构成了至善的一种成分，实际上是无上的成分（它一旦与经验实践理性的对象亦即幸福相结合就得到了完满善）。尽管完善并非直接听从绝对命令，但就其为实践理性设立的对象而言，它是实践上必要的。

“成为有德的”这一要求（在实现意向对道德法则的完全符合这一意义上）并非直接由绝对命令给予，而是来自在关注某人的行为整体时的实践理

---

① 康德区分了加总与联合（coalition），指出前一种构成模式仅适用于广延量，而后者仅关涉强度量（参见 B201n.）。

性。绝对命令在每个选择中发挥作用，要求行为的原则应该是可普遍化的并且基于给予道德优先于自爱的考虑。它在每一个特定行为中告诉人们应当如何表现，亦即人们应当道德地行动，从而促使其所关注的行为实际上出于善良意志。这样一来，绝对命令就是关于特定选择，而非直接关于人们的总体性格。

然而完善之呈现，是在理性所考察的不是特定行为而是行为整体，从而对人们的总体性格做出评价之时。理性对人们性格的考察，不是看这样那样的特定行为表现，而是看人们总体的性格，是考察作为整体的人生。在追求无条件的整体时，理性关注的是由某行为者做出的所有行为或选择，要求它们全部为道德所决定，这意味着意向对道德法则的完全符合。依此类推，任何特定行为的目标、“通过自由而产生的可能效果”（5：57），就是特定的目标、特定的效果。只有诸选择的整体才把无上的/完满的善作为其目标，而只有这种整体性才要求意向对道德法则的完全符合。完善由此就变成了就人们选择的整体而言的目标的无上成分。

考虑到我们讨论的是《纯粹实践理性的辩证论》——我们最终要讨论理性对无条件者的追求，那么“完善是关于整体，且仅当关注实践理性的无上的/完满的对象，其本身才进入视野”这一事实不应令人惊讶。理论的二律背反是把世界作为一个整体来考察时产生的，而实践的二律背反是在把行为者（以及实践理性的对象）作为一个整体来考察时产生的。如果把意向的完全符合作别样的解释，那就难以理解这种讨论为什么位于《纯粹实践理性的辩证论》以及如何可能产生二律背反。

由于这种整体性是由加总人们的诸选择而确定的，我们就可以再次看到，完善应作为广延量来理解。相应地，把德性看作强度量的论说难以解释完善为什么是实践上必要的。一方面，鉴于绝对命令对我们的指令是按照可普遍化的准则来行事，而不是要实现意志的更强道德力量，就不能诉诸绝对命令来解释这个问题。另一方面，也不能诉诸实践理性的无条件对象来解释，因为似乎根本不存在与强度量相对应的这样一种整体性——它能够发挥的作用类似于在确定实践理性的无上/完满对象时的行为整体性在我们的论说中发挥的作用。

于是，如果要着手处理康德关于德性的意志概念之道德力量的论证，人们会急于得出这样的观点，即康德出现了从德性非法地切换到完善的失误。例如，贝克（Beck）宣称，“我认为，康德混淆了至善（*summum bonum*）的

‘最高条件’（亦即德性）与德性的最高完善，仿佛他是把至善界定为完美的幸福与德性的完善（亦即神圣性）这两者的结合……只有通过把最大值替代为至善的法则观念，我们才能说，神圣性这一状态即便是在无穷的进程中也必然是可达成的。无论是康德式的文本还是康德在此予以理性化的基督教教义抑或义务本身的声音，都不需要最大值的观念”（贝克，1960：268，270）。与此类似，阿利森（Allison）反驳说，存在一种“从德性到神圣性的切换，以作为至善之中必需的道德成分……不幸的是，康德绝对没有对此提供任何解释；乃至给人留下这样的强烈印象：这整个论说显得极度的不真实”（阿利森，1990：172）。然而，一旦把德性理解为广延量，这些不幸的结论就是可以避免的，从而允许我们这样来诠释：康德提出了一种融贯而有根据的论证，而不是含糊其辞。

阿利森的不满在于，“在其证成该悬设的努力中，康德似乎未予预先说明地先从德性切换到神圣性，接着又从神圣性切换到追求神圣性的无尽进程”（阿利森，1990：173）。如我们已看到的，这些疑虑是被误导的。一方面，从德性转换到完善/神圣性是由于如下事实，即最高的对象在于与行为者诸选择的整体相对应的广延量，并且其本身意味着“对于至善的首要的与最重要的部分来说必要的完满性”（5：124）。另一方面，从神圣性转换到追求神圣性的无尽进程是由于如下事实，即若非其性质的转换，则受制于恶之趋向的有限生物就只能通过拥有无限数量的选择来达成神圣性的扩展版，容许获得与神圣性的程度相对应的德性。于是我们便能够解释，在何种意义上神圣性“可见于通向完全符合的无尽进程”（5：122）。

四　幸福与德性的成比例

这种成比例性的特征在于，完满善的两个要素（亦即德性与幸福）是成比例地相关联的。人们应该得其所应得，并且其幸福是与他们有德性的程度相匹配的。

对于这一点，可能有人要问，成比例性的要求来自何处，而至善的这两个要素到底为什么需要以这种方式联系在一起。康德常常由于这个结论而受到批评，并且许多诠释者认为他是诉诸某种关于比例正义的独立原则。若情况如此，则康德的至善论就是极其成问题的，因为它会引入外部要素，这些要素不可能从可普遍化的标准派生出来，因此在康德道德哲学的范围内也没有容身之地。

因此，这里的目标就是要为诉诸康德实践哲学内在资源的成比例性这一要求提供根据和证成。这样的论说必须满足如下的愿望值（desideratum），即正义和应得的概念终究并不扮演根本性的角色，反而要根据康德的善理论而变成可描述的特性。作为康德的想法，这一点可见于其主张“某人对某物或状态的拥有，在与他所拥有的至善和谐一致时才是值得的”（5：130，另参见 R6113）。也就是说，值得（worthiness）是根据至善来理解的，而不是相反。

要弄清康德关于成比例性的主张，德性和幸福这两者都必须是一个程度问题，因为若非如此，则成比例性的要求就只能被理解为是在陈述，拥有善良意志者应得的全然是幸福，而拥有恶意志者应得的全然是痛苦。这可能用来支持这样的观点，即在谈到至善背景中的德性时，康德是想把德性理解为他在《道德形而上学》中提出的意志力量（参见恩斯托姆［Engstrom］，1992：762－767）。然而如我们已看到的，这并非在此背景中起作用的德性概念。与至善相关的是被理解为拥有善良意志的德性，而不是被理解为意志力量的德性。这可以从如下事实导出，即完满善是作为善良意志的无上善（参见 4：396；另参见 29：599）与作为幸福的有条件的善这两者的结合。如康德多次申述的，幸福价值的条件、值得享有幸福的条件，是拥有善良意志。

如前所述，尽管拥有善良意志是一个二元对立的问题——因为一个人要么拥有善良意志要么拥有恶意志，亦即要么使义务成为自爱的条件要么使自爱成为义务的条件（参见 6：22n.），而不存在任何折中，但考虑到行为者终其一生所做出的选择的多样性而言，我们就可以把德性解释为一个程度的问题。虽然任何特定的选择要么是基于某种赋予义务以优先性的根本意向从而是善的，要么是基于赋予自爱以优先性的根本意向从而是恶的；但是，一个行为者所做出的选择之整体可描述为在多大程度上是善的，取决于善选择或恶选择所占的比例。通过把人生看作一个整体，我们可以评价善良意志的常见程度，亦即该行为者的选择中受善良意志支配和受恶意志支配的比例各是多少。这样一来，我们就可以使德性变成一个关于程度的问题，并承认那种容有连续变量的成比例性的主张；同时承认无上的善在于拥有善良意志，而不是根据意志的力量来规定。这种论说于是把德性解释为一种广延量，而不是强度量。

一旦德性被理解为一种广延量，我们就可以看出，对于成比例性的一种解释会从幸福价值的有条件性直接导出。鉴于幸福之有价值是有条件的，实践理性就仅按照应得幸福的程度来考量幸福之为善及其作为实践理性的对象之一。这意味着，有条件性蕴含着善的成比例性。幸福有价值的条件被满足的程度，是由这个人有德性的程度给予的。因此，幸福在多大程度上是善的以及在多大程度上是实践理性的对象，是由其应得程度以及与德性的结合程度来确定的。

某人多么有德，决定了这个人的幸福在多大程度上是有价值的以及这个人在多大程度上有理由去实现幸福。这样一来，有条件性就蕴含着，一个人有理由满足其禀好并确保其幸福的程度，是与他有德性的程度相匹配的。因此，对成比例性主张的理解，就不应是根据有理由成比例地分配幸福，而应是根据持有成比例性的理由来追求幸福。也就是说，鉴于人们仅有理由按照幸福之为善的程度——这又是其有德程度的函数——来满足其禀好，情况就不是先确定人们所应得，然后确保他们最终得其应得，而是人们仅有理由按照其应得的程度去追求幸福。

成比例性的这一类型仅得出大致这样的判断：在行为者的德性水平既定的情况下，一定量的幸福是善的，并且这种数量的幸福是应予实现的。任何数量较少的幸福都是未达到最大程度善的（假定德性水平是固定的），因为它遗漏了某些善的事物。因此，如果要实现至善，那么任何人之最终所得都不会少于其所应得。

然而，对于成比例性的这种理解不会得出这样的判断，即多余的幸福是与至善相反的，并且行为者只应拥有恰好那么多数量的幸福而绝不会再多。也就是说，这种理解不会把过量的幸福判断为恶的或不适当的，而只是将之认为缺乏价值的。总之，对幸福价值的条件性本身的考虑只是为“什么是善”设置了一个上限（ceiling），而不是要求这些人仅拥有与善一样多的幸福，亦即不是要求“有多少善”的上限要等同于“他们拥有多少幸福”的上限。

但是，成比例性的第二种类型要求人们收到的幸福不仅与其所应得至少一样多，而且至多如此，从而恰好等于其所应得，这种类型似乎是康德心中所想的。这种解释不仅要求德性应得回报，而且要求邪恶应得惩罚，乃至每个人都能够享有与其所应得恰好一样多的幸福（无论回报还是惩罚都不是我们的任务，而只是与上帝相关）。对成比例性的这种理解可描述为“分配的成比例性”，它不能从幸福之善的有条件性导出，后者本身只认可我们可称为的“善的成比例性”。

情况看上去可能是这样的：对如此效果——幸福应该按照德性成比例地分配，乃至人们最终所得既不少于也不多于其所应得——的达成，要求诉诸不应得之幸福的恶性质。如果不应得的幸福是恶的，那么分配的成比例性就随之而来。这是因为完满善一方面没有遗漏其为善的任何事物，从而确保人们最终所得不会少于其所应得；而另一方面没有纳入任何其为恶的事物，从而鉴于不应得的幸福是某种恶的事物，不包含人们所得之中多于其所应得的部分。这样一来，每个人最终所得就都恰好是其所应得，亦即每个人的幸福程度恰好是其幸福之为善的程度，而这又取决于这个人有德性的程度①。

有些诠释者主张，那些不具备善良意志者的幸福是内在地恶的。例如，伍德坚持认为，“一个邪恶之人的幸福，其本身是恶的［……尤其是，］拥有恶意志之人的幸福是恶的，正如拥有善良意志之人的幸福是善的”（伍德，1999：24）。

然而，这样的论说是成问题的，因为不应得的幸福是恶的，这一点并不能从幸福价值的有条件性中导出，而是就其涉及不应得的幸福从不是善（亦即缺乏价值）到其为恶（亦即包含贬值）的切换而言，它附加了某种实质性的承诺（commitment）②。不应得的幸福由此不仅没能成为实践理性的正面对象（亦即欲求官能的对象），而且反而是实践理性的负面对象（亦即厌恶官能的对象）。这个承诺必须被激发，却不能来自“旨在建立幸福价值的有条件性”的解释（就实践矛盾阻止意志去拥有对象且其本身排除欲求对象和厌恶对象而言，它实际上是与这种解释相冲突的）。

另外，考虑到幸福如果在其应得的条件下是内在地善的，那么幸福在其不应得的情况下就不可能是内在地恶的，由此上述类型的主张就是成问题的。幸福的内在属性要么是（有条件的）善的生产者（good-maker），要么是（有条

---

① 恩斯托姆似乎支持这种观点。参见恩斯托姆，1992，section Ⅱ5.

② 恩斯托姆提供了一种关于意志与其对象之间关系的论说，其根据是“正如德性的态度是善的来源，恶或自负（self-conceit）的态度是恶的来源”（恩斯托姆，1992：766）。这个主张的根据是如下观点，即避免自负，其扩展就是避免其对象。但这个解释是成问题的，因为应予拒绝的，不是把幸福作为其对象的经验实践理性，而是拥有自负意向的意志把自爱的诉求置于义务的要求之上。进一步说，这个解释把善良意志不仅看作幸福价值的条件，而且看作其价值的来源，由此产生的危险会破坏至善诸成分的异质性，以及幸福价值的内在性。

件的）恶的生产者，而不可能同时成为这两者。拥有/缺乏善良意志，其所发挥的作用必须依据价值的条件而有所不同，亦即赋能者（enabler）或失能者（disabler）就是如此乃至其存在/缺乏会让事物从有价值变为缺乏价值，而不是必须有能力改变被内在地拥有的那些价值的极性，亦即从正面价值变为负面价值。但如果不应得的幸福之贬值并非内在的，那就不清楚恶从何而来。并且更重要的是，既然至善是根据内在价值来规定的，那么不应得的幸福的（外在的）恶性质就不会是与至善相关的，从而不能解释为什么人们的最终所得不会多于其所应得。

进一步说，难以理解的是，何种恶可归因于过量的幸福。它不可能是感触性的恶，因为它对于该行为者来说并不是恶①。它也不可能是道德的恶，因为这样的恶仅存在于意愿的原则。于是可以看出，如果成比例性的要求只能基于诉诸不应得的幸福的恶来确立，那么情况似乎就是这样的：康德必须依赖于某种关于比例正义的独立原则，该原则会认可必需的价值判断，并且不可能借助可普遍化的原则及其善理论来解释。

幸运的是，上述类型的承诺是可以避免的，因为对于如何从善的成比例性派生出分配的成比例性，存在一种无须诉诸任何结论为“不应得的幸福是恶的”主张的替代解释。尤其是基于“至善之中幸福与德性之间的关联只要是被先天认知的，那就是必然的”这一观点，分配的成比例性就可以被视为从善的成比例性中导出的（参见 5：113）。

德性必须处于与幸福的必然联系中，尤其是必须作为幸福的根据。如此看来，如果德性不仅是幸福之为善的条件而且是幸福的根据，那么这两个量之间就必须存在内在的关联。至善的实现不是这么回事——如人们只是碰巧最终得到其所应得的幸福份额——从而其实现不能是由于偶然或通过修正幸福的分配来确保没有遗漏任何善。情况毋宁是，无条件的善与有条件的善之间存在着某种内在必然根据上的关联，并且正是由于这一点，才需要上帝按照这样的方式来建立世界，乃至幸福的分配并非任意的而是根植于德性，且因此根植于幸福之为善的条件。

---

① 对于行为者来说，何为善恶，亦即什么东西具有病态的善恶，取决于经验实践理性，尤其是某事物是否欲求/厌恶官能的对象。由于幸福正是在于禀好的满足，幸福就永不可能对于行为者来说是恶的，而只可能是它在意志处于矛盾状态的情况下没能成其为善（尽管是令人愉快的）。

如果幸福之为善的条件也是幸福之存在的根据，那么幸福的存在就会追溯至其善性，而这会保证分配的成比例性从善的成比例性中导出。换个说法，既然幸福来自德性，那就可以导出，幸福的价值条件也是幸福的根据。关于德性的事实于是就既决定了某人幸福的程度，也决定了这个人的幸福之为善的程度，从而保证这个人是按照幸福之为善以及应得的程度来享有幸福的。

因此，鉴于至善之中幸福的分配根本不可能是偶然的，而必须根植于关于德性的事实，那么至善就不可能包含任何偶发或偶然的过量幸福。任何少于其比例的情况都不是善的。任何超出其比例的情况都是任意而无根据的。这样的过量幸福既然不是根植于其条件（亦即德性），就会与“幸福与德性之间的关系是必然的”这一要求相冲突。如果至善要得以可能，亦即德性与幸福之间要有必然的关系，那么分配的成比例性就随之而来。

德性与幸福之间任何不成比例的关系，都会相冲突于联结至善这两个成分的必然根据的关系。善的成比例性——它是由于感触性价值的条件性，以及至善之中德性与幸福之间存在必然关联这一要求——因此蕴含着分配的成比例性。相应地，幸福应该按照德性来成比例地分配这一承诺的导出，就自然而然地来自上述条件性的主张以及“至善诸成分之间的关联能够被先天地认知”这一观念，而不是来自对于康德的体系来说是外在的和没有驱动力的（或仅有理论驱动力的）附加物。

上述论说并没有认为，某人之所得多于其应得是一件恶事，而是认为就其不相容于德性与幸福之间存在的必然关联而言它是不适当的。可能有人反驳说，如果不应得的幸福并非恶的，那么应得的幸福就并非善的，且就其似乎不能恰当地匹配于“恶人应该受苦”这一主张而言也是成问题的。也就是说，情况看上去可能是这样的：为了确立“恶人应该不幸福”这一结果，我们必须诉诸如下主张——他们不应得的幸福是恶的，并且他们受苦因此是善的，而按照以上提出的论说却得不出这样的解释。

作为回应，我们可以指出，无论他们有多邪恶，赋予他们仅与善一样多的幸福就保证了他们会受苦，因为痛苦无非是几乎没有幸福。这是因为幸福包括了欲求官能的对象以及厌恶官能的对象，没有让其厌恶的禀好得到满足就是受苦，亦即痛苦不是没有得到人们想要的东西，而是得到人们不想得到的东西①。也就是说，欲求的禀好之满足意味着福祉，厌恶的禀好没有得到满足意味着不幸（ill-being）。这样一来，意味着人们一切禀好之满足的幸福就既包含欲求官能的对象，也包含厌恶官能的对象。前者是想要实现的事物，后者是想要避免的事物，而没有幸福无非是受苦。

五　个人的至善 VS 世界的至善

前文一直在抽象的意义上讨论实践理性的对象，而要恰当地把握康德至善学说的实践蕴含，我们就有必要在个人的至善和世界的至善之间作区分（参见 5：110－111）。就在实现和产生至善的过程中我们扮演何种角色而言，没能注意到这一区分已导致诸多混淆。

我的意志对象的无条件整体是我身上的至善。尤其是，我的纯粹实践理性的对象是我身上无上的善，它在于我成为有德的，也就是说拥有与道德法则完全符合的意向。我的经验实践理性的对象是我身上有条件的善，它在于我是幸福的，由此我的幸福仅按照其应得的程度而成为我的意志对象，因为理性对它的支持仅到如此程度，并且它仅在此程度上构成我的意志对象。经验的和纯粹的实践理性之对象亦即有条件的善和无上的善，以某种体现这两种善之间条件关系的方式把这两者加在一起就得出了我身上完满的善，亦即幸福与德性相匹配。这就是我的善的无条件整体。就我而言，它没有遗漏任何善的事物。

世界的至善在于，实现于每一个以及所有有限理性存在者的个人至善，在此我们可以再次把实现于每一个人的无上善与完满善区分开。就其本身而论，世界的至善不是任何有限生物的意志对象，而是我们可形成的某种理念以及我们可认之为善的某事物②。然而，它不是能够作为我的意志对象的事物。它尤其不可能成为我的经验实践理性的对象，因为我的经验实践理性是关于幸福的，而幸福来自对我的禀好的满足，而不是（除非间接地）关于他人的幸福。它也不可能成为我的纯粹实践理性的对象，因为我的纯粹实践理性是关于我的行为所依据的准则以及我有德性的程度——也就是说，我的行为所依据的准则

---

① 对“欲求官能”和“厌恶官能”的谈论，并不意味着我们处理的是两种官能，而毋宁说是有两种与同一种官能建立关联的方式，即作为欲求的正面对象或作为厌恶的负面对象。

② 换个说法，个人的至善是实践知识的对象，而世界的至善对我们来说是理论知识的对象。

在多大程度上来自给自己施加的法则——而不是关于他人的准则。因此，个人的至善是有限存在者实践理性的对象，而世界的至善是上帝实践理性的对象。

这意味着，对个人来说，至善是成为有德的并享有相匹配的幸福，由此其中一个成分是由这个人的理性性质亦即德性（道德善）给予的，而另一个成分是由这个人的感性性质亦即幸福（感触性的善）给予的。这个人的整体性格是其选择之为善的程度——这决定了德性的程度——的函数，而这个人的整体状态是其禀好之被满足的程度——这决定了幸福的程度——的函数。因此，每个人都应该通过道德地行动以及在道德设定的约束范围内追求自身幸福，来实现自己身上的至善。

一方面，绝对命令要求人们按照这样的方式来行动，乃至做到极致的状态，人们通过成为全然有德的而最终实现其自身无上的善。绝对命令并不直接命令我们成为有德的，因为它并不关注一个人的总体性格，而是关注特定的选择和准则。尽管如此，但在我们有理由实行——实行到极致就意味着要让我们的意向完全符合道德法则——的意义上，我们有理由成为有德的。另一方面，实用命令要求人们这样来行动，乃至（如果大自然配合的话）通过按照其应得幸福的程度来享有幸福，人们会实现自己身上有条件的善。至善不是一种具有［额外］价值附加于其成分的价值之上的有机统一体，有鉴于此，也就没有从幸福与德性的结合中派生出来的额外理由。

在个人身上产生至善的理由于是可被还原为产生其成分的理由，亦即成为有德的道德理由以及成为幸福的（有条件的）实用理由。前者由绝对命令给予，要求行为表现出无条件地基于善的意向；后者则由实用命令导出，要求有条件地追求幸福，亦即只在被允许那么做的程度上追求，从而是按照其应得的程度，以保证人们没有理由去追求不应得的幸福。

这些理由可按照上述方式还原，这一事实蕴含着，在至善这一层次并没有产生额外的新义务或理由。贝克的如下观点因此就是正确的，即实现至善的命令“不是作为一个分别的命令而存在，它并非独立于绝对命令，不是在此概念之外提出的……［并且］我的任务是实现在我能力范围之内的、至善的一个条件；如下说法是严重的误导：存在一种追求至善的命令，该命令有别于履行义务要求的命令”（贝克，1960：244～245）。也就是说，每一个人在存在某种行为实施的义务这一意义上都具有促进至善的义务，其中的行为实施在极致状态下的全面完成意味着个人身上无上善的实现（并且如果每个人都做到这一点，那就还会导致这个世界无上善的实现）。

然而，除了义务的要求之外，人们还必须考虑审慎的要求。我们所持有的实现至善的理由，不是单单从道德派生出来的，且至善不可能从道德法则本身而只能从绝对命令和实用命令中派生出来。这样一来，与至善诸成分的异质性相伴随的是，产生至善诸成分的理由也是相应地异质的，从而对至善的追求不可能仅仅是个义务问题①。

相比之下，世界的至善在于这样的所有人——他们存在于已实现其个人至善的世界。这种事态不是任何有限行为者的实践理性的对象，而仅仅与上帝相关，亦即使每个人都享有与其德性相匹配的幸福，这是上帝而不是我们负责的。我们不负责产生他人身上的至善，从而也不负责产生世界的至善（除了自身的至善给世界的至善带来的那部分贡献）。无论是他人的德性还是他人的幸福，都不是任何有限生物的实践理性的对象。鉴于上帝是仁慈的，且其本身关心对最好的可能世界之创造，那就是由上帝给这个世界提供如此的因果结构，乃至是由德性导出与之成比例的幸福，就此而论，产生世界的至善就是仅属于上帝的活动范围之事。

无论是在个人的至善还是在世界的至善的情形中，至善之中幸福与德性的关系都可以被先天地认知。在这两者各自的情形中都存在某种综合的必然关联来确保成比例性（其中后一种情形中的关联可被还原为前一种情形中的关联）。这意味着，如果要实现某人身上的至善，那么这个人的德性就必须成为其幸福的根据。如果要实现某个世界的至善，那么德性与幸福之间的这种关系就必须存在于这个世界中的每一个人身上②。

---

① 假定道德法则是充足的，那么这就蕴含着，我们拥有道德的理由（在间接义务之外的）来保证我们自身的幸福，这进而又带来了破坏至善诸成分之异质性的危险。

② 恩斯托姆论证说，德性与幸福的因果关联仅适用于世界的至善情形，其根据是“正是因为幸福（Glückseligkeit）依赖于外因，幸福就不可能由单个个人身上德性的单纯呈现来担保”（恩斯托姆，1996：130；另参见恩斯托姆，1992：776）。然而，在集体层面需要大自然配合的方式与在个人层面是一样的。依赖于大自然配合的问题不限于个人层面，并且在这个层面可以用同样的方式来处理，亦即通过上帝的悬设。另外，恩斯托姆提出的这一观点相冲突于康德在至善诸要素之间确立因果关系的方式——亦即诉诸如下事实：这个概念的异质成分之间的关系可以被先天地认知，且其本身不得不是必然而综合的——因为这个论证是用于个人层面的。

上述观点颠覆了那种把至善当作本质上（主要）是社会性的至善论说，因为我们已经在个人层面有了这种必然的关联，就不需要在社会层面或物种层面有额外的独立必然的关联①。尤其是无论成比例的幸福被纳入至善这一事实，还是幸福根植于德性这一事实，这两种事实均已可见于个人层面，且必须在这个层面来解释，而无须借助关于人类历史或社会（个人应于其中来发现）的主张。

此外，这还表明，至善并非建立在行善义务的基础上，因为无论是相匹配的幸福被纳入至善的原因还是实现至善的方式，都没有指向作为行善义务对象的他人或行善行为能够惠及的他人。

因此，一个人不可能直接企及世界的至善，而只能通过世界中个体的人的至善而间接地企及。考虑到他人的德性不是通过我的自由而产生的可能效果（因为成为有德者是自由选择的结果），它就不可能是我的意志的对象。类似地，尽管他人幸福可以成为通过我的自由而产生的可能效果，但考虑到我只能接纳由我的感性方面提供给我的刺激，从而只能让自己的幸福而不能让他人的幸福成为目的，那么他人的幸福就不可能成为我的实践理性的对象②。

可能有人反驳说，他人的幸福尽管不是行为者经验实践理性的对象，但是纯粹实践理性的对象，亦即他人的幸福不是由禀好而是由道德法则设立的目的。尤其是不时出现这样的观点：他人的幸福是实践理性的对象，因为我们具有行善这一不完全的义务，且因为对道德要求的遵循涉及使他人的目的成为我们自己的目的。“对至善第二种成分的追求，实际上是受制于正义的行善”（伍德，1992：402；另参见盖耶［Guyer］，2002：173）。

然而，鉴于他人的幸福被纳入世界的至善之原因根本不匹配于道德要求人们行善并追求他人幸福的原因，上述提议就是成问题的。幸福是（在其应得时）作为拥有感触性价值而成为至善的成分，而不是作为由行善行为导出或作为其目标。幸福是一种（伴随着善良意志时的）善，从而其本身属于完满

① 在物种层面实现至善这一观点在康德的后期著作中变得突出。例如，在《单纯理性限度内的宗教》中，康德认为，促进至善的义务作为一种独特的义务“不是关于人对人的，而是关于人类物种对其自身的”（6：97）。

② 就我的幸福有可能在于使他人幸福而言，他人的幸福只能被间接地纳入，亦即它可能偶然地与我的欲求相关。然而，即便使他人幸福是使自己幸福之所在，其目的也仍然是我得到幸福。就此而论，他人的幸福被间接地纳入并不足以使之成为待实现的对象。

善。换言之，它之所以被纳入实践理性的完满对象，是因为它是经验实践理性的对象，而根本无关于行善。幸福的感触性的善并不以行善的义务为根据，也不会给予行为者以促进他人幸福的理由。毋宁说，感触性的善只是为其幸福处于讨论中的行为者提供了审慎的理由。

如果把幸福道德化并让行善的义务成为居于幸福价值中的根据（如一些诠释者所提出的，比如科丝嘉［Korsgaard］、恩斯托姆和伍德，他们把幸福当作在其应得时“简直就是善的”或“绝对地善的”。参见科丝嘉，1996：118－119；伍德，1999：407n. 32；恩斯托姆，2009：212），那就要冒着“破坏至善诸成分的异质性”的危险。

此外，这样的观点会与“道德乃基于形式的而不是质料的考虑”这一观点相冲突。根据康德的观点，行善的义务是基于不行善这一准则的不可普遍化[①]。就其本身而言，行善是基于纯粹形式的而不是质料的考虑，譬如这样的质料考虑：行善会产生某种善的事物。就义务而言，要紧的不在于，作为某人行善的结果，他人实际上变得幸福，而仅仅在于，某人采取了行善的准则。如果某人助人的努力受挫，那么由此导致的情况就绝对命令而言是不成问题的。也就是说，如果我按照行善的准则行事但没能让任何人幸福，那么我并没有失于履行义务的要求。然而就至善而言，要紧的是人们实际上享有与他们的德性程度相匹配的幸福。

表明“行善的义务不可能成为纳入幸福的根据”的事实在于，这一义务与对至善很重要的成比例要求不一致。行善是一种宽泛的义务，对于应该行善到何种程度没有做出任何规定。对这一义务的遵循，仅在于不采取“不行善”的准则，亦即如此地限制不行善的准则，乃至达到纳入他人幸福的程度（参见5：34－35）。因此，并不存在“要有利于人乃至使他们享有与其德性相匹配的幸福”的要求（由于认识上的制约，这种要求无论如何不可能由我们来履行）。

---

① 这种不可普遍化是基于行为者的有限性这一事实，而不是基于他人有力竭之时而需要帮助，尤其是“这个人有力竭之时，从而可能在某一刻需要帮助”这一事实使得“不助人”的准则不可普遍化，亦即一个出于自爱而意愿“从不助人”的原则可普遍化的人，最终会陷入矛盾，因为自爱想要让“这个人得到帮助”成为现实。这意味着，某人如果从不需要帮助，那就不会受制于行善的义务（这一点至少可以从如下情况中导出：某人从不需要帮助，可能出于自爱而意愿从不接受帮助），然而对这样的行为者来说至善仍然别无二致。

未满足成比例性这一条件，这一点还可见于如下事实，即我们没有必要去减少那些恶人的或拥有恶意志的人的幸福。此外，我们不仅确实没有必要减少其幸福，而且恶人实际上与拥有善良意志者同等地处于行善义务的范围。帮助拥有恶意志者的行为与帮助拥有善良意志者的行为一样，都可归属于行善准则之下。

可能有人反驳说，行善的义务受到了可允许的目的的限制（参见6：388）[①]。然而，这种限制的要求是，我们不应该帮助他人去实现那些只能通过运用不可允许的手段来实现的进一步目的，但这并不影响恶人某些目的——这些目的能够通过运用可允许的手段来实现——的实现（说到底，目的的可允许性是准则的可允许性派生出来的）。行善的义务由此并不一致于成比例性这一要求，而仅仅一致于可允许性这一约束。

因此，虽然拥有善良意志包含要采纳行善的义务，但这并不意味着，成为善人（或由此可能导出的他人幸福）是纯粹实践理性的对象。毋宁说，就有限的生物如果要拥有善良意志就必须如何行动而言，成为善人只是其中的一个要求。也就是说，采纳行善的准则，是使得有限的理性生物拥有善良意志的一部分（要求）。相比之下，纯粹实践理性的对象是采纳为道德所要求的准则而产生的，亦即意志的意向。正如康德指出的，对象是由实践范畴构造出来的，它们表现出如此值得注意的特点，“它们自身产生其所指向的东西的真实性（意志的意向）”。纯粹实践理性于是就是关于成为有德的，关于拥有“使自爱从属于道德”的意向。由此幸福之归为至善的成分，不是借助关于行善的事实，而是借助成为经验实践理性的对象。

六　关于至善之可能性的悬设

在康德对至善的讨论中最令人费解的方面之一是如下观点，即若道德要有意义，则至善必须可能。例如，我们被告知，如果“按照实践的诸规则，至善是不可能的，那么命令我们促进至善的道德法则就必定是不切实际的，并导向空想的目的，从而必定因此其自身是虚妄的”（5：114）。

---

① 例如，瑞斯诉诸行善对于可允许目的的这一限制。参见瑞斯，1988：602。

康德明确指出，被理解为道德分辨原理（*principium diiudicationis*）的道德法则并不依赖于至善。此外，被理解为道德践履原理（*principium executionis*）的道德法则也没有预设至善，因为尊重的情感被看作为道德行为提供了激励，从而排除了“诉诸对幸福的预期以作为遵循道德法则的动机”的必要（参见 5：109）[①]。因此，至善既不是对于辨识道德命令的内容来说必需的，也不是对于为遵循道德法则提供动机来说必需的。

情况毋宁是，至善的可能性在某种意义上对于道德对我们具有约束力来说是必需的。这就导致这样的情况：鉴于道德法则大体被理解为对我们是规范性的且具有约束力的，那么如果至善不是可能的，道德就是“其自身为虚妄的”。对至善的依赖，看来会以似乎违背道德的绝对性和无条件性的方式而使道德成为有条件的。有鉴于此，如何理解上述观点而又不损害“道德法则是理性的无条件法则”的观点就是一个棘手的问题。

对至善的可能性做出预设的必需性，将康德引向其实践理性的两个悬设，亦即灵魂不朽的悬设以及上帝存在的悬设：前者对于无上的善成为可能来说是必需的；后者则对于补足无上的善以达成完满的善来说是必需的，补足的途径是通过实现幸福按照与德性成比例的方式进行的分配。既然对于道德不成为幻相来说这些悬设是必须做出的，那么随之可以导出，赋予这两个悬设的认识上的地位可以从我们对自由的信念中派生出来，乃至它们最终会成为从实践的视角来担保的信念。这意味着，理性的事实间接地构造出实践悬设的认识根据（*ratio cognoscendi*），从而使自由成为纯粹理性体系的拱顶石（参见 5：3－4）。

关于至善的预设引发了严重的理论困难，并且根本不清楚的是，至善到底为什么必须是可能的。我们可以指出，如果我们要有能力满足这些道德要求，那就不可能只是审查这些要求并确认必须予以满足的预设。也就是说，我们不能诉诸大致像这样的论证：我们应当按照某些特定的方式来行动。并且既然应当蕴含着能够，那么我们就可以从“我们应当按照某些特定的方式来行动”推导出“能够按照这样的方式来行动”的预设必须予以满足。

① 在康德《纯粹理性批判》的方法论对至善的讨论中，至善是以道德践履原理而发挥作用并被援引的，旨在为道德法则的遵循提供动机。这种观点代表了一种转变，表明鉴于已揭示自律和尊重的情感，在《实践理性批判》中就不再需要《纯粹理性批判》的方法论中关于至善的观点。

上述论证会认为，既然道德确实命令我们实现至善，且既然“能够这么做”预设了我们是不朽的且上帝存在，就可以直接导出，必须设定“能够遵循这一道德命令”的悬设。鉴于“我们如果要受制于某个命令，就必须能够遵循这个命令”，就可以导出如果我们要确实受制于实现至善这一命令，我们就必须是不朽的且上帝必须存在。

然而，这种论证对于自由来说有效，但对于不朽和上帝存在的悬设来说无效。如前所述，道德和审慎并不要求实现个人的至善，更不用说实现世界的至善；而仅仅要求我们追求其中的要素，亦即德性和幸福。进一步说，这样的论证之所以是成问题的，不仅是因为根本不存在大致如“我们应当实现至善”一般的道德要求，而且是因为任何与第二个要素亦即幸福相关的“应当”，仅仅是从审慎派生出来的实用的应当，而不是基于义务的道德应当。

因此，情况并不是我们应当实现至善，而是要讨论世界必须怎样以便让至善的实现成为可能。如康德所述，“在思辨理性的所有观念之中，自由还是唯一一个我们先天地得知其可能性的观念……因为它是道德法则的条件，这一点是我们确实知道的。然而上帝和不朽的观念并非道德法则的条件，而只是为道德法则所决定的意志的必要对象的条件”（5：4）。为了使我们出于义务的行为成为可能，我们必须是自由的；而为了使至善的实现成为可能，我们是不朽的以及上帝存在必须是事实。换个说法，自由是支持“能够道德地行动”的预设；相形之下，不朽和上帝是支持“能够实现实践理性的对象”的预设。

虽然上述推理思路成问题的性质相对明显地表现于至善的幸福成分，但人们可能认为，不朽悬设的适当性可能只是一个“道德命令我们要做的到底是什么”的问题，是一个“约束我们的无条件要求对我们提出了什么样的要求”的问题。如果道德命令我们的意向要完全符合道德法则，就必须设定“能够遵循这一命令”。虽然人们应如何构想和理解灵魂不朽这一问题会引发多种难题，但这种条件/预设的关系相当明确，且类似于那些与认可“我们是自由的”这一信念有牵连的关系。我们要道德地行动就必须是自由的，与此同理，我们要让我们的意向完全符合道德法则就必须是不朽的。

然而，这样的诠释在深层次上是成问题的。

第一，它使得对第一个悬设的论证根本上不同于对第二个悬设的论证，从而有破坏《纯粹实践理性的辩证论》的架构的危险。相比之下，本文对灵魂不朽论证提出的诠释可以保证，在讨论这两个悬设时我们是在处理类似的结构，从而突出了《纯粹实践理性的辩证论》结构上的一致性和系统性。

第二，它相冲突于前面提到的如下主张，即自由有别于不朽和上帝存在，因为只有前者才是道德法则的条件，而后两者是为该法则所决定的意志的必要对象的条件。也就是说，它会破坏如下主张，即不朽和上帝存在相关联于道德的方式不同于自由与道德的关联方式。

第三，它没有能力解释这个论证为何要出现在《纯粹实践理性的辩证论》以及如何与至善相关联。这个缺陷来自它没能考虑到，意向的完全符合是与行为者的选择整体相关联的。因此，它会使我们这样来诠释康德，即他做出了从德性到完善的非法切换。

我们于是可以看到，如果要给予《纯粹实践理性的辩证论》的论证以某种融贯的诠释，就有必要把“让我们的意向完全符合道德法则”的要求不是看作直接从绝对命令发出的要求，而是看作从实践理性的无条件对象派生出来的要求。

因此，如果行为者要有能力满足道德施加给他的要求，且因此直接系附于绝对的道德命令，那么自由就是关于这个行为者必须是像什么样的。与此相反，鉴于至善的实现不是为道德所命令之事，至善的最大值和成比例性要求就不是关于如果我们要有能力遵循这种道德命令，那就必须满足哪些条件。于是问题又在于，这种无条件的对象能够以何种方式产生如此要求，以及这为什么必须是可能的，亦即到底为什么我们必须设定其可能性以作为先决条件。

这些要求不是关于道德行为的可能性，而是规定一些条件，这些条件是如果道德要有意义且其命令要对我们有约束力且有效就必须予以满足的。正是实践理性（而不是道德），才要求至善应该是可能的。它尤其要求一种关于善的必然体系，一种其成分按照法则而处于必然关联的无条件整体。自由科学要成为可能，就要求具备这样的系统性（systematicity），因为科学是知识的理性体系，这种知识是基于理念而不是单纯的加总，并且一旦其基础得以稳固，其原则得以辨识，就可以遵循独断式的（dogmatic）方法。

就理论理性而言，诸概念的必然体系以及自然法则的必然体系（这两者是通过现实性这一观念而关联起来的）对于自然科学成为可能来说是必需的；与此同理，就实践理性而言，诸目的的必然体系以及自由法则的必然体系

(这两者是通过善这一观念而关联起来的)对于自由科学成为可能来说是必需的。就理论理性和实践理性这两者而言，相关领域必须构成一个系统性的整体，以容纳关于对象知识(一面是理论知识，另一面是实践知识)的系统性体系以及支配它们的法则的系统性体系，其中各自科学的蓝图是由相关的范畴表提供的。理论理性预设自然科学是可能的，由此要求自然构成一个系统性的整体；而实践理性预设自由科学是可能的，由此要求自由的对象亦即善能够被呈现为一个系统性的整体，亦即至善是可能的。

如果善没有展现出这种系统性，那么这样的自由科学就是不可能的。理性由此就是自相冲突的，从而有破坏实践理性之整体性的危险。这是因为，理性要给出某些命令，得出某些判断，就有必要预设理性的一致性。因此，尽管在某个重要的方面道德是绝对的从而是无条件的，但道德间接地依赖于至善的可能性——只要道德是理性的法则，从而要求理性的一致性，而这转而又要求善(亦即理性的对象)构成一种必然的体系，从而意味着要求至善成为可能。

七　结论

于是如我们所见，《实践理性批判》包含一种具有驱动力且系统性的至善论之根据，这种至善论不需要依赖于外在的目的论或神学的原则或预设。尤其是我们已能够应对五个主要的难题，它们被视为在质疑康德至善观念的融贯性和充分性。

其一，幸福之所以被纳入至善，是因为完满善是实践理性对象的无条件整体，并囊括了所有善的事物，由此要求我们不仅要纳入无上的善及纯粹实践理性的对象亦即德性(道德善)，而且要纳入有条件的善及经验实践理性的对象亦即幸福(感触性的善)。

其二，遵循道德法则这一命令被当作运用于行为者意向的整体、行为者的整个性格，从而要求行为者在每一行为中都应该是有德性的，当此之时，意向对道德法则的完全符合就是必需的。这就要求有无限数量的时间，因为只有如此，恶行所占的比例才会越来越小，也只有如此，才能实现神圣性的扩展版。

其三，幸福之所以应按照与德性成比例的方式来分配，是因为幸福只有在与德性相伴随的程度上才是善的，才是实践理性的对象，由此使得产生幸福的理由是与德性的程度相匹配的；鉴于完满善之中幸福与德性是由可先天认知的必然联系来建立关联的，这种联系要求德性成为幸福的根据，这就转而又产生了关于幸福分配的成比例性的要求。

其四，每个人都听从绝对命令而道德地行动并成为有德性的，这在极致情况下相当于产生自身无上的善，并且通过实用命令而产生自身有条件的善，亦即按照其配享幸福的程度而成为幸福的。这样一来，每个人都被命令按照体现两要素之间条件关系的方式去产生自身之中完满善的两个要素。然而，没有任何命令会要求在他人身上实现他人与其德性相匹配的幸福，这就使得世界的至善只是上帝意志的对象，而不是像我们自己这样的有限生物的对象。

其五，如果道德应该对我们有效且具有约束力，那么至善就必须是可能的。这是因为，尽管至善既不作为道德分辨原理也不作为道德践履原理而发挥作用，但如果道德要约束我们，就必须预设至善的可能性，因为只有以这样的方式才能有诸目的的必然体系，如果理性要最终不陷入自相冲突进而破坏正好是道德根源的部分，那么这个体系就是必需的。这样一来，道德命令就能够是无条件的，同时仍然可以预设至善的可能性①。

---

① 由于一些有益的评论，我要感谢 Joachim Aufderheide，Jake Nebel 和 Eric Watkins，以及在 St Andrews and Bogazici 的听众。

论康德世界理论的超越意义

强以华　张　迪*

［内容摘要］　康德以前的形而上学作为康德“新形而上学”之前的“旧形而上学”，围绕质料和形式分别建构了以“柏拉图路线”为传统的唯心主义或唯理论的世界理论以及以“亚里士多德路线”为传统的唯物主义或经验论的世界理论。康德的新形而上学则从认识论出发在人类纯粹理论理性之先天原理的基础上通过结合质料和形式建构了一种基于经验论的认识论的世界理论。康德新形而上学的世界理论由于把存在论建立在认识论的基础上而颠倒了旧形而上学世界理论在认识论之先确立世界理论并把世界看成外在而且先在于人的超验世界的做法，从而把世界变成为经验范围内的而且具有自身法则的“内在的”现象世界。康德基于认识论所提出的世界理论比旧形而上学的世界理论在存在论上更加符合事实，在认识论上更有助于消除旧形而上学认识论的内在困难，所以，它对于旧形而上学的世界理论而言具有一种超越意义。

［关键词］　旧形而上学　新形而上学　世界理论　超越意义

康德世界理论（在本文中，我们的讨论局限于康德哲学的自然世界）的超越意义指的是康德形而上学之世界理论对于康德以前的形而上学之世界理

* 强以华（1956—　），湖北大学哲学学院教授，博士生导师，湖北省道德与文明研究中心研究员，研究方向为西方哲学和伦理学；张迪（1993—　），女，湖北大学哲学学院研究生，研究方向为西方哲学。

论的超越意义。为了把康德形而上学和康德以前的形而上学区别开来，我们把康德的形而上学称为新形而上学，并把康德以前的形而上学称为旧形而上学。康德的新形而上学之世界理论区别于旧形而上学之世界理论的根本原因在于它颠倒了存在（世界）与认识之间的关系，它表现为康德哲学的“哥白尼式革命”或说“人为自然立法”。正是在此基础之上，康德全新的更为进步的世界理论超越了以往旧形而上学的世界理论。为了能够清晰地理解康德的新形而上学之世界理论的超越意义，我们先来分别阐释以往旧形而上学的世界理论和康德新形而上学的世界理论，然后在比较中阐述后者对于前者的超越意义。

一　以往形而上学的世界理论

西方哲学起源于世界究竟为何的探索。当古希腊哲学家泰勒斯把“水”当作世界的始基（万物产生于它又归之于它的东西）之时，或当古希腊另外一名哲学家赫拉克利特把“火”当作世界的始基之时，西方哲学通过对世界本原的追问开始正式登上世界文明史的舞台。尽管在西方哲学的源头亦即自然哲学那里对于究竟何谓世界始基的问题存在诸多不同的观点，但是归纳起来大致可以分为两类。自然哲学中的伊奥尼亚学派（包含米利都学派和爱非斯学派）把世界之始基看成“质料”；而自然哲学中的南意大利学派（包括毕达哥拉斯学派和埃利亚学派）则把世界之始基看成形式。自然哲学关于世界始基（本原）或“质料”或“形式”的观点在西方哲学的发展史上具有深远的影响。质料通常被看成感性经验的对象，或者说质料通常是通过感性经验发现的对象，所以在存在论上质料表现为物质性的对象或至少是具有物质倾向的对象，同时若在存在论上把质料看成世界的始基（本原），那么相应地，在认识论上则大都（并非全部）也会主张经验论的认识论或至少主张具有经验论倾向的认识论。反之，形式通常被看成理性思维的产物，或者说，形式通常是通过理性的思维抽象出来的对象，所以在存在论上形式表现为精神性的对象或至少是具有精神倾向的对象，同时若在存在论上把形式看成世界的始基（本原），那么相应地，在认识论上则大都（并非全部）也会主张唯理论的认识论或至少主张具有唯理论倾向的认识论。因此，我们可以一般地说，自然哲学通过它的两个主要学派，亦即伊奥尼亚学派和南意大利学派已经为西方哲学中的唯物主义和唯心主义两种存在论传统奠定了最初的基础，与此相应，它也为西方哲学中的经验论（主要但并非全部与唯物主义相应）和唯理论（主要但并非全部与唯心主义相应）两种认识论传统奠定了最初的基础。在从自然哲学的两个主要学派到西方哲学的两种传统（包括存在论传统和认识论传统）的演化过程中，柏拉图和亚里士多德起了关键作用。

柏拉图把自然哲学两个主要学派关于始基的学说都吸收进了自己的哲学体系，并且通过它们建构了自己的世界理论。在他看来，世界分为现象世界和本质（本体）世界两个部分。现象世界指的是感性经验所面对的世界，它就是质料世界或物质世界，这种世界其实就是他从自然哲学中的伊奥尼亚学派的始基学说，亦即质料那里吸收过来并加以改造的世界，这里的“改造”集中体现在他把这种世界仅仅看成“现象”世界，认为在它之后，还有另外一种对它起着决定作用的世界亦即“本质”世界。本质世界指的是在现象世界之后的理性思维所面对的世界，它就是形式世界或精神世界，这种世界其实就是他从自然哲学中的南意大利学派的始基学说，亦即形式那里吸收过来并加以改造的世界，这里的“改造”集中体现为他把这种世界看成相对于现象的“本质”世界，认为在它面前，还存在着由它决定着的“现象”世界。因此，在柏拉图哲学中，两重世界的关系作为本质与现象的关系是前者决定后者而后者被前者决定的关系，并且这种“决定”不是一般意义上的决定，而是一种涉及真假的决定，也就是说，是一种“存在”（真假）与否的决定。本质（本体）是真实的“存在”，现象是虚假的“存在”，后者只是因与本质的某种关联（被本质所决定）才有了某种“存在”，具有了某种“真”的意义，最终才变成了某种既存在又不存在（介于存在与非存在之间）的既真实又不真实（介于真实与虚假之间）的东西。柏拉图将真实存在的本质世界理解成原型世界，并把介于存在与非存在、真实与虚假之间的现象世界理解成摹本世界，本质决定现象就是作为原型的本质世界决定作为“摹本”或者说“影子”的现象世界。因此，在柏拉图的哲学中，形式以及由形式组成的世界作为本质世界才是真实存在的世界，柏拉图将这一世界称为“理念世界”，它是精神性的世界。质料以及由质料组成的世界则是既存在又不存在，既真实又不真实的世界，柏拉图将这一世界称为“现象世界”（感性世界），它其实就是物质性的世界。由于现象世界的某种意义上的“存在”与“真实”本质上源于它与作为原型世界的理念世界的某种关联，所以在它那里精神是真而物质是假，因此，真正存在的世界只有精神世界、形式世界，物质世界、质料世界只是因与精神世界、形式世界的某种关联才有了某种存在或说真实性。

亚里士多德也把形式与质料的关系作为他的世界理论的重要内容。在他看来，任何事物作为“个体事物”都包含了形式与质料两个方面，其中，质料构成了个体事物的内容，形式构成了个体事物的形状。由于世界上只存在个体事物，所以世界应是由个体事物构成的世界，它们主要是感性经验的对象。由此出发，亚里士多德不赞同他的老师柏拉图把真实的世界仅仅看成精神性的理念世界或形式世界的做法，认为只有个体事物组成的世界才能够被看成真实存在的世界。但是，亚里士多德把质料与形式的关系和潜能与现实的关系对应了起来，也就是说，在他看来，在组成个体事物的质料和形式中，质料属于潜能，它仅表示事物的潜在的存在，形式属于现实，它才表示事物的现实的存在，或说只有当组成个体事物的一个要素亦即质料被赋予组成个体事物的另外一个要素亦即形式之后，这一个体事物才能成为“现实的”个体事物。这里，“形式”相对于“质料”就已具有了某种“优先性”。不仅如此，他还进一步认为，潜能与现实是表示事物运动的一对范畴，所谓运动也就是作为潜能的事物被赋予形式从而使该事物“现实化”的过程。因此，质料和形式因为与潜能和现实的对应便也具有了某种运动，这种运动表现为随着不同质料不断被赋予新的形式的方式而实现个体事物不断从低级向高级的发展。具体地说就是：当某一质料被赋予形式之后，它就变成了某种个体事物，这一个体事物本身又可以被看成另外一种更高级的个体事物的质料，它在被赋予新的形式之后，又会变成更高级的个体事物，这一从作为潜能的质料走向作为现实的形式的过程还可以不断地继续下去，它表现为一种个体事物不断从低级形态走向更高形态的发展过程。不过，亚里士多德历来反对把这种由潜能到现实的发展链条无限化的做法，在他看来，这一链条应该既有起点也有终点，它的起点就是纯粹的质料亦即没有任何形式的质料，它是绝对的潜能，而它的终点则是纯粹的形式亦即没有任何质料的形式，它是绝对的现实。当亚里士多德把纯粹形式当作绝对现实时，他其实已经与柏拉图站在了同一战线之上。

尽管亚里士多德最终还是因承认纯粹形式的绝对现实性与柏拉图站在了同一战线之上，但是从他的整个哲学来说，他在世界本原（第一实体）究竟何谓的问题上依然表现出了某种动摇和犹豫。“正是由于亚里士多德曾经有过的动摇和犹豫，并且由于他对柏拉图的理念论进行的明确的批评，所以，尽管亚里士多德最终还是实际把纯粹形式看成是第一实体，但是，在后来的形而上学那里，唯心主义哲学还是更加青睐柏拉图哲学，并把亚里士多德交给了唯物主义（唯物主义也更加乐意接受亚里士多德哲学……至少这样有利于提升唯物主义的哲学史地位）。这样一来，西方传统形而上学内部便形成了两条路线：其一，源自亚里士多德的唯物主义路线，它在认识论上主要表现为经验论；其二，源自柏拉图的唯心主义路线，它在认识论上主要表现为唯理论。”① 这两条哲学路线对上承接了自然哲学中的两种传统，对下分别影响了西方旧形而上学中的唯心主义哲学家和唯物主义哲学家。因此，莱布尼茨在自己系统地驳斥洛克的唯物主义经验论以捍卫唯心主义唯理论的著作《人类理智新论》的开篇就说：“一位有名的英国人所著的《人类理智论》，是当代最美好、最受人推崇的作品之一，我决心对它作一些评论……他的系统和亚里士多德关系较密切，我的系统则比较接近柏拉图，虽然在许多地方我们双方离这两位古人都很远。”②

二　康德形而上学的世界理论

康德在探讨世界理论时也像柏拉图和亚里士多德（并且因此与自然哲学家）一样把质料和形式作为基础。康德认为，世界之为世界应由质料和形式两个方面共同构成，其中，质料构成了世界的经验内容，形式则构成了世界的普遍法则。但是，在他看来，质料和形式作为构成世界的两个方面的要素并非“自然地”结合在一起，而是在人的认识过程中才结合了起来。这是因为他把形式看成“主观的”形式，把质料看成“客观的”质料。那么，形式和质料究竟是如何结合起来的呢？康德认为，它们必须通过人的实际认识进程才能结合起来，并且这种结合既是在认识论中走向科学知识（真理性知识）的过程（其中形式和质料分别构成科学知识和真理的形式和内容），又是走向自然世界存在的过程（其中形式和质料分别构成自然世界和存在的形式和内容）。为

① 强以华：《西方哲学普遍性的沦落》，中国人民大学出版社，2018，第42～43页。

② 〔德〕莱布尼茨：《人类理智新论》（上册），陈修斋译，商务印书馆，1982，第1～2页。

了更清楚地了解康德如何在认识论中结合形式和质料从而走向科学知识并且建构（自然）世界的理论，我们有必要先分析他关于形式与质料的理解。

在康德的哲学中，形式作为主观的形式，是人类纯粹理性（理论理性，下同）所具有的先天的原理（原则）。康德的人类纯粹理性所具有的先天原理具有两个重要特征。

其一，它是先天的原理。“先天”意味着它先于并且独立于人类的任何经验而存在。在认识论中，它仅仅属于认识的“形式”。这就是说，尽管这种先天的原理作为先天的东西先于人类经验存在，甚至康德也把它们称为先天的知识，但是它并不是某种现成存在的“东西”，它仅仅是人类的纯粹理性的一种能力，这种能力只有在运用于人类经验时才能显现出来并且发挥作用，否则，它便什么也不是，它甚至就是“无”。因此，康德的人类纯粹理性的先天原理作为先天知识并不能等同于唯理论哲学家所说的“天赋知识”，在唯理论哲学家那里，“天赋知识”是完整意义上的知识，尽管它们本质上也是形式知识，但是唯理论哲学家却把它们看成具有某种内容的知识，这显然不同于在康德那里先天原理或先天知识仅仅是一种自身毫无内容的纯粹“形式”的情形。康德把后一情形称为“先验的观念性”。

其二，它是必须并且应该运用于经验的原理。既然人类纯粹理性的先天原理离开了对经验的运用就是“无”，那么它就必须运用于经验从而使自己得以显现。同时，人类纯粹理性的先天原理不仅必须运用于经验而且也能够运用于经验。这就是说，感性经验作为源自物自体刺激感官所产生的感性“杂多”只有经由人的先天要素的安排整理才能被人接受并逐步形成具有形式合理性（普遍必然性或客观有效性）的经验知识以及经验对象。因此，康德的经由先天原理安排整理的源自经验的知识也不能等同于经验论哲学家所说的“经验知识”，在经验论哲学家那里，经验知识也是完整意义上的知识，它既有自己的内容也有自己的形式，但这形式并不是先天的。这种情形显然不同于康德那里的经验性知识必须经由人类纯粹理性的先天原理（认识形式）的安排整理方可形成（同时也使这些先天原理具有实在性）的情形。康德把后一情形称为“经验的实在性”。这样一来，人类纯粹理性的先天原理与后天经验之间的关系便成了相互区别但又不可分离的关系。一方面，它们分别属于“先天”和“后天”以及“形式”和“质料”的关系；另一方面，它们又都依赖对方才能成就自己亦即让形式得以显现并让质料能够被人认识从而成为知识。因此，先验的观念性和经验的实在性表明：人类纯粹理性的先天原理必须被运用于经验材料并且也能够被运用于经验材料，它使人类的认识过程表现为人类通过自身纯粹理性的先天原理（认识形式）安排整理源自物自体刺激而来的感性杂多（认识内容）从而接受感性杂多并且逐步形成科学知识及其对象的过程。在此过程中，起着中心作用的因素不是源自“对象”的后天的经验内容（感性杂多）而是源自“主体”的先天原理（先天知识），它要求“对象”符合“知识”。康德的这一做法扭转了旧形而上学在认识论中把“对象”作为中心要素并且要求“知识”符合“对象”的做法，他把自己认识论中的这种在纯粹理性先天原理基础上的要求“对象”符合“知识”的做法称为哲学上的“哥白尼式革命”。

康德认为，人类理性所具有的先天形式（认识形式）包含感性直观形式和知性思维形式两类，当人们把这两类知识形式运用于源自物自体刺激所产生的经验质料（认识内容）时便走向了实际的认识过程。在阐述认识论（以及存在论）最为主要的著作《纯粹理性批判》中，康德把这个认识过程概括为“先验感性论”和“先验逻辑”两个部分，并且包含了感性认识、知性认识和理性认识三个阶段。其中，先验感性论探讨的是感性认识，先验逻辑被分为“先验分析论”和“先验辩证论”，先验分析论探讨的是知性认识，先验辩证论探讨的是（狭义的）理性认识。在先验感性论阶段，康德的人类纯粹理性先天具有的认识形式就是感性的直观形式，它们就是作为纯粹直观的“时间和空间”，其作用则是将经验材料接受下来从而使有关它们的经验对象的知识成为可能。在先验逻辑之先验分析论阶段，康德所借助的人类纯粹理性先天具有的认识形式则是先天范畴，它包含了一个完整的范畴表，其作用就是解决这些经验对象是什么或是怎么样的问题。在此阶段，康德通过先验的时间图型打通抽象的范畴和具体的感性经验之间因不同性质所造成的界限，并且在判断力的法规的帮助下把先天范畴运用于经验对象，从个体对象（量的范畴和质的范畴）、个体对象之间的关系（关系范畴），以及对象与主体的关系（模态范畴）等诸多方面形成了关于经验对象的科学知识或具有普遍必然性的经验知识，达到了知识与对象的统一，主体与客体的统一。所以，康德把先验逻辑之先验分析论阶段的认识探讨亦即关于知性认识的探讨称为“真理的逻辑”。根据康德的观点，除了直观的知识和范畴的知识之外，人类纯粹理性并无其他进一步的认识工具。同时他又指出：范畴的运用或者是先验的运用或者是经验的运用，“在任何一条原理中一个概念的先验的运用都是这样一种运用，它与一般物以及与自在之物本身相关，而经验性的运用则是当它仅仅与现象，亦即与一个可能经验的对象相关时的运用”。[①] 他十分肯定地说：“……知性永远也不能对它的一切先天原理，乃至于对它的一切概念做先验的运用，而只能作经验性的运用，这是一条一旦被确切地认识到就能看出重要后果的原理。”[②] 由于范畴乃至一切先天原理都只能有经验的运用，因此，经由范畴乃至一切先天原理安排整理的知识也都只能是经验或可能经验的知识亦即关于现象的知识。康德把以往旧形而上学所说的作为现象世界之后的本质（本体）世界说成“自在之物”，意即它是人类源自经验的认识（人类只有这种认识）不可知的东西。所以，在先验逻辑之先验辩证论的阶段，尽管康德提出了一种作为（狭义的）理性认识对象的“先验理念”，并且指出这种先验理念具有引导人类知识走向彻底完备的功用，但是它实际上只是一种“视其为真”的理念，它并没有实在的经验对象与其相应，若是误把这种“视其为真”的理念当成了有实在的经验对象与其相符的概念，并且要追求这种相符性，我们就会陷入“先验幻相”。以往旧形而上学的错误就在于因这种“误用”而陷入了“先验幻相”，从而把形而上学变成了一种作为独断论的关于自在之物的伪学问。

康德把认识过程看成作为认识之结果的世界产生的过程。在他看来，人是在认识中才知道世界之存在的，认识过程作为“哥白尼式革命”的过程就是在人类纯粹理性的先天原理（认识形式）基础上的人之主观的认识形式与客观的经验内容相互结合（人用认识形式安排整理经验内容）的过程，它的产物既包含了作为这种形式与内容（质料）相互统一的知识，也包含了我们经由这种知识所知道的形式与内容（质料）相互统一的世界。这个世界作为人把自己的先天原理（认识形式）给予经验质料而使质料有了条理、法则（“法”）的世界乃是“人为之立法”的结果，所以，康德把认识论上的“哥白尼式革命”过程也看成存在论上的“人为自然立法”的过程。由于认识形式（先天原理）只能经验地运用而不能先验地运用，所以作为先天的主观形

① 〔德〕康德：《纯粹理性批判》，邓晓芒译，杨祖陶校，人民出版社，2004，第 217～218 页。
② 〔德〕康德：《纯粹理性批判》，邓晓芒译，杨祖陶校，人民出版社，2004，第 217 页。

式与后天的客观内容（经验性内容）相互统一的世界也只能是经验范围内的世界，也就是说，它就是经验世界或作为经验对象的现象世界。这就是说，康德的（自然）世界就是作为形式与内容相互统一的现象世界，其中，质料是其内容，形式是其法则、规律（普遍必然性）。

三　康德形而上学世界理论的超越意义

根据以上分析我们发现，康德的新形而上学和以往的形而上学为我们提供了两种不同的世界图景。尽管旧形而上学内部也包含了关于世界图景的两种不同解释，亦即基于柏拉图路线的唯心主义或唯理论传统的解释和基于亚里士多德路线的唯物主义或经验论传统的解释，但是，相对于康德的世界图景来说，他们的解释具有共同的本质，即他们都把作为知识、真理对象的世界看成外在（外在于人）的本质世界，并且这是一个永恒不变的超越经验（超验）的世界。这种情形在唯心主义者或唯理论者那里比较容易理解，因为他们原本就把作为理性对象的精神性的本质世界看成真实的世界因而也是真理的对象。而这种情形在唯物主义者或经验论者那里就相对难以理解一些，因为唯物主义者承认作为经验对象的变动不居的感性（现象）世界的真实性并且认为关于它的经验认识是走向真理的必要路径。其实，尽管唯物主义哲学家承认感性（现象）世界的真实性，他们依然认为感性的物质世界之后也有自己的本质（本体）世界，只不过这一本质世界乃是物质性的本质世界罢了，这就像亚里士多德认为在个体事物中形式具有优先性一样。并且，尽管经验论哲学家也承认经验认识对于真理性认识的必要性，但是，他们依然认为真理性认识乃是对于感性（现象）世界之后的永恒不变的本质（本体）世界的认识。除了唯物主义（以及经验论）和唯心主义（以及唯理论）分别从物质（质料）和精神（形式）两个方面来理解世界之外，他们之间的区别仅仅在于：唯物主义（以及经验论）不像唯心主义（以及唯理论）那样否认现象世界的真实性，也不像唯心主义（以及唯理论）那样否认针对现象世界的经验性认识的必要性。康德的新形而上学的世界理论则与以往旧形而上学的世界理论不同，他把旧形而上学的外在的超验的本质世界看成不可知的“自在之物”，在此基础上，他认为我们实际生活的世界只能是我们知道的世界，它就是人的纯粹理性之先天原理针对感性杂多建构起来的内在（内在于人）的现象的世界，这种内在的现象世界因以经验为内容而属于经验（而非超验）的世界。它不仅不像旧形而上学的唯心主义哲学家理解的那样是虚假（至多是部分真实）的世界因而不是真理的对象，而且也不像旧形而上学的唯物主义哲学家理解的那样虽然真实却因缺乏普遍必然性（法则、规律）因而不是真理的对象。这就是说，康德把现象世界看成有着自身的普遍必然性（法则、规律）因而也能够提供真理的世界，它就是我们生活于其中的真实世界。

我们认为，造成康德新形而上学和以往旧形而上学世界理论之间相互区别的根本原因在于它们在存在论和认识论之间采取了相反的方向。在旧形而上学那里，世界是独立存在的外在世界，这种独立存在的外在世界先于人的认识而存在，认识只是人对这种外在于他并且先行于他的世界的认识，因此，存在论先于认识论；在新形而上学那里，世界是在人的认识过程中显现的世界，它既不能独立于人的存在和人的认识，也不能先行于人的存在和人的认识，因此，存在论是在认识论中产生的，它至多与认识论同时存在。这样一来，我们就有了两种秩序：一种是存在的秩序亦即客观存在的顺序；另外一种是人如何才拥有世界的顺序。旧形而上学的世界理论从前一种顺序来理解世界以及人对世界的认识，认为先有世界的存在然后才可能有对世界的认识，因而它把外在世界之超验的部分也纳入认识的对象中来了；新形而上学的世界理论从后一种顺序来理解世界以及人对世界的认识，认为必须先有认识才能知道世界的存在，世界因而就只能是在认识中向人发生因而让人拥有的世界，由于认识只能是经验性的认识，所以，世界也就只能是经验范围之内的世界。问题在于：在新旧形而上学关于世界的理解中，究竟哪一种理解才是更为合理的呢？我们认为，新形而上学对世界的理解更为合理，主要有两个理由。

第一，在存在论上，它更符合事实。尽管从常识的角度看，我们不能否认外在于并且独立于我们的客观世界的“先在”存在，并且自然科学的发展和日常经验也一再证明此一论点，但是在终极的意义上我们还是不能“合乎逻辑”地对宇宙整体的客观存在“预先地”做出“确定的”断言，我们至多只能根据关于外在世界的已知事实“推测”出它的未知部分的存在。我们真正能够“确定地”断言的世界一定是我们已经认识到了的世界，并且，由于认识必须从经验出发，所以我们真正能够“确定地”断言的世界也一定是经验世界（现象世界）。这就是说，无论是否存在那种尚未与人发生任何关系（例如认识关系）的、外在的、先于人的独立存在的世界（特别是作为宇宙整体的超验世界），人真正知道并且实际生活于其中的一定是与人发生了关系的世界，这个世界（在康德看来）就是人通过认识而知道并实际生活于其中的世界，世界在人的认识中向人显现，人因认识而拥有世界。正如科尔布鲁克（Colebrook）所说："根据康德的观点，我不仅仅'生活'在我的世界之中；就我对我自己表象一个世界来说，我通过某种表象形式——时间、空间、概念、范畴等等，我有一个世界。"① 毫无疑问，当我们把旧形而上学基于"推测"的外在世界和新形而上学基于"认识"并在认识中显现的世界进行比较时，后者更加符合现实世界之存在的事实。所以，康德把旧形而上学（唯理论）宣布已经认知了的原本属于"自在之物"的超验的本质（本体）世界看成一种"先验幻相"。在他看来，旧形而上学关于本体的界说其实是一种拟人论的手法，指出："拟人论创建了一种绝对的或超越感觉的领域的学说。"②

第二，与新形而上学的世界理论在存在论上更加符合事实相适应，在认识论上，它更少面对困难，也就是说，它不像旧形而上学的世界理论在认识论上的表现那样面对着无法解决的内在矛盾。形而上学这一学科在旧形而上学那里一直包含着一个实际上不可解决的内在矛盾，即"……人类认识必须从经验出发（它不可能获得超验对象的确定知识）但又要获得超验对象的确定知识的矛盾"。③ 这就是说，人类认识必须从经验出发是一个不能被违背的生活常识和科学常识，但旧形而上学为了确保自己第一科学的学科地位又必须获得超越经验对象的确定知识。面对这个实际上不可能解决的内在矛盾，形而上学其实只有两种处理方式："其一，把形而上学的对象放置到经验的领域之内，这样一来，它就有可能从经验出发获得关于自身对象的绝对确定的知识，这也是说，它为了获得关于自身对象的绝对确定的知识就必须放弃超验对象；其二，把形而上学看成是不类似于自然科学（更不用说比自然科学更高）的科学，这样一来，它在不需要关于自身对象绝对确定的知识的前提下尽可以把自己的

① Claire Colebrook, *Philosophy and Post-structuralist Theory: From Kant to Deleuze*, Edinburgh University Press, 1999, p. 28.

② Claire Colebrook, *Philosophy and Post-structuralist Theory: From Kant to Deleuze*, Edinburgh University Press, 1999, p. 41.

③ 强以华、唐东哲：《西方形而上学思想史》第1卷，人民出版社，2018，第14页。

对象规定为超越经验的对象，这也是说，它为了保留超验的对象就必须放弃‘科学’的学科定位。”[①] 但是，形而上学既不愿意把自己的对象放置到经验领域之内亦即放弃超验对象，又要坚持自己是具有确定性知识的第一科学。所以，它的典型做法（柏拉图路线的唯心主义或唯理论传统）就是彻底绕开经验而直接去确定地把握超越经验的对象，从而在违背常识和科学的情况下把自己的哲学体系建立在通过非理性的直觉所获得的“天赋原理”以及以这些“天赋原理”为大前提的演绎推理之上。显然，理性自身具有天赋原理的理论是一种独断的理论。除了柏拉图路线的典型做法之外，亚里士多德路线（唯物主义或经验论传统）则不愿意违背生活和科学常识，也不愿意陷入独断论，所以，他们试图从经验出发去确定地认识自己的超越经验的对象。但是，他们努力的结果则表明，从经验出发不可能获得那些超越经验对象的确定知识，于是，他们陷入了怀疑论。所以休谟宣布：“……人们如果想来讨论人类才干所完全不能及的一些问题，如世界的起源、智慧体系（或精神领域）的组织等，那他们在那些无结果的争辩中诚然只有捕风捉影，永远达不到任何确定的结论。”[②] 因此，在认识论上，无论是经验论还是唯理论，都无法获得关于形而上学超验对象的确定的知识，他们的认识论都一样直接威胁着作为第一科学的形而上学这门学科。康德充分认识到了休谟经验论的论证力量，指出：“……对于这一科学的命运来说，它所遭到的没有什么能比休谟所给予的打击更为致命。”[③] 所以，他选择了另外一个更容易解决形而上学内在矛盾的认识方法，即放弃形而上学的超验的对象而把它置于经验的范围之内，并在经验范围之内（通过人类纯粹理性的先天原理）来寻找关于世界的确定性知识（普遍必然性知识），这种知识就是他的关于现象世界的经验知识。这样一来，康德就在把世界在存在论上规定为“现象世界”的基础上，通过自己的认识论消除了形而上学在认识论上的内在矛盾。尽管康德的认识论作为先验论依然有自己的理论困难，但是他的思路似乎更为合理，并且这种思路也确实有助于在一定程度上消除形而上学在认识论上的内在矛盾。

总体而言，康德通过颠倒以往旧形而上学之存在论和认识论的顺序（或

① 强以华、唐东哲：《西方形而上学思想史》第 1 卷，人民出版社，2018，第 14 页。
② 〔英〕休谟：《人类理解研究》，关文运译，商务印书馆，1981，第 73 页。
③ 〔德〕康德：《未来形而上学导论》，庞景仁译，商务印书馆，1982，第 5 ~ 6 页。

说把存在论统一于认识论之中）提出了一种全新的世界理论，他的这种世界理论比旧形而上学的世界理论更加符合事实，并且也更加容易面对旧形而上学认识论的内在困难，所以，他的世界理论应是一种超越了旧形而上学之世界理论的更为合理的世界理论。

作为非理想型规范性理论的康德政治哲学*

克里斯多夫·霍恩 文/贺 腾 谭文章 译**

［内容提要］ 康德政治哲学的解读者们会遇到这样的难题：康德是否（或如何）在他的政治理论中运用定言命令（CI）。众所周知，弄清康德的政治思想与《道德形而上学奠基》（以下简称《奠基》）和《实践理性批判》中的伦理思想之间的关系是极为必要的。对此有两种基本解释思路：较为传统的依赖式解读（dependence reading）与较为激进的分离式解读（separation reading）。根据第一种解读，"法权"（Recht）的规范性可从康德在18世纪80年代所论述的"道德律"的规范性中直接推导得出。根据第二种解读，康德所论的法律规范性完全不同于定言命令所依赖的基础和程序。本文在结合前两种解释优点的基础上提出第三种解释思路。在康德看来，尽管政治领域的规范性仍与道德律有某些联系，但它有自身的特殊性。康德的政治规范性并非"应用伦理学"（applied ethics）。相反，康德论

* 本文受国家留学基金委建设高水平大学公派研究生项目资助（项目编号：201706010376）

** 克里斯多夫·霍恩（Christoph Horn，1964－ ），波恩大学哲学系讲席教授，主要研究方向为古代哲学与实践哲学。该文英文版曾发表在*Kant-Studien 107. 1*（2016）：89－110。作者在湖北大学发表公开讲座时，以此文为讲稿。此文的翻译得到作者的许可。作者联系方式：christoph. horn@ uni-bonn. de。贺腾（1993— ），波恩大学哲学系博士研究生；谭文章（1994— ），武汉大学硕士研究生。该文的翻译亦得到了四川外国语大学硕士研究生奚望和波恩大学硕士研究生李易知的帮助，他们对翻译初稿进行了细致的校订和修改。特此感谢。

述了一种非理想型规范性。“非理想”意指人类生活可以实现的较弱版本的规范性，它适用于特定的情况且旨在历史发展中产生长期效应。

[关键词] 定言命令 康德的道德观 政治规范性 法学理论 历史哲学

康德政治哲学的解读者们面临一些棘手的问题。其一，由于他的观点分散在诸多不同著作里，研究者们只得要么将它们解释为统一的理论，要么将它们划分为不同的发展阶段。其二，1797 年发表的《法权论》（*Doctrine of Right*）晦涩难懂，在内容陈述上也存在严重缺陷。然而，对于研究此论题的康德学者来说，最大的挑战在于康德是否（或如何）在他的政治理论中运用了定言命令（CI）。众所周知，弄清他的政治思想与《奠基》和《实践理性批判》两者之间的伦理思想的关系是极为必要的。《法权论》里所刻画的法律规范性与定言命令之间的关系究竟如何?

我们知道，对此有两种解读思路：较为传统的依赖式解读和较为激进的分离式解读。根据第一种解读，“法权”（Recht）的规范性可直接从康德在 18 世纪 80 年代所论的“道德律”的规范性中直接得出。大多数学者接受了这种解释。根据第二种解读，康德所论的法律规范性完全不同于定言命令所依赖的基础和程序。在过去几十年里，这种解释思路为朱利叶斯·艾宾浩斯（Julius Ebbinghaus）和乔治·盖斯曼（Georg Ceismann）等学者提出。近年来，马库斯·威拉谢克（Marcus Willaschek）、亚瑟·瑞普斯坦（Arthur Ripstein）和艾伦·伍德（Allen Wood）给出了新的论证理由。① 依赖式解读和分离式解读间的冲突较为复杂且两者优缺点都较为明显。尽管文本证据指向第一种解释（因为康德似乎反复强调法权是从定言命令中获得的），但又如他在《法权论》及其他文本中所阐明的那样，法权这一现实哲学理论指向了分离式解读。

在本文及拙著《非理想型规范性》（*Nichtideale Normativität*）② 中，我将捍

① 参见 Georg Geismann, *Kant und kein Ende*, *Band 2*: *Studien zur Rechtsphilosophie*, Würzburg. 2010; Arthur Ripstein, *Force and Freedom*, *Kant's Legal and Political Philosophy*, Cambridge, MA, 2009; 其他的作者可以参见相关的参考文献。

② Christoph Horn, *Nichtideale Normativität*, *Ein neuer Blick auf Kants politische Philosophie*, Berlin: 2014.

卫第三种解释，它似乎能够避免前两种解释的僵局并结合它们的优点。其基本观点是：康德式的产生合法权利的程序——公意测试（common will test）（人们可能这样称呼它）与定言命令的程序（在普遍性测试的意义上）是完全不同的。在我看来，前者不能被视为道德律的简单派生物：这两种测试在内容、对象、外延及动机基础上，既不一致，也不重合。因此，它们的关系并非派生关系。但是，将合法权利和道德律视为两种完全不同的规范现象也是错误的。摆脱此困境且具有吸引力的方式在于将前者作为后者的弱化（attenuation），即非理想型的理论。康德认为政治领域的规范性尽管有其特殊性，但仍然与道德律有某些联系。我认为，康德的政治规范性并非“应用伦理学”，即并非许多读者所假设的那样（简单地）将道德构想运用于制度领域。与此相反，笔者认为康德论述了一种非理想型的规范性。“非理想型”意指人类可以实现的较弱版本的规范性，它适用于具体情况且旨在历史发展中产生长期效应。

然而，人们可能会追问在道义论实践规范性的背景下，“非理想型”所刻画的这种弱化是否存在。康德会认可这一方案吗？在下文中，我将讨论该解决方案是否正确地描述了政治规范性的特点，以及我们是否能够在康德的理论中找到明确的非理想型规范性理论。①

先看法律规范性和政治规范性的特点。

与《奠基》和《实践理性批判》中的伦理观相比，康德政治哲学的规范性为什么比人们所预期的更弱？根据这两个文本，道德律要求人类对世界形成绝对立场，但为什么它仅仅是排在外在的、非自律的和较弱形式的规范有效性之后呢？不可否认，康德对走出（exeundum）自然状态的要求及其对国家宪法和国际联盟的假定都需要政治规范性：康德的政治立场肯定不乏规范性，他认为政治规范性以更间接的方式约束责任主体。实际上，道德规范性（就“道德”的日常义来说）② 必须被看作最重要的。在这样的语境下，在政治领域中接受规范性要求的主体并非如本体人（homo noumenon）那般具有内在的动机。

---

① 在别的著作里，我已经阐明了非理想型的问题如何能在康德全部文本的语境中得以系统性地理解，以及它是如何影响绝对立场的，此外也阐明了康德的非理想的政治规范性在缺乏基础性政治益处（basic political goods）理论的前提下是如何可行的。参见前文所引 Christoph Horn，第 321 ~ 341 页。

② 接下来，我将不再按康德在 MS，AA 06：239. 01 – 21 里所引入的那样使用形容词“法权的”（legal）及“道德的”（moral），而是在日常义上。

康德反复将实践理性等同于政治哲学规范性的来源。[①] 这并非与他的道德哲学的差别之所在。然而，如果这两种类型的规范性截然不同的话，我们该如何理解这一论断？因此，我们如何理解康德在《法权论》导论里所说的道德（德性论）和法律（法权论）是同一道德学说（道德哲学）的两个部分？[②] 康德指出，这两种责任都基于“道德命令式”。然而，如果认为康德在18世纪80年代在自己的道德哲学中发展的定言命令可在某些情况下用于内部关系，而在其他情况下运用于外部关系，这将是错误的。在《法权论》（或其他政治著作）中，康德并非将道德规范在某种程度上用到社会、法律或经济的语境中，例如宪法、行政或司法机构，相反道德（就其日常义来说）指的是可普遍化准则所派生的个体行为，法律（或“法权”）则代表共同体遵循针对外在行为的有序、规则化的自由体系。因此，我们想知道道德与法律之间的关系是派生（derivation）抑或包含（inclusion）的，这两种关联形式不能同时成立。然而，道德和法律并非某些理论所声称的那样是两种完全不同形式的规范性。对康德而言，实践理性没有不同的形式。众所周知，他认为实践理性即普遍意义上的理性只有一个。尽管如此，单一的实践理性仍产生了两种形式的规范性：一种是理想的，另一种是非理想的。

接下来我将阐述，仅存一种规范性的这一论断所面临的困难（按其本性从内在和外在加以论述）。我们可以在康德那里找到六处道德与法律之间规范性形式的差别。

（1）法律不要求任何内在动机。当康德刻画规范性的法律和政治形式时，他省去了内在动机这一要素。正如他自己所称：法律义务本身不具有内在动机，尽管法律义务似乎是值得欲求的。[③] 然而，正是内在动机这一要素将他在《奠基》和《实践理性批判》里的道德分析联系在一起。根据这两个文本，若缺乏内在的道德动机，单单外在地遵从道德律是不可能有真正的道德价值的。康德认为仅被动地遵守道德律绝不是道德的本质。根据这一评价标准，法律效力及合法性要求只可能具有次级的重要性。

（2）法律不要求改变品格。法律义务要求行动者的行为符合规则，但道

---

① 参见 TP, AA 08: 290.08 – 15; MS, RL, AA 06: 249.34 – 35。

② MS, AA 06: 239.01 – 240.03.

③ MS, AA 06: 218.24 – 219.30.

德和伦理规范与自我成圣密切相关。这就是康德在他的《道德形而上学》中和较早的《实践理性批判》① 中所论的“德性”。德性被描述为遵循道德规则时可靠和稳定的品格。在法律领域，康德不要求改变品格，他将其视作法律体系的影响效果。我们希望看到这种法律体系在历史进程中实现。

（3）法律不要求行动者自行对内容的正确性进行内在检查。康德不允许个体行动者自主地进行集体意志的测试。康德是一位政治忠诚者。他明确反对公民有权批判他们所应遵循的法律，并反对他们可以在某些情况出现时以看似恰当的方式否认这些法律。在严格的意义上，现行的成文法不可能总是符合道德律的，康德也承认这一点。一方面，法律规则的涵盖面要多于与道德相关的东西（例如，它们也涵盖了不涉及道德的东西）。另一方面，它们可能在道德上是可疑的。即便如此，只要它们与“道德的核心”没有冲突，就必须遵守它们。

（4）法律属于外在自由（的领域）。康德区分了先验自由和政治自由，前者构成了自律概念的基础，后者与个人意志（will）的不受约束有关。国家只与后一种自由有关。先验意义上的自由并不因缺乏政治自由而受干扰，因为它根本不受任何经验因素的影响。相反，法律和政治自由仅仅代表依据个人偏好（inclination）的权利和能力。它与先验自由完全相反。先验自由意味着完全不受个人偏好的影响。这再次表明，政治规范性与道德规范性存在着根本的差异。对行动者而言，独裁统治所能限制的道德自由并不能比共和制所增加的多。

（5）法律允许外在的强制——严格来说，这种强制必须被视为他律。对于康德来说，法律概念意味着强制（的）合法性：通过强制维护法律和政治权利也是允许的。相反，道德立场源于合乎理性的内在自我约束：自律。因此，当康德说“一切义务都包含着一个由法则而来的强制的概念；伦理义务包含着这样一种强制，对于它来说只可能有一种内在的立法，与此相反，法权义务则包含着这样一种强制，对于它来说也可能有一种外在的立法；因此，两者都有一种强制，无论是自我强制还是通过他人来强制”② 时，他掩盖了这两种实践强制形式之间的深刻张力。虽然法律可以产生外在的强制力（即使我们内在也受到法律

① 参见 KpV，AA 05：153. 13 – 154. 16。

② TL，AA 06：394. 24 – 28.（〔德〕康德：《道德形而上学》，张荣、李秋零译，载李秋零主编《康德著作全集》第 6 卷，中国人民大学出版社，2007，第 407 页。英文参见 Gregor ed.，*Practical Philosophy*，*The Cambridge Edition of the Works of Immanuel Kant*，Cambridge，1996，pp. 507 – 588。——译者注）

义务的约束)，但人们不会或不能被迫做出道德行为。因此，即使法律和道德约束的内容在特定情况下有所重合，但两种类型的强制仍然是完全不同的。[①]

(6) 法律意味着地点和时间的限定，缺乏普遍的适用性。康德认为法律和政治的规范性适用于特定的共同体。它总是针对特定时间、特定领域的特定社群，即便它包含了长远的、世界公民的视角，然而，它的施行范围仍很狭窄。此外，康德甚至认为现有的法律制度是神圣不可侵犯的、不可违背的。因此，现有的法律体系实现不了走出自然状态（exeundum）的要求。与此一致，康德并不奢求普适国家；相反，他认为普适国家的规范性不足并拒绝它。此外，我们还应该注意到，康德只是在非常有限的意义上承认世界公民的法律。

康德详细阐述了要点（1）和（2），（3）到（6）却仅有寥寥数语。无论怎样，单个要点或其整体都使我们得出结论：道德规范性远非政治规范性。

以下我将尝试进一步反驳把道德与政治规范性加以等同的看法。

(a) 法律优先于道德。康德认为，每个公民都应该像服从神圣诫命那般服从政府的命令（按《罗马书》13：1 所说）。在这个意义上，他捍卫严格的政治忠诚。康德明确地限制甚至排斥个人有权独立评价现有规范，也反对将现有规范纳入道德观。明确来说：定言命令（CI）的程序通过普遍化公式告诉我们什么是道德所要求和禁止的。就政治而言，立法者和统治者的政治命令如同上帝的喉舌一般告诉我们应该做什么。需考虑的是：在实定法律（positive law）规定的情形下，道德的内在视角必须退居其次。但《奠基》中所论述的定言命令（CI）意味着我们必须优先考虑遵守道德命令，而不是追求其他利益和目标。这应该有力地推导出道德优先于政治规范。但事实却是如此：对于康德而言，法律要求的行为似乎优先于正确的内心态度。这证明他不可能将道德和政治规范等同起来。

(b) 集体意志与道德之间存在矛盾。康德认为集体意志的程序（procedure）完全不同于道德规范合法性的程序。集体意志的程序只不过是对准则（maxim）测试的模仿，仅能由主权和立法机构来执行，被测试的是部分人民的外在认同。借助法律以类似规则的方式使得外在自由得到共容只不过是简单

---

① 此反驳意见由康德自己所肯认。在《纯粹理性限度内的宗教》中，康德让道德共同体免于外在强制。尤其是在段落 RGV，AA 06：94.26－95.06 中，康德指出在法权和政治的领域走出自然状态需运用强制手段，在道德领域走出自然状态只需自由服从。

的要求。认同性标准在多大程度上起着作用（同意者不能主张受到损害）仍是不清楚的。在哪些情况下集体意志测试会失败、法案不具有合法性，更无从知晓。只有作为立法者的统治者会告诉我们什么是正义。在任何情况下，集体意志测试都仅在表面上与定言命令有关。

（c）道德要求满足不了（走出）自然状态的要求。根据我们所掌握的（文本），康德认为个体不可能达到霍布斯所提出的走出自然状态（exeudum est e statu naturali）这一规范。无人能够离开自然状态，因为人们如何做出符合规范的事情仍是不清楚的。但是，康德认为篡位者可以以非间接的方式实现走出自然状态的要求，许可法（lex permissive）能使暴力行径合法化。相反，康德认为道德必须包含个体能够遵守的规范。

（d）“行动者相关”的限制力。康德的伦理学具有这样的观点：道德律要求道德行动者行动时无须追问直接后果或后续影响。因此，无论诚实义务会带来怎样的结果，康德都公开地禁止虚假的承诺。在康德看来，行动仅仅关乎做或不做某事，与是否有积极的效果并不相关。然而，他的政治哲学观却允许（并要求）维持法律状态，哪怕是运用了策略性手段。对法律的遵守及法治国家的状态都是值得向往和追求的。

这份长长的证据清单清楚地表明，康德所论的源自实践理性的法律和政治规范性完全异于道德规范性。每一个希望理解康德政治哲学的人都必须找到对这种差异的可行解释。

然而，哪种解释可以恰当地说明他的法律观、被限制且改变了的规范性呢？与此同时，哪种解释可以如实说明康德声称法律和道德都是以实践理性为基础的原因？法律—道德式（rechts-moralisch）的解读，即依赖式理论肯定要被排除在外。据我所知，目前有四种可供选择的解释，我将在下面讨论它们，除了这四种之外，也可以是这些不同解读的组合。这四个选项如下。

（i）衰老解释。根据这种解释，18 世纪 90 年代，康德政治哲学所显示的弱点和缺陷可能是作者因年老而缺乏注意力和敏锐性所致。① 我们列出的差异

① 叔本华写道：“康德的《法权论》是极其糟糕的著作：它属于康德晚期的著作。在我看来，此因康德年迈所致……他的《法权论》满篇都是交织在一起的错误。”译自 Arthur Schopenhauer，*Metaphysik der Sitten*，*Philosophische Vorlesungen*，München，1988，S. 171。亦可参看 Arthur Schopenhauer，*The World as Will and Representation*，Cambridge，2010，Book IV，p. 62。

(1) 至 (6) 项和困难 (a) 至 (d) 项源于康德晚年无法对不同的理论要素加以协调，且难以形成一贯的整体论证。也就是说，年迈的康德对政治现实做出了实质性让步。但是，如果他忠于自己的整个体系的话，就不会做出让步。

(ii) 修订解释。这种解释假设康德晚年放弃了他在18世纪80年代的道德哲学或至少对其进行了实质性的修正。[①] 在法律和政治领域，他严格而谨慎的道德立场被证明要求过高，并不适用于现实世界。因此，18世纪90年代的政治哲学代表了一种新的出发点，因实践之故规范性的核心被削弱了。

(iii) 分离解释。艾宾浩斯[②]认为康德对实践理性的辩护导致了两种不同类型的规范性，且每一种都有自身的有效性。艾宾浩斯特别指出先验自由和政治自由这两个概念的差异，并否认《法权论》与康德的先验观念论[③]之间的关联。他认为康德将形式的、先验的自由观弱化到现实政治可以实现的程度。艾宾浩斯将《法权论》建立在个人意愿行为（voluntary action）不受限制这一基础条件之上。

(iv) 非理想型解释。康德捍卫了非理想状态的实践规范性理论。因此，康德政治哲学与道德哲学二者规范性的来源相同（即实践理性），但前者是较弱的版本。下面我依次对这些解释进行评论。

关于 (i)：叔本华率先提出“衰老解释”，他对康德的《法权论》进行了极为苛刻的批评。以个人生活处境为由来对经典作家加以辩护是可能的，毕竟《德性论》及其他相关文本的复杂结构支持了这种解释。[④] 《法权论》的论证思路要么不清晰，要么显得累赘。另外，从系统的角度来看，这种解读令人不

---

① 相关论证参见 Marcus Willaschek, “Right and Coercion, Can Kant's Conception of Right be Derived from his Moral Theory?” *International Journal of Philosophical Studies* 17, 2009, pp. 49–70, at 52。“此外，尽管康德在1790年的确尝试从定言命令推导出强制的权威，但是在5年后的《道德形而上学》之中却找不到此类尝试。这表明康德曾经假设法哲学实际上只是道德哲学的运用，而且《道德形而上学》的正式架构仍然持这种观点。然而，深入权利观念的细节讨论时，他不得不放弃之前的观点，并建构独立于普遍道德理论和定言命令的法哲学。”

② 参见 Julius Ebbinghaus, *Gesammelte Aufsätze*, *Vorträge und Reden*, Darmstadt, 1968。

③ Julius Ebbinghaus, op. cit., 22：“为人类意志（will）提出可能义务的自律法则依赖于《纯粹理性批判》对现象和本体的区分，但康德权利学说对人类自由意愿（volition）的否定性的限制概念独立于一般性的批判哲学及其先验观念论。”

④ 具体的论述可以参见 Bernd Ludwig, *Immanuel Kant*, *Metaphysische Anfangsgründe der Rechtslehre*, Hamburg, 1986; Bernd Ludwig, *Kants Rechtslehre*, Hamburg, 1988。

满且不具有一贯性。实际上衰老解释完全不必预设康德改变了他的立场：康德因年迈削减了体系的严格性，这便解释了康德的政治哲学的不足及其与道德哲学间的不相容。

另一方面，就哲学史研究而言，因特定解读而从作者的个人性格和传记经历中寻求根据总是不合适的。通过这种方式，研究者可能把无关因素纳入思考范围，并导致它们与所讨论的问题间的关系含混不清。因此，我们应尽可能避免这样的解释思路。况且目前已经有足够的理由来反对衰老解释。通过阅读一些未发表的段落［尤其是康德学生所记课程讲义，康德全集学院版第 19 卷中的反思（Reflection），第 33 卷的初步研究（Preliminary Studies）］，我们可以看到康德政治哲学的轮廓非常清晰，这说明康德并非因为衰老而失去了思辨力。退一步来讲，也许康德确实是因年纪增长而论证能力减弱，所写的文本结构不甚清晰，《法权论》尤为明显，然而作为一种根本性解读，这不再具备说服力。

关于（ii）：修订解释声称康德 18 世纪 80 年代的道德哲学与 18 世纪 90 年代的道德和政治立场具有实质性的差别。为了评估这一主张，人们必须澄清两个问题：①《道德形而上学》是否对《奠基》和《实践理性批判》的道德哲学进行了重大修正；②如果情况确实如此，那么这些修正是什么。一些作者，尤其是那些对《道德形而上学》是否可被视为“批判的超验哲学”① 这一问题感兴趣的作者，收集了证据。修订解释不容易反驳。有人指出，康德在《道德形而上学》里对形式主义的关注较少，对道德原则的质料层面更感兴趣。《道德形而上学》的整个论证朝着形而上学式完满式的（metaphysical-perfectionistic）方向发展。

然而，这是不是对康德基本观点进行重大修正的明确证据？除非作者本人对此有明确的评论，否则对于作者观点发生根本变化的任何假设都是可疑的。如果康德在与主要作品出版时间相近的序言里对此毫无提及，我们真的可以宣称他的思想发生了根本改变吗？这明显是不可能的。为了支持修订解释，人们也需要指出年老这一原因，即结合（i）和（ii）。在这种情况下，人们会说他

---

① 较早的研究参看 Eduard Gerresheim ed.，*Immanuel Kant 1724/1974*，*Kant als politischer Denker*. Bonn 1974。艾伦·伍德与马库斯·威拉谢克倾向于认为《道德形而上学》与《奠基》《实践理性批判》及 18 世纪 90 年代早期的著作发生了断裂。参看 Allen W. Wood，“The Final Form of Kant's Prac-tical Philosophy,” *Kant's Metaphysics of Morals. Interprative Essays*，M. Timmons ed.，Oxford，2002，pp. 1 – 21；Willaschek，Marcus，op. cit。

并不想从根本上改变立场，但这实际发生了。修订解释并无太大吸引力，原因有二。首先，我们可以在早期的文本里发现康德对法权理论的诸多反思。[①] 同样，康德历史哲学的观点至少可以追溯到1784年。在《普遍历史观念》里，他最早将共和理想作为历史的目标，这比《奠基》中的道德哲学更早。所以，我们不能认为《普遍历史观念》取代了《奠基》中的观点。其次，更为重要的是，规范性从未消失：它被划分为道德规范性及法律和政治形式的规范性。因此，比修正解释更合理的假设是，《道德形而上学》处理的是异于早期著作涉及的议题。

关于（iii）：如果康德的政治哲学与他的批判伦理学无关，或只是为审慎的动机腾出空间，那么人们也许可以认为他的法律和政治思想所依赖的规范性基础不同于道德哲学，既不需要求助于传记解释，也不需要假设康德的基本立场发生了根本性的转变。我们在《论永久和平》[②] 里找到了支撑这种解释的关键段落。康德说，魔鬼也可以完成建立国家的任务［康德将其视为开明式谨慎（enlightened prudence）的问题］，并且这个问题也可以通过道德上可疑的人来解决。

然而，这段文本在康德全部著作里显得过于孤立，其意涵过于含混因而无力支持这种解释。支持以功能性的（functional）和策略性的（strategic）方式解读康德政治规范性的材料显得捉襟见肘。尽管康德在提及霍布斯时偶尔指向了这种方式——但他没有经常这么做[③]。正如我在其他著作里所论证的[④]，分离解释缺乏文本依据。

关于（iv）：非理想型规范性理论的独特之处在于它能将道德、法律或政治规范与相应的外部条件相适应，哪怕达不到人们所描述的最佳状态。例如，约翰·罗尔斯认为非理想型正义理论涉及一些不利条件，诸如（不顺从的）

---

① Christian Ritter, *Der Rechtsgedanke Kants nach den frühen Quellen*, Frankfurt a. M., 1971. 该书甚至强调了重要法哲学在前批判时期的出场。此外，康德在以下的文本之中就已经形成了《法权论》里的重要的思想：*Moral Mrongovius II*, *Metaphysik Vigilantius* and *Naturrecht Feyerabend*。大致于1784年完成。

② Zef, AA 08：366.15－29.（〔德〕康德：《论永久和平》，张荣、李秋零等译，载李秋零主编《康德著作全集》第8卷，中国人民大学出版社，2007，第372页。——译者注）

③ 康德著作里的霍布斯元素主要表现为统治君主的权威原则以及包含在原则（同意者不能主张受到损害）内的意志主义。

④ 参看 Christoph Horn, op. cit., 44。

公民、饥荒、供应短缺和内战等。因此，面对非最优适用环境，非理想型理论在一定程度上可以对完全的规范性加以调整或者弱化。一方面确保在实践中可用，另一方面不过多放弃规范性的基本主张。

如果我们处理的政治和法律规范性不在道德哲学领域，那么政治和法律具有其他可适用范围的规范性。政治因实践对道德加以修正是具有内在意义的，古今绝大多数的政治哲学家都会同意：政治规范性并不意味着将适用于个人行为的道德规范转移到制度层面。我们看到过柏拉图和马基雅维利笔下“高尚”的政治谎言，克劳塞维茨（Clausewitz）关于战争的策略政治的观点，抑或韦伯对信念伦理与责任伦理的区分[①]等例子。从中我们可知道非理想型规范性理论的优点，它允许在完成规范性要求和放弃规范性要求之间保持中间模式或阶段。非理想型理论的倡导者可以——如果此规范性模型得到构建——逃出最大要求或零要求的两难困境。

然而，是否可以将康德这位被确信是最卓越的纯粹道德哲学家，拉入这支需要非理想型政治规范性的思想家队伍中？这与《论永久和平》里的观点似乎不相符。在那里，康德用“道德的政治家”反对以利益为导向的“政治的道德家”[②]，康德认为道德政治家本质上是道德人物。难道他会将严格的道德要求抛诸脑后，从而达到非理想的可实现规范性吗？是否有文本表明，康德确实将政治哲学理解为一种非理想的可实现规范性形式？我们在《许可法》的文本里找到了支持非理想型规范性的想法：特定的条件允许有人使用道德上不完美的手段，并可通过许可法（lex permissive）得到辩护。仔细审视这一点，人们会发现更多的类似段落——特别是在康德历史哲学的文本中。

尤其在《普遍历史观念》这本涉及人类学的著作中，我们可以找到高度相关的段落。康德在那里解释了人类为什么不能直接受制于道德要求［全然意义（full sense）上的道德］。相反，人类需要主人来限制他们“自私的动物性冲动”。[③] 但是，康德认为主人和他的臣民一样存在缺点：

---

① 参看韦伯对信念伦理（Gesinnungsethik）和责任伦理（Verantwortungsethik）的区分。

② ZeF，AA 08：372.13－373.07.（〔德〕康德：《论永久和平》，张荣、李秋零等译，载李秋零主编《康德著作全集》第 8 卷，中国人民大学出版社，2007，第 378 页。——译者注）

③ IaG，AA 08：23.09.（〔德〕康德：《关于一种世界公民观点的普遍历史的理念》，张荣、李秋零等译，载李秋零主编《康德著作全集》第 8 卷，中国人民大学出版社，2007，第 30 页。——译者注）

> 但是，他从哪里去得到这样一个主人呢？只能出自人类，但是，这个主人同样是需要主人的动物。因此，无论他怎样开始去做这件事，都无法看出，他怎样能够使自己得到一个自身公正的公共正义元首：无论他是求诸一个个别的人，还是求诸许多为此精选出的人组成的一个团体。因为这个团体的每一个人，如果他在自己之上没有一个人来按照法律对他行使强制力，就将总是滥用自己的自由。但是，最高元首应当自身是公正的，而且毕竟是一个人。所以，这个任务是所有任务中最困难的任务；甚至它的完全解决是不可能的；从造就出人的如此弯曲的木头中，不可能加工出任何完全直的东西。惟有接近这个理念，才是自然责成我们的。①

尤其是最后一句（“惟有接近这个理念，才是自然责成我们的”），在长期效应的意义上为非理想型提供了一句独特的箴言。不仅这一句话，而且整个段落只有在这个背景下才能被理解。它解释了为什么人类不能被置于完全的道德规范性之下，他们需要国家秩序（“主人”）来限制利己主义，国家元首（或统治委员会）本身也受制于自私问题，这便陷入了一个不可解决的悖论中，但国家元首至少维持了稳定的公共正义秩序。最后，我们能够取得最好的成就是外在的法律秩序，以及无限接近理想状态的内在道德要求，虽然这种理想状态永远无法完全实现（值得注意的是，从“弯曲的木头”的人类学［比喻］中，我们可以看到康德对此不仅持怀疑态度，而且是彻头彻尾的悲观主义）。

在《论永久和平》中，康德在提到魔鬼之前就用类似观点阐释过自私偏好。他讨论了共和宪法的可能性，并强调它不必是“天使状态”。相反，他认为在一个良好的国家组织里，公民的自私倾向恰恰是相互对立的，以至其潜在破坏性彼此抵消了：

> 现在，共和制的宪政是唯一完全适合人的法权的宪政，但也最难创立，遑论维持了，以至于许多人断言，这必须是一个天使之国，因为人以其自私的偏好不可能拥有形式如此高雅的宪政。但如今，自然却来协助受

① IaG, AA 08：23.12－25.（〔德〕康德：《关于一种世界公民观点的普遍历史的理念》，张荣、李秋零等译，载李秋零主编《康德著作全集》第8卷，中国人民大学出版社，2007，第30页。——译者注）

> 尊敬但对实践来说却软弱无力、基于理性的普遍意志，确切地说恰恰是凭借那些自私的偏好。因此问题仅仅在于一个良好的国家组织（它当然是人力所能及的），来使那些偏好的力量彼此针锋相对，使一种偏好抑制或者抵消另一种偏好的毁灭性作用，以至于对理性来说，且结果好像两种偏好根本不存在，而这样人也就被迫成为一个好人，即便不是一个道德上的好人。①

自然（Nature）毕竟协助且实现了“受尊敬但对实践来说却软弱无力、基于理性的普遍意志”，它借助了良好的国家组织。换句话说，自然即符合理性的现象背后那双无形之手的控制力，利用了非理想型规范性使得公民在做好公民时也近似于在做道德上的好人。因为我们无法达到理想型规范性的要求，所以正是自然迫使（我们）接受了非理想型规范性体系。

康德在其他的段落也非常明确地谈及非理想型规范性，例如在《学科之争》中，他再次否认了历史进步与内在道德改善的联系。并非意念道德性的直接增长，而是以间接方式促成的合乎义务的外在行动的增多带来所期待的进步：

> 这种收益并不是意念的道德性的一种日益增长的量，而是意念在合乎义务的行动中的合法性之产物的增多，不管这种增多是由什么样的动机引起的；也就是说，人类向着更善的努力的收益（结果）只能被置于人们越来越多并且越来越好的善良行为之中，因而被置于人类的道德性状的现象之中。②

因此，能促使人性道德朝着正确方向进步的不是内在道德性，而是外在合法性，即遵守法律的行为。“不管这种增多是由什么样的动机引起的”这一短语尤其值得注意，康德用这些词表明他不期望人性在可预见的未来发生内在转

---

① ZeF, AA 08: 366.01–15.（〔德〕康德：《论永久和平》，张荣、李秋零等译，载李秋零主编《康德著作全集》第 8 卷，中国人民大学出版社，2007，第 371 页。——译者注）

② SF, AA 07: 91.22–28.（〔德〕康德：《学科之争》，张荣、李秋零等译，载李秋零主编《康德著作全集》第 7 卷，中国人民大学出版社，2008，第 88 页。——译者注）

变，但希望行为可以符合道德，也就是说，道德能够间接地以非理想的形式提升。此外，他强调内在性情的改变是无法实现的。在《学科之争》中，他描述了可预期的过程：

> 逐渐地，来自强者方面的暴行将越来越少，而对法律的遵从将越来越多。部分是出自荣誉心，部分是出自得到正确理解的私人利益，在共同体中或许将更多地出现慈善，更少地出现诉讼中的争吵，更多地出现信守诺言上的可靠性等等，而且这最终也将扩展到各国人民相互之间的外部关系上，直到世界公民社会，而人类中的道德基础在这时却不必有丝毫的扩大：要做到这一点，还会需要一种新的创造（超自然的影响）。——因为人们在向着更善的进步方面，我们也必须不对人们期待过多，以免遭到政治家有理由的嘲弄，政治家喜欢把这种进步希望视为一个偏激的头脑的梦幻。①

就像之前我们所看到的那样，他在这段话中清晰地指出在法律和政治领域人类的行为可以改善，但内在的道德却难以改变。在历史进程中提升内在道德动机的这一想法预设了“超自然的影响”，这有可能被视作“偏激的头脑的梦幻”。对“政治家的嘲弄”的预警似乎暗示了康德为提升内在道德动机的想法留下了空间，但目前在这一点上深究是不合适的。②即便如此，康德清楚地表明真正值得期待的是外在道德的进步。因此，康德在这里显然支持政治和法律的规范性而放弃了全然的道德规范性。进一步来说，要求掌握政治权力的人放弃暴力，要求人人都践行仁慈，但只有当人类按照法律体系所强制的那样遵循法律外在的规范性时，这个要求才能得以实现。通过这样的方式，人们的“荣誉心”及“对私人利益的理解”被激活为内在的动力。因此，康德期望历史“通过法律取得进步”。与此同时，以共同体中的慈善和世界公民社会为例，我们可以看到这一历史进程比法律的直接效果走得更远。法律秩序虽不会改变人的内在道德，但具有整体的道德教化效果。

---

① SF, AA 07: 91.34 –92.10.（〔德〕康德：《学科之争》，张荣、李秋零等译，载李秋零主编《康德著作全集》第7卷，中国人民大学出版社，2008，第89页。——译者注）

② 在《学科之争》（VASF, AA 23: 421.01 –464.17）的预备笔记之中，我们发现康德对内在道德动机提升的讨论更为清晰。

康德认为，符合历史期望的规范性只能以符合特定情况的、非理想型的、简化的、可践行的形式出现。从《（不成熟）试作与增补》中的相关段落便可清晰地看到，只有当人们试图履行义务、“冲动地”遵循规范时，道德和政治现实的原则才是互相冲突的：

> 这两个原则存在冲突的原因似乎在于人们误将内心的道德观念当作在实践中需立即（带有冲动性质）履行的义务。例如若以革命的方式改变一个有缺陷的非法国家，在暴力过程中它将有可能陷入彻底的无政府状态。任何法律，哪怕——作为任意力量的结果——是最为基本的，都比无法律的状态好。任一臣民都有责任维护（法律状态），直到统治者依靠事物的自然（nature of things）及臣民的想法改善其自身。统治者同样有责任抵御外力以保护国家直到外在的危险减退，即便可能导致非法专制。①

在这段文本里，即使是面对“有缺陷的非法国家”，革命仍被禁止，康德允许统治者维持秩序，哪怕是“非法专制”。这并非犬儒主义，而是源于以下信念：即使是一种“由专断力量所致”的法律也比没有法律好，因为维持法律秩序比让国家处于“无政府状态”更可取。正如我们看到的，康德法律概念的内容确实非常灵活，这种灵活性使他仍然将不那么理想的规范性视为一种约束。康德继续说：

> 但有人为了指出实践和理论的冲突，认为统治者和被统治者绝对不会放弃对法律的自私的偏好，尽管他们有义务和能力这么做。也就是说，如果人们坦然面对人之本性（人在犯错误时如蜡那般软弱，在警告面前却显得强硬，vitium flecti monitoribus asper），无人希望自己受到法律的限制；政府通过压制不当之事，使得不义相对地变得正义：人嘴上说的远远超过了他（实际行动）所能证明的。例如有人会说除了战争，强大的选帝侯们永远不会用任何其他的方式解决权利争议。不义暂时性地是未成熟状态（待开化），它没有被绝对地证明是实现最终目标的必备手段，它只不过

① VAZeF, AA 23：183.20－184.07.

是实践者用机械式的政治和法律智慧思考和美化它的借口。①

康德在此反驳了他的假想敌。用贺拉斯的话来说，“人在犯错误时如蜡那般软弱，在警告面前却显得强硬”。人类被视作不义的，因为他们“不想被法律束缚”。此外，对手认为“政府通过反对不当之事，使得不义相对地变得正义”，但康德认为不义的本性只是“暂时地”（provisionally），而非“绝对地”（peremptorily）存在。此外，法律秩序可以逐步扭转（这种不义）。在这个意义上，非理想型规范性是必需的。

康德认为道德进步需要法律。这种观点被理解为非理想型规范性的强形式（strong form）。康德引入的作为实践理性的表达方式的法律概念具有明确的功能性和审慎性内容：立法的统治者借助法律以功能性的和策略性的方式来治理国家（在极端情况下没有任何内在的规范性直觉）。这种“看不见的手”的现象促成了一种准道德规范性。因此，康德基于法律的非理想型规范性概念的独特之处在于其个性化和语境化，而不必借助抽象的哲学术语（稍后我们会解释为何这是一个优势）。与非理想型规范性观念相关的是立法统治者，正是他实现了功能主义到规范性的转化、实现了道德的逐渐进步。在引用的段落中，我们可以看到潜在的法律进步与主权者的个人道德的完善有关。康德并不想说任何法律秩序都比没有法律更好，因为对世界上的政治形式加以比较和评估的结果可能是这样的：由于缺乏受法律保护的权利，无政府状态并不比任何一个国家更糟糕。可是康德没有这样的判断。相反，他认为法律秩序更为可取，因为通过法律进一步道德化是一个可预期的、稳定的历史过程。在《论永久和平》中，康德这样描述“道德的政治家”：

道德的政治家使之成为原理的是：一旦在国家宪政或者在国际关系中出现人们无法防止的缺陷，尤其是对于国家元首来说，就有义务去考虑怎样才能尽可能快地改善它们，使之合乎在理性的理念中作为典范呈现在我们眼前的自然法权，即使这要牺牲他们的私利。②

---

① VAZeF, AA 23: 184.07 – 21.

② ZeF, AA 08: 372.13 – 19. （〔德〕康德：《论永久和平》，张荣、李秋零等译，载李秋零主编《康德著作全集》第 8 卷，中国人民大学出版社，2007，第 378 页。——译者注）

因此，在理想的情况下主权者对道德极为重视，他会通过研究自然法和理性观念来弥补现有法律秩序的规范性缺陷。然而与此同时，康德承认政治是一种“应用型法权论”①。举例来说，实践理性的要求不必立即或完全实施。必要的改革也可延后。在《论永久和平》的同一段，我们读到专制国家不需要立即改变其宪法，如果这样做便会产生“被其他国家吞并”② 的危险。关于改革和革命的合法性问题，我们在同一篇文章的后半部分也可以读到：

> 让一种带有不义的公共法权状态依然维持下去，直到一切要么自然成熟的可以进行完全的变革，要么通过和平的手段使其接近成熟，这是理性的许可法则，因为一种法权宪政，哪怕只在很小的程度上合乎法权，也毕竟聊胜于无，一种仓促的改革就会遭到这后一种命运（无政府状态）。——因此，在事物目前所处的状态中，治国智慧将把合乎公共法权理想的改革当作自己的义务；但是，在自然自行引起革命的时候要利用革命，不是为了粉饰一种更大的压迫，而是把它当作自然的呼召，通过彻底的改革来实现一种建立在自由原则之上的法律宪政，这是唯一经久不变的宪政。③

该段明确指出，鉴于无政府状态的危险性，不仅革命应被禁止，而且“仓促的改革”也不被允许，只有温和的改革是被允许的。康德认为，根据“许可法则”，即使公共法权事物中存在不义，除非它自身瓦解或被非暴力的手段改变，理性也仍会要求它继续存在，非完美的规则仍然优于无政府状态，尽管康德认为改革是义务，革命是“自然的呼召”。在这两种情况下，规范的归宿都是主权者或统治者，即君王。他或她必须推行有利于自由的改革，并且

---

① ZeF, AA 08: 370. 01 - 380. 37. 参看 Alessandro Pinzani, *An den Wurzeln moderner Demokratie, Bürger und Staat in der Neuzeit*, Berlin, 2009。亦可参看 Bernd Ludwig, “Politik als ausübende Rechtslehre,” *Zum Politikverständnis Immanuel Kants*, Hans J. Lietzmann and Peter Nitschke eds. , Klassische Politik, Politikverständnisse von der Antike bis ins 19, Jahrhundert, Opladen, 2001, pp. 175 - 199。

② Zef, AA 08: 373. 05 - 06.（〔德〕康德：《论永久和平》，张荣、李秋零等译，载李秋零主编《康德著作全集》第 8 卷，中国人民大学出版社，2007，第 378 页。——译者注）

③ ZeF, AA 08: 373, fn.（〔德〕康德：《论永久和平》，张荣、李秋零等译，载李秋零主编《康德著作全集》第 8 卷，中国人民大学出版社，2007，第 379 页。——译者注）

把革命视为警钟。其他人不能在政治改革过程中发挥任何作用。让我们把它称为“康德的统治者垄断改革论”。正如我们上面所看到的那样，以学者和哲学家为代表的政治公众最多可以给予统治者一些政治改革的建议或者小心地发表一些批评，然而，当涉及国家的改革时，他们就无能为力了。

然而，难道我们所引用的统治者改革垄断的文本还没有证明康德至少考虑过法律进步吗？简而言之，难道他没有考虑法律与道德间的平衡吗？尽管康德认为只有统治者能够并有权进行政治改革，难道康德没有考虑过自由在历史中的逐步实现吗？是的，他考虑过。但此段文本所涉及的只是作为个体的统治者（和臣民）道德化的历史过程。法律的进步使人们期待世界整体状态能得以改善，但只有在个体的行动者变得更加道德的前提下，法律的进步才是可能的。

在这一点上，我们仍需为这一棘手的事实辩护，即康德认为个人反对国家的权利不受保护。他既不接受公民不服从，也不接受公民在道德上有权进行革命。但在他关于《法权论的形而上学初始根据》的说明中，我们可以看到康德冷静地反对任何反抗国家权力的权利：

> 一般而言，一种国家宪政的理念，同时对任何人民来说都是按照法权概念做判断的实践理性的一条定言命令，是神圣的和不可违抗的；而且即使国家的组织由于自身的缘故就有缺点，但毕竟在国家中没有任何下级权力能够以实际的反抗来反对国家的最高元首，而是国家尚未克服的缺陷必须通过国家自身进行的改革来逐渐消除，因为若不然，如果臣民有相反的准则（按照专擅的任意行事），那么，一种好的宪政本身就只能通过盲目的偶然事件来完成。——“你们要服从对你们拥有权力的当局”这一命令并不深究当局是怎样获得这种权力的（以便在必要时削弱这种权力）；因为已经存在、你们就生活在其下的权力，已经拥有立法权，你们虽然可以对这种权力公开地做出玄思，却不可以自命为对抗的立法者。①

康德在这一段落及其他的地方以纯法律的方式讨论了公民不服从问题：通

① RL，AA 06：372.11－25.（〔德〕康德：《法权论的形而上学初始根据》，张荣、李秋零等译，载李秋零主编《康德著作全集》第6卷，中国人民大学出版社，2007，第384页。——译者注）

过指出法律秩序不能包含反抗自身的规定否定了不服从权。然而，这并非问题的实质。因为人们在没有任何论证的情况下照样可宣称抵抗是不合法的，真正的问题在于道德上的抵抗权是否存在。康德居然拒绝承认这一权利，这也是他的政治哲学惹人生厌的原因之一。然而，康德所持有的统治者垄断改革的观点现在可以被我们理解了：康德的非理想型规范性理论是个性化和情境化的。

德国古典哲学专题研究

A = A——论费希特、谢林、黑格尔的同一性逻辑体系建基*

菲利普·施瓦布 文/王　丁 译**

［内容提要］　本文的关切在于两点：一方面是指明，从以逻辑命题 A = A 为导向的“绝对同一性”这个首要原则出发进行的体系建基，刻画了费希特、谢林和黑格尔早期思想的共同出发点；另一方面则是阐明，唯心论者们恰恰是在“同一性”的对立概念——也就是“差异”概念——上分道扬镳的。从这一背景出发，德国唯心论在 1794 ~ 1801 年进行的“差异之争”的各个本质性阶段就能得到重构。就此而言，必须区分这一争论的两条“进路”：费希特与谢林之争涉及的是质料性差异，而谢林与黑格尔之争则是在结构性差异的问题上被引爆的。

［关键词］　德国唯心论　费希特　谢林　黑格尔　同一性逻辑体系

---

* 本文译自 Philipp Schwab, A = A. Zuridentitätslogischen Systemgrundlegungbei Fichte, Schelling und Hegel, in *Internationales Jahrbuch des Deutschen Idealismus / International Yearbook of German Idealism*, 12 (2017), SS. 261 – 289。由国家留学基金委（CSC）资助，为教育部人文社会科学重点研究基地项目“《谢林著作集》的翻译与研究”（15JJD720002）的阶段性成果。

** 菲利普·施瓦布（Philipp Schwab），弗莱堡大学哲学系青年教授，主要研究方向为德国古典哲学及现代哲学，同时为《谢林著作集（历史—考订版）》编委。王丁，同济大学与弗莱堡大学哲学系联合培养博士研究生，主要研究方向为德国古典哲学。

在 1812 年《逻辑学》的“逻辑的普遍划分”一节中，黑格尔写道，之所以要在客观逻辑里“常常考察康德哲学”，是因为“它深入讨论了逻辑性的重要且更具体的方面，与此相反，后来的各种哲学阐述不但不关注逻辑性，反而在某些方面经常对此表露出一种粗俗的——但并非没有遭到惩罚的——藐视”（GW 11，S. 31，注释）。这里“后来的各种哲学阐述”所指为何，并没有明说。但实际上，在康德之后的德国古典哲学早期阶段，几乎不存在黑格尔在他的进一步发挥工作中可能要倚仗的“特定的”逻辑阐述。同时，在这一阶段，下面这件事情完全可以得到证实，即这批德国古典哲学家所赞同的，都是要对逻辑性的东西进行某种程度上的“贬抑”或者至少是“回置”。所以在后康德哲学的“纲领性文本”——费希特 1794 年写的《知识学的概念》[1] 中这一点就已然得到了表达，“知识学”是“根本不可能出自逻辑学的”，而是必须颠倒过来，“整个逻辑学必须从知识学出发得到证明”（GA I/2，S. 138）。基于康德 1799 年提出的批判，“纯粹的知识学不是其他”，而是一种从一切“内容”中抽离出来的“纯粹逻辑学”（Kant，1922，S. 370），费希特则在 1801 年反驳道，对他来说“知识学”绝对谈不上是“逻辑学”，他“甚至要把纯粹的逻辑学从哲学的领域中完全驱逐出去”（GA I/7，S. 159）。

在谢林 1802 年的《布鲁诺》中也可以找到相应的文段，当布鲁诺严格区分开作为“纯然知性科学”的“逻辑学”和经由“理性”得到的认识时，他和他的谈话者琉善就做了如下的“说明”：

> 布鲁诺：那么，对于要在逻辑学中寻求哲学的人来说，哲学还有什么希望吗？
>
> 琉善：没有。（SW I/4，S. 300）

最后，与前两者相近的对逻辑学的“贬抑”甚至在早期黑格尔本人那里也是可以得到证实的。所以他在 1801 年《论费希特和谢林哲学体系的差异》（简称《差异》）的第一页就着眼于巴尔迪里（Bardili）和莱茵霍尔德，对“唬人的，或者不如说，宣告了通过哲学返回到逻辑学的那种已经出现的哲学

---

① 即《知识学或一般哲学的概念》，为费希特 1794 年耶拿大学教授就职论文。——译者注

革命”进行了一番嘲讽（GW 4，S. 5）。黑格尔反对这种“把哲学还原到逻辑学上的做法”，也反对“把哲学转化为认识公式，转化为逻辑学”，“逻辑的认识，如果它真的要进展为理性，那后果必定就是，逻辑学要在理性中取消自己”（GW 4，S. 87）。如此一来，费希特、谢林和黑格尔早期所批判的，首先就是逻辑之物形式的进而“片面的”特质了。

接下来要勾勒的论题是，情况尽管如前文所言，但在早期的后康德哲学中，居于核心地位的仍是一种逻辑性的基本处理方式，也就是从指向命题 A = A 的、作为“绝对同一性”的首要原则出发对作为体系的哲学进行奠基。这一论题可以在两重面向上展开。一方面就是，从绝对同一性这个原则出发进行体系建基的构想，刻画了“早期唯心论”中的共同关切，进而同时——着眼于彼此间的争辩来看——也刻画了争辩的“主导线索”。除了下述意图，费希特、谢林和黑格尔在其他任何点上就几乎不会再有更大的共识了，即如果一个无所不包的“理性体系”能够通过某个首要原则得到奠基，那么这个由康德开辟的关于体系可能性的问题就会得到令人满意的解答。费希特和谢林几乎异口同声地表达了这一点。在 1793 年 12 月写给史蒂芬妮的信中，费希特说：“根本上来说，康德有正确的哲学；但这只是就其结论而言，而不是据其根据而言”（GA Ⅲ/2，S. 28）。谢林在 1795 年 1 月写给黑格尔的一封信中也有平行的表达：“康德已经给出了结论，但前提仍然是欠缺的”（AA Ⅲ/1，S. 16）。看看费希特和谢林时间相近的文本就足够清楚，他们两个人寻求的，都不是复数的“根据”或者“前提”，而是一个对体系进行奠基的哲学原则，正是由于这种奠基作用，这一原则也就必定在自身中拥有纯粹且严格的同一性。甚至黑格尔也在《差异》中以近似的方式表达了这一点，关于“康德哲学”，黑格尔写道，其中“纯粹的思辨原则”必定已经“从多余的东西中得到了凸显”，“这一原则属于寻求着理由的反思，或者可以为它所用”，而费希特的贡献恰恰在于，借由“主体和客体的同一性，在‘自我等于自我’这个形式中”已然把握到了“被勇敢道出的真正思辨原则”（GW 4，SS. 5 - 6）。

如此一来，如果对作为绝对同一性的体系首要奠基性原则的构想，刻画了费希特、谢林和黑格尔的共同点，那么它在另一方面，也标明了他们之间的分歧所在。就这一方面来说，体系上的争论焦点就在既有的同一性（Identität）概念和差异性（Differenz）概念上。也就是说，如果首要的对体系进行奠基的原则是在绝对的纯粹同一性中被把握的，那么这就同时产生了一个问题，即某个有别于这个同一性自身的他者，也就是差异究竟该如何得到设想？如果差异是在绝对同一性中被设定的，那原则的内在同一性就面临着被取消的危险；如果差异根本上就处在进行着原则构造作用的同一性之彼岸，那对原则最终且唯一的奠基性要求就面临着危险。如此一来，对绝对同一性这个首要原则的构想就直接地陷入了一种困境：若无原则的纯粹同一性，由它奠基的体系之一体性（Einheit）就是不可能的，但恰恰这个纯粹的同一性使得下面这件事情至少表现为成问题的，原则究竟如何能为某种有别于自身的东西，进而为体系奠基。

德国古典哲学中的种种讨论本质上就是由这个“原则理论的两难处境”规定的，进而费希特、谢林和黑格尔也就在由此而产生的关于差异的问题上逐渐分道扬镳了。就这一点而言，着眼于争辩的具体进行，可以区分争辩中的两条“进路”。费希特和谢林之间的首次争执是在关于质料性差异的问题上爆发的，这个问题就是，处在属于同一性原则之差异中的东西的样态和规定，如何得到理解。既然“早期唯心论”首先是通过先验哲学的方式在基础命题“自我＝自我”或者“我在”把握体系的奠基性原则的，那么关于质料性差异的问题首先指向的就是，不具有“自我”这一形式的东西。费希特把这个东西，也就是“非我”，理解为某种从属于自我这一原则之下并全然依赖于它的东西；相反，谢林则在自己的思想展开过程中，把与自我相异的东西规定为在自身中进行着生产的、完全独立于自我的自然。在此过程中，谢林始终强调的两门“基础科学”——自然哲学和先验哲学——的“同等源初性”在 1800 年前后导致了与费希特在哲学上的“决裂”。与此同时，这种二重性当然也引起了关于这两门科学在体系建筑上的一体性问题，而恰恰由于与费希特的争执，谢林在 1801 年的时候感觉到，有必要在某个更高的原则中来确保这两门科学的统一点，而这个更高原则的名目，现在就是“彻底的绝对同一性”。

从这一点出发，黑格尔与谢林围绕同一与差异的第二次争执也就随之拉开了帷幕。他们之间的这一分歧（一开始并不明显）涉及的是结构性差异问题，即处在与奠基性的同一性原则之联系中的差异“本身”该如何设想。尽管谢林思想的体系原则从 1801 年开始就明显地站在了一个不同于早期先验哲学的“位置”上，但他仍然跟先前一样认为，必须首先坚持纯粹同一性的构想，而差异在面对纯粹同一性时，在体系上仍然始终处于从属地位。尽管黑格尔在

《差异》中明显站在他图宾根的同学谢林这边，但就事实来看，黑格尔其实做了大量的重新解读，在他看来，在 A = A 这个形式下的同一性命题在本质上应该被理解为同时在自身中包含着同一与差异的二律背反，如此一来，A = A 就不仅作为逻辑命题被扬弃了，同时也作为绝对直接的、首要的原则被扬弃了。

凭借这一“情形”，我们的探究也就有了一条路径。首先考察的是费希特早期著作中，从处在“自我 = 自我”这个形式下的绝对同一性原则出发的体系奠基构想（Ⅰ）。接着是谢林历经了先验哲学、自然哲学和同一哲学的思想道路（Ⅱ）。最后是黑格尔对绝对同一性中的二律背反的构想（Ⅲ）。尤其需要注意的是，在这一过程中，同一性命题的位置和结构在不同的体系筹划方案中都扮演着重要角色。第一步要做的是在一定的细节深度上展开费希特那里的体系建基之发端，因为在这里，规定之后各种争论的全部动机已然得到了聚集。接下来的步骤就要限制在对同一与差异的种种不同情形仿佛“排版式的”，或者说“代数式的”刻画上。而对这三位思想家“彼此间关系”更为深入的探究只得留待各项工作进一步完善后进行。通常的阐述都以黑格尔结尾，绝对谈不上是用目的论的方式，以费希特—谢林—黑格尔这三个步骤最终在黑格尔这里登顶。稍稍展望一下就可以指明，谢林和黑格尔之间围绕结构性差异展开的争论在 1801 年其实才刚刚开始（Ⅳ）。

Ⅰ. 自我与非我——费希特

A. 首要根本命题

康德之后狭义上的德国古典哲学始于费希特从绝对自我这个首要原则出发把哲学建基为体系的构想。在 1794～1795 年的早期“知识学”作品中，自我这个原则被把握为绝对、直接的原则；除此之外，在其首行奠基的功能中，它是无法被直接肯定性地“证明”、“推导”或者“证实”的。但基于同样的理由，它仍至少可以得到间接界定和厘清。也就是说，如果这个原则应处在为体系奠基的位置上，那么它必须去满足的各种“标准”就能得到指明。接下来的阐释要尝试的是，依据七个“主导性概念”来阐明费希特的原则；此间尤其需要做的是，凸显“同一性标准”的核心含义。

（1）体系：自康德以来，对于德国古典哲学来说，“知识”唯有在体系整体的视域中才是可能的。某种对个别知识纯然经验性的堆积绝对算不上是“真正的知识”，相反，每个环节唯有通过“在整体中的位置”和“与整体的关系”才得到其事实上的规定（GA I/2，S. 114）。

（2）原则：在费希特看来，如果不是由某个首要原则奠基，这种知识体系是不可设想的。这个被费希特在根本命题的形式中把握的原则——首先根本说来是在笛卡尔传统中——是一个 *fundamentum inconcussum*［不可动摇的根基］，也就是从它出发而自行升起的体系建筑不可动摇的根基或者基石。就此而言，这个根本命题作为自身，必须能先于由它奠基的体系得到规定，它必须同时在自身中具有“确凿无疑性”。也就是如费希特所说的，它能够“不是通过与其他命题的联结才获得其确凿无疑性，而是必须在其他命题之先就必定先行拥有确凿无疑性”，如此一来，根本命题也就“把自己的确凿无疑性分给了其他命题”（GA I/2，S. 114）。

（3）同一性：如果这个首要原则应以被要求的方式为体系奠基，那么它自身必须拥有严格且纯粹的同一性；它必须在自身中就是绝对直接的。假如原则在自身中被差异化，也就是说，由许多彼此相连的要素构成，那么被奠基的体系的一体性就会陷入危机。从这一点出发也就清楚了，为何在德国古典哲学中，较之于莱布尼茨和康德，同一性的规定得到了大大提升，进而同时与一体性概念紧密联系在一起。同一性范畴现在不再关联于对对象的认识，而是关联于知识和体系本身的原则，处在绝对同一性中的原则具有为体系“担保一体性”的功能。

（4）形式和内容：既然首要原则应该“先行刻画”一切从中产生的知识规定，那么它必须在自身中拥有形式和内容。假如内容是追加性地补充到形式上或者反过来，形式是追加性地补充到材料上，那么原则就不会是首要奠基性的；但假如这两个方面相关联地在原则中得到了差异化，那么就不会有自身中具有同一性的首要者。

（5）知识：被奠基的应当是某个知识体系。在传统上，知识刻画的是进行认识者与被认识者，或者主体和客体的符合一致。如果首要原则应为一切知识奠基，那么这些要素——认识者、被认识者以及它们的符合一致——都必须在原则中被完备地包含。假如某个客体被当成原则，那么很显然，某个对此客体进行着认识的主体就必须被追加给它。反过来，假如某个主体是首要者，那么它明摆着首先就“缺少”一个自己认识的客体。在这两种情况下，都不存在一个在自身中直接的进行着首要奠基的原则。因此，所寻求的东西只能是某个同时是认识者和被认识者，处在符合一致中的主体和客体，而这个东西只存在于自我意识中。但要注意的是，这种意义上的自我意识必须是直接的，而不是反思性的；否则原则在自身中就会被差异化，进而又会跟同一性的“标准”矛盾。所以主体和客体于其中直接同一的这种自我意识高级形式，就以修正的方式紧承康德，叫作“理智直观”。

（6）无条件性：这一“自我直观”显然绝非经验的或者日常的自我意识。相反，为了能为知识体系奠基并提供条件，首要原则自身必须是无条件且绝对的；所以费希特把理智直观中的自我意识这个为体系奠基的原则刻画为“绝对自我”。

（7）自我奠基：综上，最后直接可以得出的结论就是，绝对自我这个原则，既然应当是体系的基础，自身就不可以由某个其他东西奠基。相反，它必须自己是自己的根据；按传统的规定，也就是 *causa sui*［自因］。

从这一背景出发，费希特就把知识学绝对首要且彻底无条件的根本命题表述为：“自我完全源初地设定自己的存在”（GA I/2，S. 261）。如果人们要问同一性规定的位置，那么就浮现出了一种两重性。一方面，在费希特的建构关节中，首要原则的同一性具有中心意义：它“确保”了以原则理论的方式进行体系奠基的更高要求，进而同时刻画了处在多重“价阶”（Valenz）中的体系原则自身，即作为形式与内容，主体与客体，存在与设定的同一性。诚然，就这一点来说，在多重“层次”中对同一性规定的“划分”只表现为一种追加性的反思。费希特的构想的要点恰恰在于，所有这些在作为原则的自我中的规定都是直接被给定的，进而是得到了统一的。但另一方面，在 A = A 这个形式中，同一性命题自身并不是体系原则。相反，它只表现为以某种方式“被归置”在绝对自我下的命题。在费希特 1794 ~ 1795 年对同一性命题和首要根本命题进行联结的时候，这种两重性就以此方式明确地浮现了出来：同一性的逻辑命题旨在指明根本命题，它最终反倒表现为是由后者推导出来的。所以在《知识学的概念》中，同一性命题在首次“出场”时就被“打压”了：

> A = A 无疑是一个在逻辑上正确的命题，就其所是而言，它的意义是：如果 A 被设定，那么 A 就是如此被设定的。在这里出现了两个问题：A 真被设定了吗？如果它被设定，那它是在何种程度上并且为什么被设定的呢？这个“如果”和那个“如此”究竟是如何共属一体的呢？
>
> 假如：在前一个命题中 A 意味着自我，进而有其特定的内容，那么这个命题的意思首先就是：自我是自我。或者说，如果自我被设定，那么自我就是如此被设定。但是，因为命题的主体（主词）是绝对的主体，而这一主体根本上是存在的，所以在这个唯一的情况下，这个命题内在的内容是与其形式一道被设定的：自我被设定，因为自我已然设定了自己。我在，因为我在。
>
> 同样，命题 A = A 源初地唯有从自我出发才是有效的；它是从知识学的命题“自我是自我”出发得出的；如此一来，一切它可以运用其上的内容，都必定蕴含在自我之中，并且被包含在自我之下（GA I/2，SS. 139 - 140）。

这个处理方式尽管比《全部知识学基础》的 §1 中显得复杂得多，在后者那里，阐释是从处在 A = A 这个形式中的同一性命题出发的，而后面这个命题每个人都会承认是有效的，但费希特随即表明，这个命题唯有在自我中才是有效的，但最终，这个命题指向的还是作为其“本源”、“根据”或者说“担保”的自我 = 自我的同一性。此间决定性的是在作为原则的自我中被给予的内容和形式的同一性：同一性同时作为形式性和质料性的，“源初地”只存在于自我 = 自我中；纯粹形式性的同一性命题作为逻辑命题是通过对自我的内容进行抽离而赢获的，进而唯有通过作为原则自身的自我之同一性，在运用于自我之中的全部其他对象上时，同一性命题才获得其有效性。

总而言之，就眼下这个问题而言，下面这件事情在结构上是决定性的，即根据费希特的这个发端，在首要根本命题中设定自身的自我的同一性必须被设想为绝对的、纯粹的、无关系的同一性。从先前讨论过的首要原则的体系奠基要求来看，这一点已经清楚了；并且从费希特对作为“本原行动”（Tathandlung）的自我设定活动的展开出发也很清楚，“存在”和“设定”在自我绝不可以相区分，而是直接共属一体。在《全部知识学基础》的 §5 中，作为原则的绝对自我无区分的同一性说得很清楚，而这明显回溯到了费希特探究的起点：

> 绝对的自我是彻底自身等同的：在它之中一切都是同一个自我并且属于同一个自我；在这里没有任何东西可以被区分，没有多样性，自我就是一切，也是无，因为它就其自身而言就是无，在它之中，不能区分任何设定者和被设定者（GA I/2，S. 399）。

B. 第二和第三根本命题

前文引用的文段使得直接回溯本文一开始就描述过的“主导问题”殊为必要：既然作为首要原则的绝对自我对一切哲学而言都是无条件、不可分和不可限定的，那么某种异于原则自身的他者究竟是如何可能的？也就是说，多、区分和差异究竟是如何可能的？很明显，差异绝不可能从首要原则中被直接地展开出来，否则原则的建基要求就要被取消。费希特一以贯之且影响巨大的解决方式则在于，在自我的自我设定“之后”，假定一种第二位的、在一定程度上也无条件的行动，这一行动作为第二根本命题可以被表达为“自我在全然的自我中自行设定一个非我”。尽管这一行动显然在双重意义上是以首要的根本命题为条件的——这里的自我仍然是那个实行了设定的自我，如此一来，那个与自我对立设定的东西，也就是对我的否定，正是“非我”，但就形式而言，第二个根本命题是无条件的——对立设定行为自身绝不能从自身设定行为中被推导出来，它是自我第二位的、源初的，进而“不由任何更高根据奠基的行动”（GA I/2，S. 265）。

通过这第二位的“行动”费希特的理论看起来陷入了一种无药可救的矛盾中，而他自己也从《全部知识学基础》的 §3 开始对这一矛盾进行极尽明晰的拓展。自我和非我肯定会不断地彼此相互取消：如果自我会生效，那么对它的否定，也就是非我就不能生效，反之亦然。而第三个恰恰并非全然可推导而得的根本命题则解决了这一冲突，这个命题就是所谓的“理性的强制要求”（GA I/2，S. 268），它仿佛宣告着对此冲突的“调停”：自我和非我必须彼此“相互限制”（GA I/2，S. 270）。进而两者必须彼此分有各自的有效性领域；直到在自我发挥效用的地方非我不发挥效用，反之亦然。但唯有当自我和非我自身不再无限制地且不可分有地发挥效用时，进而以在第三个根本命题中所表达的自我的行动方式来说就是，“根本上不管是自我还是非我都被设定为可分的”（GA I/2 S. 270），这一“分有”才是可能的。自我和非我间的差异因而就不再是矛盾，而是量的区分，也就是“更多还是更少”。

而这三个根本命题的整体情况，费希特最终是这样来表达的：

> 自我在自我中对立设定可分的自我和可分的非我。
>
> 任何哲学都超不出这种认识；但一切彻底的哲学必将回溯到这一点上；进而只要哲学这么做了，它就是知识学（GA I/2, S. 272）。

如果人们要从这一点出发对这三个根本命题的展开进行综观，那么很明显，以戏剧性的方式被编排的自我与非我间的冲突首先只不过是表面现象。从结果出发来看，第一个和第二个根本命题并不表现为同等级的，而第二个和第三个根本命题反倒是同等源初的：伴随着对非我的设定（第二个根本命题），自我和非我必须同时被设定为可分的（第三个根本命题），以便自我的建基者形象的一体性不被取消，而费希特是很明确地强调这一点的：

> 自我以及非我被设定为可分的；因为对可分性的设定这一行动不能延后于对立设定这一行动，也就是说，前者并不能被视为通过后者才是可能的……进一步来说，前者也不可能先行，因为它纯然只是为了使对立设定得以可能才被进行……如此一来，前者直接地在后者中且伴随着后者发生；两者是同一个彻底的行动，这一行动只是在反思中才被区分。如此一来，正如自我和非我被对立设定，那据此，相对于它被对立设定的自我，和这个被对立设定的非我，就都被设定为可分的（GA I/2, SS. 270 –271）。

费希特接下来通过对正题、反题和合题的讨论再次确证了这一关联脉络。他写道：“若无合题，任何反题都是不可能的”，“反之亦然，若无反题，任何合题也都是不可能的”（GA I/2, S. 274）。把这一点挪到根本命题上来看就是说：没有第三个根本命题，第二个就是不可能的，反之亦然。

而作为“绝对正题”的首要根本命题就与后两者间的这种相互关联区分了开来，进而在由第三个根本命题达成的联结关节中，它就显得仿佛被“解除”了。尽管这一整体使得反题与合题得以可能，进而“关联于我们的体系”，并给予它“彻底的牢靠性与完满性”（GA I/2，S. 276），但根本看不清的是，绝对同一的自我，即“不与任何其他东西等同，进而也不跟任何其他东西对立，而是纯然彻底被设定”（GA I/2，S. 276）的自我，作为自身是如何能与有限的自我和有限的非我间关系型的联结相一致的。费希特无疑“尝试”过解决这个问题，并且看到“要无损于意识之一体性地统一一切对立”（GA I/2，S. 271）；但从他进一步的讨论出发根本无法看清，在自我的“一体性”中，等同和对立究竟是如何无缝地被共属一体地规定的。

实际上，为了使第三个根本命题“避免矛盾”，费希特悄悄地引入了一个根本性的难题：一个完全不可逾越的鸿沟存在于作为原则的绝对自我和有限的自我和有限的非我这两者“量的”关系的两极之间。这一张力随即明显地使得《全部知识学基础》中的实践部分充斥着不一致的观点，也就是“阻碍”和所谓的“不断产生的应当”这两个动因间的分歧。整体来看，这个难题的根源明显在于，费希特对三个根本命题的建构并没有完全遵守他自己设立的标准，也就是哲学要一以贯之地从唯一一个首要原则出发来奠基。

着眼于主导性的问题，从对费希特的“首先讨论”的分析中可以概括性地得出如下本质性的结论。第一，在费希特的视野中，作为体系奠基性原则的绝对自我为其建构性的作用之故，必须被设想为纯粹且无差异的同一性。第二，差异首先自行表现为由自我设定的，进而借此是依赖于自我的非我。第三，自我和非我表面上“尖锐”的对立由“可分性”对“矛盾的避免”被引入了纯粹量的差异中。第四，只要绝对自我这个原则和有限的自我与有限的非我两极之间面临着彼此互相驱逐的危险，那么在对这三个根本命题构造接合中，最终就呈现出了一种显著的张力。而一开始所描述的那种“原则理论的困境”恰恰就清晰地表现在这一点上。

在费希特的这种体系构造中，一切将会规定德国古典哲学中围绕差异概念进行的争辩的全部动机，已然得到了聚集。

Ⅱ. 自我，自然和“彻底的同一性”——谢林

A. 自我和绝对者

鉴于眼下的问题，即以原则理论进行体系奠基，同一性规定和差异概念的

关联，在谢林 1794～1795 年的哲学著作中，首先表现出了一种与费希特的开端的相近。在《论哲学本身的形式可能性》（简称《形式》）（1794）和《论自我作为原则》（简称《自我》）（1795）中，多次出现了哲学作为体系唯有从一个首要原则出发才是可能的这一论题。在《形式》的第一页谢林就着眼于康德讨论了一种"缺陷"，它存在于"要为一切哲学奠定一种形式，而不是随意从哪里树立起一个原则……通过它，为一切个别形式奠基的源初形式自身就会得到奠基的尝试"之中（AA I/1，S. 265）。"知识学本身"是"一个处在一体性形式下的整体"，但这种一体性"唯有在它的一切部分从属于唯一一个条件下时，才是可能的"（AA I/1，S. 269）。也就是说，如果"哲学本身应当是一门科学，那么它必须以一个彻底绝对的根本命题为条件"（AA I/1，S. 273）。在 1794 年的谢林那里，这个首要根本命题是"自我是自我"（AA I/1，S. 280）。在《自我》中则有对应的说法："只要哲学开始成为科学，那么它也必须至少把一个最高根本命题，以及某个伴随着前者的无条件者预设为前提"（AA I/2，S. 87）。在这个文本里，谢林比 1794 年更加明确地把处在自我设定这一形式中的哲学原则描述为："我在，因为我在"（AA I/2，S. 90）。

如果人们要问谢林早期发端中对同一性的规定，那么在《形式》中对根本命题的表达就已然表明了，这一规定就是"自我是自我"，在这里，原则自身作为体系的奠基者仍然必须具有严格且纯粹的同一性。但在这里，同一性的形式命题"A = A"则诚然表现为是从首要根本原理中被推导出来的。在《自我》中，同一性规定表现出比在费希特那里和在《形式》中更为明确的中心地位，在一些单独的文段中（§7）它被把握为自我的"源初形式"（Urform）：

> 如果自我不与自身等同，如果它的源初形式并不是纯粹同一性的形式，那么我们迄今看起来已然赢获的一切，就恰恰会由于这一点而被再次取消。因为自我存在，仅仅是因为它在。也就是说，假如不存在纯粹的同一性，也就是仅仅彻底是其所是者，那么它也就不可能通过自身被设定。但自我要么根本不存在，要么只通过自身而在。如此一来，自我的源初形式就必须是纯粹的同一性（AA I/2，SS. 101－102）。

在这一关联中，谢林明确地把原则的同一性看作体系构造的条件，自行设定自身的自我的同一性，是一切被设定在自我中的他者的担保。从这一点出发，对同一性形式命题的推导同时也就清楚了：“一切在自我中被设定的东西，唯有就其在自我中被设定而言，才拥有全部同一性”，进而“甚至一切同一性形式（A = A）唯有通过绝对自我才得到奠基”（AA I/2，S. 102）。

就对差异的规定来看，《形式》在本质上跟费希特那里的三个根本命题结构是一致的。差异首先在质料上被规定为第二根本命题中的非我，1794 年的谢林将之描述为：“非我并非自我”（AA I/1，S. 281）。在这一点上非我对首要根本命题的依赖几乎比在费希特那里更加明显。既然“非我被对立设定于自我的，而自我的形式是无条件的”，那么“非我的形式就必然是有条件的，进而唯有就其以自我为条件而言，它才能成为根本命题的内容”；进而“无条件的形式由最高根本命题奠基”，“有条件的形式由第二根本命题奠基”（AA I/1，S. 282）。在第三根本命题中，谢林并没有明确地描述对“可分性”的规定，因此费希特通过量的差异对矛盾的“解决”在这里也并没有被谢林采纳。很明显，在 1794 年的谢林这里，第三根本命题中的自我和非我各自作为被限定的，被设定进了一种彼此之间的相对差异中，然而第三根本命题所刻画的乃是这样一种东西，“其中，自我唯有就同时被设定为非我而言才被设定，而非我唯有就同时被设定为自我而言才被设定”（AA I/1，S. 283）。

但《自我》则不再对三个根本命题展开一种接合结构，它虽然多次讨论到了“最高根本命题”，但也在一条注释中谈到“科学的第二根本命题，即非我相对立于彻底的自我被设定”（AA I/2，S. 113 注释），第三根本命题，在任何地方都没有被提到。但即便是这个文本，整体上也是以对自我的绝对设定、对非我的对立设定，以及对自我和非我的一种关系性的有条件的一体性的设定者的三重结构为导向的，这一点在许多讨论“合题”概念的地方都很明显。比如在 § 15 的一处注释中：

> 全部合题的进路在于，它把在绝对被设定的东西中被绝对设定的东西，在被对立设定的东西中有条件地（借由限制）设定起来。如此一来，非我在其源初的对立设定中就是绝对的，但也因此也就被设定为彻底的 0，因为无条件的非我是一个矛盾，也就是彻底的无。虽然现在合题中的非我获得了实际性，但它也因此失去了其无条件性；也就是说，这种实际性会与否

定联结在一起，成为有条件的（被限定的）实际性（AA I/2, S. 131 注释）。

也就是说，如果首先着眼于原则理论的体系建构，那么在同一性的规定和差异概念上，并看不出此时的谢林有什么较之于费希特的明显的新导向，而在谢林接下来的著作中，思想的图景就发生了明显的变位。1795 年《关于独断主义和批判主义的哲学通信》（简称《通信》）明确地表达了下面这种见解，即奠基在“绝对主体”中的“批判主义”和奠基在“绝对客体”中的“独断主义”作为对立的体系，两者根本上是“同样可能的”（AA I/3, S. 75）。这一点明显跟费希特和谢林早期的做法，即要从一个唯一的原则出发为体系建基相矛盾，费希特立刻就对谢林这个充满张力的方案进行了批判性的评论。两位思想家间的争执实际上不久之后就在结构近似的情况中被点燃了。

在探究他们之间的争辩之前，仍然需要确定的是，在《通信》中，同一性概念自身跟之前的体系方案是一致的。虽然谢林在《通信》中认识到一种“作为在人类知识中的完成者的绝对原则”（AA I/3, S. 99），但这一原则现在不再为体系运动提供基础，而是刻画了这一运动的目标。谢林在这里写道，“在绝对者自身的领域中，除了同一性这一法则，没有其他任何法则要被遵从”（AA I/3, S. 76）。但《通信》中的绝对者概念仍然还是无差异的同一性。

B. 自然哲学与谢林、费希特之争

最晚从 1799 年开始，谢林和费希特之间就出现了一道在事实上不可跨越的鸿沟。围绕同一与差异进行的争执的第一条“进路”并非直接出自同一性原则的问题，但这一争执不管在其背景还是在其后果上，从本质上来说都是与这个问题关联在一起的。

冲突的中心点在于，谢林越来越清晰地把第二门具有平等地位的科学，也就是自然哲学，跟在绝对自我中被奠基的先验哲学对立设定起来。就体系方面来看，谢林的这个做法可以被重构为一种对质料性差异的不满，也就是对在第二根本命题中非我的规定和内容的不满。也就是说，尽管在第二根本命题中，对立设定行为自身，如前所述是无条件的，但那个被对立设定的东西，也就是非我，完全是以自我为条件的。而谢林恰恰在《形式》中把“有条件性”这个形式归给了第二根本命题。主导谢林自然哲学方案的“直观洞见”大抵可以如下来描述：在我们之先有一个活动性和生产性的领域，它至少不直接拥有自我结构，这个领域正是自然。一种真正普遍的哲学必须能满足这种生产性，它必须不仅能把自然表明为被创造的自然（natura naturata），也能把它表明为在自身中进行着创造的自然（natura naturans）。从自我的自发性出发的观念科学必须由一种从自然的生产性升起的实在科学来补充，进而才能得到完成。

从1799年的《自然哲学体系纲要导论》开始，谢林就明确地描述了他对这两门“趋向相反”、地位同等的科学的见解。在这个文本里，“先验哲学的任务”在于“把实际性的东西归在理念性的东西之下”；相反，“自然哲学的任务则是，从实际性的东西出发来说明理念性的东西”（AA I/ 8，S. 30）。自然哲学恰恰在下面这一点上“与先验哲学对立设定”，即“它把自然（并不就其作为产物而言，而是就其作为生产性的同时也是产物而言）设定为自立的”（AA I/8，S. 30）。并且谢林明确说道，“把自然哲学视为先验哲学的一个部分”是一种误解，相反，自然哲学“是一门全然本己的、根本不同于任何其他科学的独立科学”（AA I/8，S. 37）。1800年的《先验唯心论体系》又一次更为明晰地强调了这一情况：自然和先验哲学是“两门永恒地相对立……永远不可能并归为一的科学”（AA I/9. 1，S. 25）。

这两门同样源初的科学间的“并列”显然标志着与那种以绝对自我来实现首要奠基要求的哲学的明显决裂。但谢林自己同时也引入了一个体系建筑上的显著困难：对某个处在其纯粹同一性中的首要原则的构想，诚然应当确保由它奠基的体系的一体性，但着眼于两门截然对立乃至不可统一的科学，这种一体性究竟还会如何可能，这着实难以看清。在与费希特的通信中，这一张力得到了表明。在1800年11月15日的信中，费希特随即明确地提到了他与谢林的分歧点：“关于您所谓的先验哲学和自然哲学的对立，我实难苟同”（AA Ⅲ/2. 1，S. 276）。对费希特来说，这一对立是建立在一种“混淆”上的；观念的和实在的运动彼此根本就不互相对立，“在自我中，观念的东西直接与实在的东西相统一，实在的东西直接与观念的东西相统一”（AA Ⅲ/2. 1，S. 276）。这一反驳明显以两种方式关联于知识学的奠基理论要求：一方面，观念性和实在性东西的同一化指向唯一一个在自身中同一原则的必要性；另一方面，对费希特来说，这个作为观念性东西（主体性东西）和实在性东西（客体性东西）直接一体性的原则，只可能是处在理智直观中的绝对自我。就这一点来说，费希特的反驳最终的结论就是，要把自然哲学列入知识学中。谢林当然不可能同意这一点，他坚持他对两者间对立的解答，不过现在他“不再把自然哲学和先验哲学理解为两门对立的科学，而是理解为同一个整体，也就是哲学体系的两个对立部分”（AA Ⅲ/2.1，S.281）。如此一来，通过与费希特的通信，谢林很显然指明了下面这点，即恰恰由于他对质料性差异“有争议的”新规定，担保两门对立科学之一体性的统合式体系筹划方案才得以被呈现出来。

这一做法在 1801 年发表的《对艾申迈耶尔先生涉及自然哲学真正概念的论文的附录——兼论对自然哲学疑难的正确解决方式》一文中变得尤为明显。在这里，谢林再次描绘了科学的两重性，但他也强调“如我在这里介绍的那样，它们绝不是在体系自身中被同样殊异化的部分”，相反，在一个无所不包的体系中，它们是“绝对连续的，只存在唯一一个不可中断的序列”（AA Ⅰ/10，S.93）。并且谢林也明确地描述了这样的要求，简言之，即“如果想树立起首要的、真正普遍的体系，那么就要把知识彼此对立的两个终点互相联结起来”（AA Ⅰ/10，S.93）。

C. “彻底的同一性”和量的差异

很显然，谢林是在 1801 年题为《对我的哲学体系的阐述》的文本中来解决这一要求的。从上面提到的背景可知，这个文本有两个关切：它应当为先验哲学和自然哲学的两重性指出根据和一体性之基点，并同时指出比费希特哲学更高的“原则”，以便防止那种要“单方面地”把自然哲学归置在一种先验哲学视角下的做法。这一与费希特间争论的联系，在这个文本的“先行提要”中就已然可以读出来了，在这里谢林写道，“在眼下的这部阐述中”，迄今为止“在哲学中对立的两极”，也就是自然和先验哲学的“无差异点”会得到指明（AA Ⅰ/10，S.110）。在这个文本的 §1，理性旋即就被规定为“主体性东西和客体性东西的彻底无差异”（AA Ⅰ/10，S.116），而由命题“A = A”表达的“同一性法则”则被视为“对理性存在而言的最高法则”（AA Ⅰ/10，S.118）。

对眼下的问题来说，谢林思想的这个新切入点在许多方面来看都是意义重大的。首先，很明显的一点就是，谢林以修正的方式回溯了早期唯心论的主导性动机，也就是从绝对同一性这个唯一的原则出发来为作为体系的哲学奠基。谢林在 1801 年不再明确地讨论从唯一一个原则本身出发的体系“可能性条件”，而是先着眼于自然哲学和先验哲学的两重性来定位自己的体系方案。这一背景恰恰厘清了下面这点，即正是被把握为同一性（从各方面来看的无差异）的理性取得了一体性之担保者的地位，而在早期哲学中，这个位置是由“最高的根本命题”或者“原则”这些名目占据的。其次，就这一点来看，谢林诚然把体系原则挪到了一个根本不同于先前先验哲学发端的“位置”上，同一性原则——至少就要求来看——完全从与“绝对自我”的纠缠不休中摆脱了出来。再次，在同样的进路上，“绝对同一性体系”中的同一性自身的规定，获得了一种巨大的升格——理性就是“绝对彻底的同一性”，它既不是主体也不是客体，既不是自我也不是非我，而是把两者直接置入的东西，用谢林的话来说，理性就是“在哲学中处在主体性东西和客体性东西之间的东西，进而显然必定是处在对两者而言都无差异的状态中的东西”（AA I/10，S. 116）。因此，值得注意的是，谢林之后不再继续追随早期唯心论中的发端，即同一性法则必须被规定为从绝对自我中被推导出来的法则。相反，在 1801 年，“命题 A = A”被视为“唯一的、就其自身而言的，进而无关乎任何时间被设定的真理”；“唯有”同一性才道出了“理性的本质”（AA I/10，SS. 118 – 119）。伴随着谢林的《对我的哲学体系的阐述》，现在其实是同一性自身成了体系的原则。

尽管谢林做了巨大的改动，但他——这一点对德国唯心论中的争论继承是决定性的——仍然把早期唯心论中体系建基所隐含的两个中心点又捡了起来。第一点就是为体系奠基的同一性，就其本质而言，在这里仍然被设想为绝对无差异的。在同一性的形式中，才存在首先被设定入无差异的主体和客体“要素”间的差异。第二点就是谢林在“解决”差异问题的时候，仍然沿用了早期唯心论的模式。即便是就统一性的形式来说，在主体和客体之间也不可能存在“除了量的差异之外的其他类型的差异”，并且首先“根本就不存在对立”（AA I/10，SS. 124 – 125）。既然“就存在自身而言，主体和客体间的区分根本不可能”，那么“绝对同一性在两者间就是同样无条件的”，始终“只存在量的差异，也就是说，它是就存在的多少而言才产生的，即尽管存在的是唯一的同一者，但量的差异仍凭借着主体性或者客体性的比重被设定了”（AA I/10，S. 125）。这个规定显然依循的是第三个根本命题的模式，因此是尤其值得注意的，因为在最早的著作中，谢林根本就没有明确描述过这种“量的”差异模式。

综上，从与三个根本命题的“对比”出发来看，谢林的发端可以这样在结构上得到重构，即他采纳了首要根本原则的同一性，但接着把第二根本原则的绝对对立设定“漏过”或者说“跳过”了，以便能无缝地引入第三根本命题量的差异。不过这当然就产生了一个问题，这种作为绝对同一性在量上的“自身差异化”的“无缝过渡”，在体系上究竟该如何得到表明，在对谢林“阐述”的笔记中，费希特其实不太明确地批评了这一点。但对接下来的内容而言尤其需要把握的是，谢林的核心处理方式就是把差异理解为量的差异，继而确保就其自身而言既非主体亦非客体的绝对者的同一性和“全一性”，这种体系方案始终都是后起的。

Ⅲ. 同一与差异的二律背反——黑格尔

黑格尔在谢林的《对我的哲学体系的阐述》发表之后不久，于 1801 年发表的首部著作《论费希特和谢林哲学体系的差异》的标题就表明，他直接介入了同时代人的争论。在这部著作里，黑格尔首先是明确站在谢林这边的。在这部著作的第一页，黑格尔就说，尽管费希特已经——就如本文一开头提到的——借由“在‘自我 = 自我’这个形式中的主体和客体的同一性”把握到了“真正的思辨原则”，但在他的体系演进过程中，这个原则只表明自己为纯然“主观的”原则，而谢林体系跟费希特体系的区别恰恰就在于，他“把‘主观的’先验哲学和‘客观的’自然哲学对立设定起来，进而在一个比主体更高的原则中，阐述两者的统一”（GW 4，SS. 6 – 7）。黑格尔的这番话明确地综括了谢林 1801 年的“方案”。

但实际上起决定性的是，黑格尔——尽管明确地承袭谢林——在《差异》中，已然拿出了一种自己独有的同一性构想。而正是这个构想引出了围绕同一与差异进行的争执的第二条“进路”，这条进路涉及的是差异的结构性规定。需要注意的是，黑格尔恰恰是在他看起来只是在重复谢林的同一性原则的地方，阐述了自己与之不同的看法。正是在“对谢林的哲学原则与费希特的比较”这部分，有下面的话：

> 如果同一性要发挥作用，那么分裂也同样得发挥作用……因此，绝对者自身就是同一与非同一的同一；在它之中，同时存在对立设定和一体存

在（GW 4，S. 64）。

很显然，这番话绝不是在直接重复谢林《对我的哲学体系的阐述》中的发端。相反，两者在对同一性规定上的不一致浮现了出来，这种不一致与谢林跟费希特围绕质料性差异进行的首次争执——差异是作为“依赖性的”非我，还是作为“生产性的”自然——终究只有一种间接的关联。而谢林与黑格尔之争围绕的则是同一与差异（或者说非同一）的结构性关系本身。尽管黑格尔明确地采纳了在其自身中既非主体性的也非客体性的“绝对同一性”这一体系原则，但不同于谢林在《对我的哲学体系的阐述》中所构想的从属性的和量的差异，黑格尔引入了一个明显更为强硬的差异概念——分裂，或者说非同一性跟同一性是同样源初的，真正的同一性从根本上来说只是作为同一性和非同一性的关系而存在，如此一来，同一性也就不再作为本质上“纯粹的”同一性存在了。

所引用部分记录的绝不是孤立的零碎想法，整个《差异》的第一部分——这一部分常常被错误地低估——都在证明黑格尔的这个想法，并在根本进路上概述了黑格尔自己的体系方案。在第二部分“哲学的要求”中，也有许多跟第一部分接近的描述，比如黑格尔写道，“理性唯一的旨趣”在于“扬弃已然被固定的对立”，但为了做到这一点，理性并非站在“对立设定和限制活动本身的对立面”，而是“进行一种必然的二重分裂……这就是生命，即永恒地以对立设定的方式来塑造自身的形象”（GW 4，S. 13）。在这个关联中，核心的文段是第一部分的第五段，其名曰“在绝对根本命题形式中的哲学原则”，在这里，黑格尔对同一性命题 A = A 做了一番十分值得注意的新阐释。尽管这个部分的标题显然是在回溯早期唯心论选择的首要奠基进路，也就是从一个具有“最高根本命题”形态的首要原则出发为体系建基，但黑格尔对这一发端进行了尖刻的批判。在“作为命题有机整体的体系”那里，可能会“产生一种要求，即有一个作为最高绝对根本命题的绝对者对体系而言是现成存在的”；但是这个“要求”已然“在自身中包含了自己的无效性”，因为一个“命题”是“通过反思被设定的”进而“单独来看就是一个被限定和有条件的东西”（GW 4，S. 23）。黑格尔随即把这一点用到了对同一与差异的规定上，确切来说，是着眼于在早期唯心论中占据核心地位的首要根本命题中形式与质料的同一性来说的：

> 如果绝对者在一个通过思想并对思想有效的根本命题中得到了表达，而它的形式和质料都是相同的，那么被设定的要么是纯然的相同性，如此形式和质料的不同性也就被排除在外了，进而根本命题也是以不同性为条件的，在这个情况下，根本命题也就不是绝对的，而是有所欠缺的，它只表达出了一个知性概念，一种抽象；要么形式和内容作为不同的同时被包含在根本命题中，进而根本命题就同时是分析的和综合的，如此一来，根本命题就是一种二律背反，因此也就不是一个命题了，作为命题，它处在不自相矛盾、不取消自己、一定要被设定下来的知性法则下，但作为二律背反，它把自己给扬弃了（GW 4，SS. 23－24）。

黑格尔对同一性命题所做的新阐释的萌芽，已然包含在这句话里了：纯粹同一性这个纯然被臆想出来的无条件命题，实际上是通过把差异排除在外，并从差异那里“抽离出来”得到其条件的。但既然这个命题同时也可以反过来表达出“不相同性”，那么它也就把自己作为命题扬弃了，进而成了一个二律背反。如此一来，对黑格尔来说，如果同一性命题不被片面地理解为对差异的排除，而是被理解为一种二律背反，那么它恰恰就是“思辨性的”。所以黑格尔明确地说，命题“A＝A”作为“同一性命题”尽管确实是“对绝对思想，或者理性的表达”，但对于“形式的、在知性命题中进行着言说的反思”而言，唯有在“知性—同一性，即纯粹一体性的意义”（GW 4，SS. 24－25）中才显现。对同一性命题的“思辨性”阐释的要点很明显在于，A＝A 这个公式就其结构而言，同时在进行着同一化和分裂；就形式来看，这个命题当然会设定某个作为与自身同一的 A。但在黑格尔思辨性的解读方式中，“A＝A”中等号所表达的“分裂性关联”指向的是同一性中的差异。所以黑格尔可以说，“设定 A＝A 或者 A＝B，作为绝对同一性的二律背反，即作为对它的表达都是等效的”，只要两种情况都“被视为两个命题的关联”，因为：

> A＝A 包含了作为主体的 A 和作为客体的 A 间的差异，而这一差异同时也伴随着同一性，正如 A＝B 包含了伴随着 A 和 B 两者间差异的同一性（GW 4，S. 26）。

很明显，这一方案回答了先前在三个根本命题的关节中被指明的张力，其中绝对自我的“正题”和有限的被限制的自我与非我之间在量上的“合题反题”面临着彼此排斥的危险，随后在这部著作第二部分中，黑格尔对费希特根本命题的明确批判也指明了这一点（GW 4，SS. 37 – 41）。已经提到的表述——根据这一表述，二律背反“同时是分析的和综合的”——首先会引起的就是二律背反，二律背反依循的则是费希特的第三根本命题，但黑格尔恰恰在以量的方式对矛盾的“避免”中看到了“合题的不完善性”（GW 4，S. 40）。实际上在黑格尔这里，体系建构的情况发生了彻底改变。从根本命题理论这方面来看，黑格尔的方案差不多还是可以用下述方式描述的，即这一方案把首要的两个命题，“绝对的设定”和“绝对的对立设定”直接地作为二律背反统握为一。如此一来，量的差异也就恰恰不再可能被设想了，能被设想的只有质的差异。

这一变化所包含的可见后果就是：尽管就一方面来说，黑格尔对同一性命题的思辨性——这对形式逻辑来说无疑是不可接受的——解释是以原则理论的体系建基的缺陷为导向的，进而唯有在这一背景中才能得到恰当的理解；作为二律背反的同一性结构对于任何一个认识的“对象”来说都没有效力，它毋宁是着眼于绝对同一性这个体系“原则”来展开的。但另一方面，黑格尔在这里已经把——尽管并没有鲜明地提出这一点——以纯粹同一性这个首要原则来进行奠基这种构想本身扬弃了。而恰恰在这一点上，黑格尔批判的靶子——尽管它表面上首先针对的是费希特的发端——就事实而言其实是谢林“绝对同一性体系”的方案。

Ⅳ. 展望

德国古典哲学围绕同一与差异的争论绝没有在黑格尔的《差异》中结束，更谈不上“完结”，毋宁说，围绕结构性差异之争的第二条“进路”才是。谢林一开始并没有认出黑格尔在《差异》中对自己体系的批判，相反，他不久就无不满意地向费希特介绍这部著作，并将之称为“极为卓越的头脑写下的书”，尽管它“无所助益”，但也“没有任何坏处”（AA Ⅲ/2. 1，S. 379）。众所周知，黑格尔与谢林之间的“决裂”——在一些“中间著作”发表之后——

其实是 1807 年围绕《精神现象学》发生的。实际上争论的中心就是对同一性的结构性规定：黑格尔对“其中所有牛都是黑的”的“黑夜”的攻讦直接针对的就是把差异排除在外的、被抽象出来的同一。在直接相反的进路上，黑格尔展开了他自己对于绝对者的构想，即把绝对者作为“纯粹直截的否定性”和“直截者的二重分裂”（GW 9，S. 18）。在这一关联中，黑格尔明确地拒斥了某个首要体系原则本身的构想。而谢林至少也被这一攻讦涉及了。谢林事实上的回应首见 1809 年的《自由论》，书中他首先尖锐地驳斥了所有把同一性跟“一样性”（Einerleiheit）联想在一起的做法（SW I/7，S. 341）；其次，主要的探究也不能再以同一性概念，而是要以某种“源初的”区分开始；最后，在这部论著的“最高点”上，借用“无根者”（Ungrund）概念来替换“同一性”概念，一种新的差异概念就被引到了争论中（SW I/7，SS. 406 – 407）。

综上，德国古典哲学绝不是以下面这种构想开始的，也就是在同一性中，有一种“不可再回溯”的中介活动“起着支配作用”。后世诸如海德格尔对“被抽象出来的同一性”的批判实则指向黑格尔的《精神现象学》，对“一样性”的批判则指向谢林的《自由论》。实际上，人们有充足的理由说，处在后康德哲学开端的乃是纯粹的同一性原则，但围绕它进行的争论的进程，则是由差异问题推动的。

参考文献

AA = Schelling，Friedrich Wilhelm Joseph. （1976ff. ）. Historisch-kritische Ausgabe. Schelling-Kommission der Bayerischen Akademie der Wissenschaften（Hrsg. ）. Stuttgart-Bad Cannstatt：Frommann-Holzboog.

GA = Fichte，Johann Gottlieb. （1962 – 2012）. Gesamtausgabe der Bayerischen Akademie der Wissenschaften. Fichte-Kommission der Bayerischen Akademie der Wissenschaften（Hrsg. ）. Stuttgart-Bad Cannstatt：Frommann-Holzboog.

GW = Hegel，Georg Wilhelm Friedrich. （1968ff. ）. Gesammelte Werke. Nordrhein-Westfälische Akademie der Wissenschaften und der Künste（Hrsg. ）. Hamburg：Meiner.

SW = Schelling，Friedrich Wilhelm Joseph. （1856 – 1861）. Sämmtliche Werke. Schelling，Karl Friedrich August（Hrsg. ）. Stuttgart，Augsburg：Cotta.

简论施莱尔马赫的基督论*

张云涛**

[内容提要]　“现代神学之父”施莱尔马赫深入考察并分析了新教正统派和启蒙时代的理性主义的基督论各自的理论困难。前者的位格两性学说存在着内在的不一致，它对基督的工作的理解是魔术式的，忽略了它所依赖的自然中介以及信徒与他的生命团契的重要性。后者完全否定了耶稣基督与所有其他人的根本区别，只是将他作为一个道德教师或榜样，用外在的教导和示范的方式来影响他人，因而是一种经验主义的观点。对此，施莱尔马赫提出了他自己的具有调和论色彩的“神秘”的基督论。这种基督论转变了传统的两性学说，指出耶稣基督是人的创造的完成，因而只有他才是真正的人、人的原型。而他的完善的人性体现在，他的生命的所有环节完全被他的超强的上帝意识规定，成为他表达自身的器官或工具。这即是说，作为纯粹活动的上帝存在于他之中。其他人只有通过他的救赎活动才能建立与上帝的生命团契，进而完全成为人。并且，他们只有进入他所建立的全新的团体生活中，才能领受他的救恩。因为这种基督论考察的是上帝道成肉身，通过救赎人完成他的创造工作，使世界与他自身和

* 本文是国家社科基金一般项目“施莱尔马赫宗教哲学与哲理神学研究”（项目编号：17BZJ053）的阶段性成果，得到了武汉大学“德国古典哲学及其现代效应”青年学术团队和“科学的哲学体系如何可能——康德与黑格尔之间的哲学研究”学术小组的支持。

** 张云涛，湖北汉川人，哲学博士，讲师，武汉大学人文社会科学研究院欧美宗教文化研究所研究员，研究方向为欧美宗教。

解，所以，是一种“自上而下”的基督论，而非“自下而上”的基督论。并且，它关注的并非像卡尔·巴特所指责的那样是人的可能性，而是神的可能性。

［关键词］ 基督论 魔术的 经验的 神秘的 超自然 自然

耶稣基督是基督教的创造人，因而基督论在基督教信仰中占据核心地位。这尤其体现在施莱尔马赫的教义学巨著《基督教信仰》（*Der christliche Glaube*）中。在他看来，基督教的本质是，“在它之中的一切都与拿撒勒的耶稣所完成的救赎相关”。[①] 因此，他的教义学体系是以基督所实施的救赎为中心来组织的。有关基督的位格中的神性与人性的本质及其关系以及他的工作的教义构成了《基督教信仰》的高潮和中心。[②] 包括上帝论、人论和救赎论在内的一切教义都被它影响和塑造。因此，尼布尔说，施莱尔马赫的教义学不是“基督中心论的”（Christocentric），即不能由基督论推演出其他一切教义，而是“基督

① Schleiermacher, *Der christliche Glaube*, erster Band, Hrsg. von Martin Redeker, Berlin: Walter de Gruyter, 1960, S. 74. 异端总是错误地理解基督教的本质：“既然基督教的独特本质在于这个事实：在它之中，所有敬虔的出现都与凭借拿撒勒的耶稣而发生的救赎相关……如果这个一般的基本公式保留下来，那么，异端会以两种方式产生……要么人性被如此规定以至于严格意义上的救赎不可能完成，要么救赎主被以这样的方式规定以至于他不能完成救赎。”（Schleiermacher, *Der christliche Glaube*, erster Band, Hrsg. von Martin Redeker, Berlin: Walter de Gruyter, 1960, S. 130）对基督实施的救赎的不同理解在很大程度上隐含着对神性、人性及其关系以及救赎的本质的不同认识。因此，基督论不仅牵涉对异端的本质的理解，而且关涉上帝论、人论和救赎论。

② 不过，《基督教信仰》的篇章结构并没有体现出这一点。它往往使人们产生这样的错觉：它的导论是最重要的，它由导论所论述的一般的上帝意识推演出基督徒有关罪和恩典的意识。巴特就持这种看法。他断言，认真阅读了该书导论，就可以整个地把握它。（Karl Barth, *The Theology of Schleiermacher: Lectures at Goettingen, Winter Semester of 1923 – 24*, Dietrich Ritschl ed., Grand Rapids: Eerdmans, 1982, p. 243）施莱尔马赫生前已经预见到这种误解和指责，申明导论根本不是教义学的内容，并且试图调整第二版《基督教信仰》的结构。不过，因为风格，他最终放弃了。依据他的规划，在他的教义学著作中，“读者在它的每处都会意识到《约翰福音》1：14（即道成了肉身，住在我们中间，有恩典，有真理。我们也见过他的荣光，正是父独生子的荣光。——引者注）的经文对所有神学是基本的文本”。（Schleiermacher, *Kritische Gesamtausgabe*, Abteilung I, Band 10, Berlin and New York: Walter de Gruyter, 1990, S. 343）这即是说，基督教信仰中的一切都与上帝在耶稣基督的位格中所给予的历史性启示相关，恩典部分所论述的基督论构成了他的整个教义学的核心，而人们所看重的导论是从这种启示中抽象出来的。

形态论的”（Christomorphic），即一切教义被基督论塑造。① 不仅如此，从基督论的发展历史看，施莱尔马赫所处的启蒙主义时期是基督论遭受最多批判的时期。当时存在着两种完全对立的立场。一种是超自然的理解，它因袭了基督教的传统观点，认为基督既是神又是人，丝毫没有考虑到这个概念本身存在着内在的不一致。另外一种是启蒙主义者所推崇的自然－历史的理解。它只是将基督视作道德教师和榜样，否定了基督及其活动所具有的超自然因素。这样一来，基督与常人无异，只是在完善程度上比其他人高。施莱尔马赫不满于这两种片面的立场，试图从他的意识神学的角度重新解释和描述基督论。他认为他的理解可以避免其他观点所具有的困难，更能代表教会的立场。但是事实上，从他的神学的接受史看，他的基督论恰恰是他的神学遭受最多批判的地方之一。因此，无论是为了研究施莱尔马赫的整个神学思想，还是为了考察基督论的历史发展，研究他的基督论，考量和评估其贡献，都非常有必要。笔者不揣浅薄，试图从他的基督论提出的背景和问题域出发，呈现他对当时流行的代表性观点所做出的颇有洞见的剖析，然后重构和分析他自己对于基督的位格和工作所做的正面的、调和性的论述，并考量其合理性，回应学界的批判。

一　新教正统派所持守的超自然主义的基督论及其问题

1. 耶稣基督是神性和人性的统一体

新教正统派在很多方面，尤其是在基督的位格上，直接继承了早期基督教教会的观点，认同查尔西顿信经以及由它派生出来的诸如奥格斯堡信条之类的信条有关基督的位格的表述，承认基督既是完全的神，又是完全的人：“在耶

---

① 参见 Richard Niebuhr, *Schleiermacher on Christ and Religion*, SCM Press, 1965, pp. 210 – 248。对于基督论在《基督教信仰》中的地位，尼布尔在该书英译本的导言第XVⅢ页中说：“并不只是宗教情感给予这部著作意义，同样重要的……是耶稣基督这个人物所占的位置。”Jacqueline Mariña 同样指出：“在施莱尔马赫的著作中，基督论发挥了核心的作用。”（Jacqueline Mariña, “Christology and Anthropology in Friedrich Schleiermacher,” in Jacqueline Mariña ed., *The Cambridge Companion to Friedrich Schleiermacher*, Cambridge: Cambridge University Press, 2005, p. 151）并且，“施莱尔马赫的基督论浓缩了他的整个神学以及他的哲学的重要要素”。（Jacqueline Mariña, *Transformation of the Self in the Thought of Schleiermacher*, Oxford University Press, 2008, p. 187）

稣基督中，神圣的本质与人性的本质被结合在一个位格中。”①

施莱尔马赫承认查尔西顿信经及由它派生出来的其他信条的权威，肯定它对基督论的异端的陈述，不过又认为它使用了犹太教和异教徒的概念，将与基督徒的宗教意识格格不入的因素引入表述中，因而破坏了它的内容的完整性和真实性。并且，它夹杂着过多的与教义本身无关的思辨兴趣。因此，“教会有关基督的位格的公式需要持续地批判地处理”。② 而判断和衡量教义的陈述的价值的根据是看它是否具有“科学的性质”（wissenschaftliche Beschaffenheit）和“教会的用途”（Kirchliche Brauchbarkeit）。③ 也就是它是否具有清晰性，它自身及其与其他陈述之间是否保持了一致性，是否能够准确地陈述基督徒对于经由基督及其建立的教会所实施的救赎的工作而获得新生的意识。科学的性质是基础，很难想象一种缺乏科学性的陈述能够具有教会的用处。施莱尔马赫正是依据此考察前面所述的那个公式，并且，正如批判者指出的，他对古典基督论的这个公式的科学性的质疑和批判是“已经做出的最敏锐的批判之一。它毫无疑问地展示（如果我们仍然需要它被展示），施莱尔马赫不是一个用情绪取代思想的模糊不清的浪漫主义者，而能够做出最有洞察力的概念分析”。④

施莱尔马赫完全同意这个表述的如下内容：肯定基督徒在这种起源于基督的新的团体（教会）生活中与基督有生动的团契，并且以最清楚的方式陈述上帝在基督之中存在，由此，“在我们与他的关系之中的最无限制的崇拜和亲密的伙伴关系成为一体的”。⑤ 换言之，它描述了基督的本性，使他既与他所要救赎的人保持一种相同性和亲密联系，同时又确保他与常人不同，他与上帝有紧密的联系和相同性，于是有能力救赎人，并且被后者崇拜。不过，从科学

---

① Schleiermacher, *Der christliche Glaube*, zweiter Band, Hrsg. von Martin Redeker, Berlin: Walter de Gruyter, 1960, S. 49.

② Schleiermacher, *Der christliche Glaube*, zweiter Band, Hrsg. von Martin Redeker, Berlin: Walter de Gruyter, 1960, S. 48.

③ Schleiermacher, *Der christliche Glaube*, zweiter Band, Hrsg. von Martin Redeker, Berlin: Walter de Gruyter, 1960, S. 51.

④ John Macquarrie, *Jesus Christ in Modern Thought*, Philadelphia: Trinity Press International, 1990, p. 209.

⑤ Schleiermacher, *Der christliche Glaube*, zweiter Band, Hrsg. von Martin Redeker, Berlin: Walter de Gruyter, 1960, S. 50.

性的角度看，这个公式存在着诸多困难和“明显的矛盾”。[1]

首先，用“本质”（Natur/Nature）这个术语来无区别地描述基督之中的神圣的东西和人的东西是不恰当的，因为神与自然或本质（Natur）是两个完全不同的东西。后者指的是有限的、有形体的、偶然的存在的总和或可分的统一体，而神指的是“无条件者和绝对单纯者”或绝对统一体。[2]

其次，信经中的陈述所隐含的本质与位格的关系与它们的一般用法是“完全矛盾的”。[3] 本质是一个个体的行动模式的总和或他的生命状态的变化所遵行的规律。而位格一般指一个“稳固的生命统一体”（eine stetige Lebenseinheit），在其存在的所有连续的环节中是相同的“我”。[4] 由此出发，可以发现以下几点。

第一，一方面，基督是神性和人性这两种本质被结合在一起的统一体，因而这个位格是结合的产物，而结合是构成这个位格的一个环节。但是另一方面，基督又将人性与神性结合起来，他是实施结合的主体，而结合是这个位格所实施的活动，因而结合不是该位格的一个环节，而是这个已经存在的位格所实施的一个行为。

第二，作为统一体的一个个体或位格只能有一种本质，不能展现两种本质，尤其是两种完全对立的本质。但是在那个公式中，基督这个位格却有两种完全不同的本质，因而他不是一个生命统一体。姑且承认“本质”这个术语可以用来刻画神。既然基督拥有神的本质和人的本质，而神和人各有自己的意志及其运作规律，人的意志总是只追求孤立的目的并且为了另一个而追求这一个，而神圣意志的对象只是处在发展的总和之中的整个世界，那么“作为由

---

① Schleiermacher, *Der christliche Glaube*, zweiter Band, Hrsg. von Martin Redeker, Berlin: Walter de Gruyter, 1960, S. 56.

② Schleiermacher, *Der christliche Glaube*, zweiter Band, Hrsg. von Martin Redeker, Berlin: Walter de Gruyter, 1960, S. 52. 施莱尔马赫指出，神自身的本质是人无法认识的，并且，只要使用人的语言来刻画上帝，就会将他打上拟人论的色彩。他的教义学体系所描述的神性并非神自身的特殊性质，而只是与表达了上帝与世界的一般关系的基督徒的宗教意识相关的东西（Schleiermacher, *Der christliche Glaube*, erster Band, Hrsg. von Martin Redeker, Berlin: Walter de Gruyter, 1960, S. 255）。

③ Schleiermacher, *Der christliche Glaube*, zweiter Band, Hrsg. von Martin Redeker, Berlin: Walter de Gruyter, 1960, S. 53.

④ Schleiermacher, *Der christliche Glaube*, zweiter Band, Hrsg. von Martin Redeker, Berlin: Walter de Gruyter, 1960, S. 53.

两种本质构成的一个位格的基督是依据本质的数量拥有两种意志，还是依据位格的数量只有一种意志？……如果基督只有一种意志，如果这种意志是人的意志，那么神圣本质是不完备的，如果是神圣意志，那么人性是不完备的。但是如果基督拥有两种意志，那么这个位格的统一体只不过是表面的，即使我们试图保护他，说他的两种意志总是意愿相同的东西，这最终导致的也只是一致，而不是统一，并且，事实上，我们通过这样回答而回到了基督被分裂成二者”。①

第三，对于完全不同、相互排斥的两性结合在一起的结果，施莱尔马赫精辟地总结说：“试图生动地描述基督之中的神圣本质与人的本质的统一体的尝试的所有结果，自从他与这个表达相连以来，总是在两个对立的错误中摇摆：要么将这两种本质混合成一个第三者，两者的这个混合体既不是神圣本质，也不是人的本质，要么保持这两种本质的独特性，但是或者忽视位格的统一体以便以更加明确的方式分裂两种本质，或者为了牢牢地坚持这个位格的统一性，宁可破坏必要的平衡，使一种本质没有另一个重要，因而被它限制。”② 这里所说的三种结果事实上分别对应基督教历史上被视作异端的欧迪奇主义（Eutychianism）、聂斯脱利派（Nestorianism）和基督一性说（Monophysitism）的观点。欧迪奇主义将神圣本质和人的本质融合成为一个既非神亦非人的第三者，这虽然维护了位格的统一性，但是使得基督无法充当神与人之间的中保，实施救赎。聂斯脱利派意识到这两种本质的不可调和性，为了维护逻辑上的清晰性和一致性而将二者孤立起来，但这否定了位格的统一性，使得基督位格分裂或者拥有双重位格。基督一性说使一种本质完全屈从于另一种，被它限制，这表面上维护了统一性，但是实质上并没有真正处理好二者的关系，因为二者完全不同，且相互排斥，一方如何能够屈服另一方，被它限制。如果它被完全奴役和限制，无法发挥作用，这无异于说基督只有一种本质，或者人性，或者神性，这仍然取消了他的中保地位。反之，两种本质的对立和冲突仍然存在，基

① Schleiermacher, *Der christliche Glaube*, zweiter Band, Hrsg. von Martin Redeker, Berlin: Walter de Gruyter, 1960, S. 54. 同理，很难设想一个可以立刻看见一切东西的全知的神圣理智会与只能一个接着一个认识孤立的事物的人的理智完全一样地思考。因此，无论回答基督拥有人的理智，或者神的理智，还是二者都有，都存在类似的困难。

② Schleiermacher, *Der christliche Glaube*, zweiter Band, Hrsg. von Martin Redeker, Berlin: Walter de Gruyter, 1960, SS. 53 – 54.

督不是一个统一体。

要指出的是，查尔西顿信经所给出的权威表述试图克服这些异端主张，不过它并没有给出正面的、肯定的陈述，只是树立起著名的“四道围墙”：“同是一位的基督，圣子、主和独生子，被承认具有两性，两性不混淆、不改变，不分割、不分离，两性的不同不因联合而消失，反而使两性各自的本质得以保存，并存在于一个位格和一个实质之中，而非分开或分割成两个位格，却是同一位的圣子、独生子、神、道、主耶稣基督”①，以此划清异端与正统的界限。但是施莱尔马赫这里的诘难明确表明，只要用“神性”“人性”这样的术语刻画基督的位格，认为他这个位格拥有神的本质和人的本质这两种完全不同的本质，那么，这三种异端都是不可避免的选项。因此，他的上述批判无异于给用“神性和人性的统一体”这样的表述来刻画基督的位格的传统理论宣判死刑。如果要维护基督教信仰，必须改弦更张，彻底重构有关基督的位格的表述。

最后，这个表述与三一论同时存在于教义学体系和信经中，使得它们混乱不清，缺乏清晰性和一致性。三一论用“Wesen/essence”这个词来描述三个位格的性质，而基督论用“Natur”这个词来描述基督的位格的性质。二者的意思是不是完全相同的？一般情况下，“Natur”和“Wesen”的意思是相同的。在基督论中，基督这个位格拥有两种本质。而在三一论中，他作为三一中的第二个位格，与其他位格共享一个本质，也就是说，只有一个本质，那么，作为一个位格，他到底有几种本质？作为一个统一体的位格如何可能在一些场合拥有一种本质，而在其他地方还拥有另外一种不同的本质？

不仅如此，基督的神人两性论也没有什么教会的用途，它不能对有关基督的布道给予任何指导，因为信经中的陈述完全是否定性的，充其量只能用来测试人们在描述基督时是否引入了越过被规定的界限的内容。②

---

① Philip Schaff ed., *Creeds of Christendom*, Volume 2, Baker, 1998, pp. 62 – 63.

② 参见 Schleiermacher, *Der christliche Glaube*, zweiter Band, Hrsg. von Martin Redeker, Berlin: Walter de Gruyter, 1960, S. 56。

2. 基督的工作是“魔术式的”（magische）①

基督的位格与工作密不可分，他是什么样的位格决定了他会做什么样的事情，他做了什么样的事情相应地显示出他有什么样的品质和特性。于是，与对基督的位格的超自然主义的理解相应，也存在着对他的工作的超自然主义的观点。持该观点的人“确实承认基督的活动是救赎性的，但是认为传递他的完善性并不依赖于建立一个团体，而是依靠他直接影响个体”。②

这种观点承认基督的工作传递了救恩，能够使信徒的内在生命发生真实的改变。不过，既然世人普遍处于罪的状态之中，没有人能不犯罪，显然必须有超自然的因素出现在历史中，“作为一个历史存在者持续地发挥作用”③，才能实施救赎，改变这种状态。基督作为历史性的存在者耶稣降临于世标志着上帝的国的来临④，一旦这种超自然的因素成了肉身，进入自然和历史之中，就会受到物理世界的法则的限制，他只有采取自然的方式和手段才能实施这种救赎的工作。这即是说，“上帝的国的开端是一个超自然的东西，然而只要它出现，就会变成自然的”。⑤

---

① Schleiermacher, *Der christliche Glaube*, zweiter Band, Hrsg. von Martin Redeker, Berlin: Walter de Gruyter, 1960, S. 95.

② Schleiermacher, *Der christliche Glaube*, zweiter Band, Hrsg. von Martin Redeker, Berlin: Walter de Gruyter, 1960, S. 95.

③ Schleiermacher, *Der christliche Glaube*, zweiter Band, Hrsg. von Martin Redeker, Berlin: Walter de Gruyter, 1960, S. 17.

④ 参见 Schleiermacher, *Der christliche Glaube*, zweiter Band, Hrsg. von Martin Redeker, Berlin: Walter de Gruyter, 1960, S. 17。

⑤ Schleiermacher, *Der christliche Glaube*, zweiter Band, Hrsg. von Martin Redeker, Berlin: Walter de Gruyter, 1960, S. 95. 施莱尔马赫将这作为他的教义学的基本原则，主张“超自然的变成自然的”（Naturwerden des Uebrnatuerlichen），参见 Schleiermacher, *Der christliche Glaube*, zweiter Band, Hrsg. von Martin Redeker, Berlin: Walter de Gruyter, 1960, S. 22。在《论〈基督教信仰〉：致吕克的两封信》（Über *die Glaubenslehre. Zwei Sendschreiben an Lücke*）中，他明确指出该原则适用于创造论、基督论、圣灵论和教会论等诸多教义：“当我谈到超自然的东西时，我这样做，通过参照最早出现但是之后接着变成自然的东西。于是，创造是超自然的，依据它的起源，但是它之后变成了自然秩序。类似的，基督是超自然的，在他的起源上，但是他之后变成自然的，作为一个真正的人存在。圣灵和基督教教会同样也是如此。”（Schleiermacher, *Kritische Gesamtausgabe*, Abteilung I, Band 10, Berlin and New York: Walter de Gruyter, 1990, S. 393）进入人类历史之中的耶稣基督的新生命具有超自然的因素，即他无法被在他之前存在的社会和历史解释，然而在他的发展上又是自然的。超自然的东西在起源上超出了当时的自然秩序和法则，完全无法用在它之前发生的自然和社会事件及其法则来解释它，也就是说，它不被它们规定，违背了此前的自然秩序的一贯性和恒常性。不过，一旦它进入自然之中，必须遵循自然系统的法则和秩序，在时间之中发生变化和发展。

既然对他人的灵性的影响只有借助与他人的言谈进行“自我描述”（Selbstdarstellung）才能实现，那么，“救赎主只能通过这样的自我描述进入我们的团体生活（Gesamtleben）中，才能吸引人并且使他们与他合为一体”。①

不仅如此，因为人是社会性的存在，无法摆脱社会团体和历史的影响而独自存在，而人所处的社会团体和历史又被罪辖制，所以个体不可避免地沾染了罪，也就是“遗忘上帝”（Gottvergessenheit）和“背弃上帝”（Abwendung von Gott）。② 因此，罪人只有在基督建立并且借着传扬他的话语而启示他自身的团体中才能认识他，进而获得救赎：“救赎主的那种活动（指救赎活动——引者注）所凭借的条件是，个体进入他的历史影响的领域（也就是他建立的教会——引者注），在那里他们才在他的自我启示（Seblstoffenbarung）中感知到他。”③ 此外，罪在社会团体中存在，并且无处不在地发挥其作用。即使个体有幸亲历基督的自我呈现并获得救恩，他一个人也无法对抗强大的罪的社会和历史，做到独善其身，相反，会被罪的团体和历史裹挟着，重回老路。因此，基督的工作也是通过团体进行的。他建立传扬他的话语的新团体即教会，借着它来拯救个体，塑造新人：“在基督徒的生命中发生的所有接近蒙福的状态建立在上帝所导致的新的团体生活之上，这种团体生活反抗罪的团体生活以及其

---

① Schleiermacher, *Der christliche Glaube*, zweiter Band, Hrsg. von Martin Redeker, Berlin: Walter de Gruyter, 1960, S. 104.

② Schleiermacher, *Der christliche Glaube*, erster Band, Hrsg. von Martin Redeker, Berlin: Walter de Gruyter, 1960, SS. 77, 344.

③ Schleiermacher, *Der christliche Glaube*, zweiter Band, Hrsg. von Martin Redeker, Berlin: Walter de Gruyter, 1960, S. 92. 施莱尔马赫指出：“所有敞开的蒙福的根据在这种团体生活中。”（Schleiermacher, *Der christliche Glaube*, zweiter Band, Hrsg. von Martin Redeker, Berlin: Walter de Gruyter, 1960, S. 17）他的这种观点很容易被人误解为他主张天主教所钟爱的西普立安的名言“教会之外无救恩”。但是他强调，既然团体生活由基督创立，并且他始终临在于其中，在那里动工，教会只是他做工的媒介或手段，那么，便不能像罗马天主教那样宣称“个人状态中的这种翻转（指蒙福——引者注）应该直接归于团体生活”（Schleiermacher, *Der christliche Glaube*, zweiter Band, Hrsg. von Martin Redeker, Berlin: Walter de Gruyter, 1960, S. 17）。在论述天主教与新教的区别时，他指出，前者强调个体与基督的关系依赖他与教会的关系，而后者则认为个体与教会的关系依赖他与基督的关系。参见 Schleiermacher, *Der christliche Glaube*, erster Band, Hrsg. von Martin Redeker, Berlin: Walter de Gruyter, 1960, S. 137。

中发展的蒙福缺席的状态。”① 新造的人不是独自与罪的团体争斗，而是处在新团体的保护之下，享平安和喜乐，不受侵害。

由上可见，教会及其传递基督的话语的工作是基督实施救赎的必不可少的中介和工具。但是这种超自然主义的观点却认为，救赎的“影响不被任何自然的东西中介，不过却被归给一个位格”。② 也就是说，“一个人可以在基督建立的团体生活之外通过基督而分享救赎并且被祝福，以至一个基督徒可以摒弃这种团体生活并且独自与基督在一起”。③ 这种观点主张基督脱离信仰的团体而对信徒直接施加灵性的影响，忽视了教会这种自然的、历史的中介的作用，必然会带来很多问题。譬如，如前所述，“神圣者起初所做的只有作为一个历史现象才能被接受，并且必须作为一个历史的存在者才能持续做工”。④ 换言之，只有借着传递神的话语的教会这种自然的、历史的中介，救恩才能持续地被那些无法直接接触到基督的人领受。不过，既然这种观点主张个体可以直接与基督相交，从他那里领受救恩，那么，传递神的话语的教会就变成了完全偶然的、不必要的东西，而基督实施的救赎无法持久地被领受。并且，鼓吹个体

① Schleiermacher, *Der christliche Glaube*, zweiter Band, Hrsg. von Martin Redeker, Berlin: Walter de Gruyter, 1960, S. 15. 虽然施莱尔马赫非常重视个体性，但是在他的教义学中，无论是在论述罪的部分，还是救恩的部分，他考虑的都是团体，而不是个体，因为个体不可避免地生活在一定的团体之中并且被它影响和塑造：“所有人在每个人中工作，每个人在所有人中工作（in jedem das Werk Aller und in Allen das Werk eines Jeden）。”（Schleiermacher, *Der christliche Glaube*, zweiter Band, Hrsg. von Martin Redeker, Berlin: Walter de Gruyter, 1960, SS. 376 －377）个体在团体中并且通过团体而获得自我认识和个体性。因为我们每个个体都是亚当的后裔，生活在罪的社会和历史中，所以我们都犯了罪；同理，因为我们与基督建立了生命团契，生活在他建立的团体之中，所以我们获得救赎和蒙福。这种对于个体与团体的关系的认识来自他的哲学伦理学。事实上，施莱尔马赫并非像人们通常所认为的那样，将伦理学与宗教完全分割开来，而是肯定了二者的紧密联系。对此，Mariña 说：“所有这些伦理洞见对于施莱尔马赫的神学的发展是关键的。事实上，他的神学离开了他的伦理学不能被恰当理解。”（Jacqueline Mariña, *Transformation of the Self in the Thought of Schleiermacher*, Oxford University Press, 2008, p. 187）

② Schleiermacher, *Der christliche Glaube*, zweiter Band, Hrsg. von Martin Redeker, Berlin: Walter de Gruyter, 1960, S. 95.

③ Schleiermacher, *Der christliche Glaube*, zweiter Band, Hrsg. von Martin Redeker, Berlin: Walter de Gruyter, 1960, S. 17.

④ Schleiermacher, *Der christliche Glaube*, zweiter Band, Hrsg. von Martin Redeker, Berlin: Walter de Gruyter, 1960, S. 17. 施莱尔马赫也指出，过分地夸大话语和团体这些自然中介的作用，宣称它们拥有给予基督实施他的影响的那种力量，会使得它们拥有像魔法（Zaubersprüchen）似的效力。参见 Schleiermacher, *Der christliche Glaube*, zweiter Band, Hrsg. von Martin Redeker, Berlin: Walter de Gruyter, 1960, S. 96。

可以脱离教会而与基督相交会导致宗教迷信和狂热，使人积极追求以神秘的直观和禁欲等方式来接近基督。此外，既然基督可以不用任何自然的中介直接实施救赎，那么，“他非常接近幻影说。这是真的，因为如果基督现在以像这样的任何方式——作为一个位格，但只是作为一个无上的位格，并不在尘世临在，尽管以一种真正的位格的方式——做工，那么，他可以始终以完全相同的方式做工，于是，他［在历史中］的实际的位格的出现只是一个多余的附加物”。[①]

上面的论述只是针对基督的救赎工作而言的。除此之外，他还有和解的工作，即使人罪得赦免，获得祝福。这同样存在着有关他的魔术式的观点。这种观点“使基督的祝福的传递不依赖纳入与他的生命团契（Lebensgemeinschaft）中。换句话说，罪得赦免派生自基督所受的惩罚，而人的蒙福本身被描述为上帝因为基督所受的那种惩罚而给他的奖赏”。[②] 如果存在着信徒与基督的团契，也就是被纳入与基督的生命团契之中这个中介，那么，“正如只要我们所有人因为处于与亚当的自然的生命团契中并且受相同的方式驱动而都犯了罪，我们会因亚当的罪而受谴责，同样地，基督的完全顺服——公义的行动（dikaioma）——给我们带来好处，只要他使得我们被吸纳到与他的生命团契中，并且在与基督的那种团契中，我们被他驱动，于是，驱动他的原则也变成驱动我们的原则”[③]，“在我们之中的基督是［我们的］生命的中心”[④]，因而我们能够摆脱罪，分享他所获得的祝福。基督的受苦受难并非代替人的罪受罚，因为他的无限美德而满足上帝对人的犯罪的公义的愤怒，这是因为，在罪的社会中，每个人都犯了罪，而受苦是惩罚性的结果，所以我们受苦，而基督因为对我们的爱和同情而与我们建立起生命团契，所以他也受苦受难，并没有代替我们。因为他没有罪，所以他的受难是无辜的，并且因为他与我们的生命团契而

---

① Schleiermacher, *Der christliche Glaube*, zweiter Band, Hrsg. von Martin Redeker, Berlin: Walter de Gruyter, 1960, SS. 95 – 96. “它（指主张基督在团体生活之外实施救赎和祝福的分离主义——引者注）毁灭了基督教的本质，因为它悬设基督的功效不需要时间和空间的中介。”（Schleiermacher, *Der christliche Glaube*, zweiter Band, Hrsg. von Martin Redeker, Berlin: Walter de Gruyter, 1960, S. 17）

② Schleiermacher, *Der christliche Glaube*, zweiter Band, Hrsg. von Martin Redeker, Berlin: Walter de Gruyter, 1960, S. 101.

③ Schleiermacher, *Der christliche Glaube*, zweiter Band, Hrsg. von Martin Redeker, Berlin: Walter de Gruyter, 1960, S. 125.

④ Schleiermacher, *Der christliche Glaube*, zweiter Band, Hrsg. von Martin Redeker, Berlin: Walter de Gruyter, 1960, S. 99.

代表我们满足了规定罪与恶的关联的神圣公义，废除了对罪的惩罚。于是，我们配享神的赦免和祝福，由此当受惩罚的意识得以消失。可见，罪的免除和蒙福都是在信徒与基督的生命团契建立之后产生的，因而是“自然的事情”。不过，既然魔术式的观点取消了信徒与基督的生命团契，那么，因为基督没有犯罪却甘愿顺服受罚，而信徒的罪却因为这而莫名其妙地被赦免，改变了与上帝的关系，并且获得了作为基督的受罚的奖赏的祝福，所以，他们的罪得赦免和蒙福完全是“以外在的方式被导致，没有内在的根据”，因而是“神圣的任意性”。[①]

二　启蒙时代的理性主义的基督论及其问题

持启蒙主义立场的哲学家不满意超自然主义对于基督教信仰的处理，试图尽可能减少基督教信仰中的超自然的神迹、启示等因素，使其教义与理性上可以理解的道德生活兼容，甚至将它的本质视作道德。具体而言，在基督论上，他们将耶稣基督仅仅视为一个引导人实现道德完善的道德教师和榜样。施莱尔马赫将这种立场称为“经验的”（empirische），并且精辟地总结了它的特点：“经验论的观点承认基督的救赎活动，但是基督的救赎活动只在于导致我们的完善性增长，并且这不能以任何恰当的形式发生，除了以教导和榜样的形式。这些形式在本质上是一般的，并没有包含任何独特的东西。”[②] 这种观点的代表无疑是康德。施莱尔马赫虽然没有提到康德的名字，但是这种总结显然是针对康德的。

---

① Schleiermacher, *Der christliche Glaube*, zweiter Band, Hrsg. von Martin Redeker, Berlin: Walter de Gruyter, 1960, S. 101. 这可以视作施莱尔马赫对他早年的困惑的解答。在神学院读书期间，他写信给他的父亲，说他无法相信有关基督的代替性赎罪的观念，因而失去了信仰（Schleiermacher, *Kritische Schleiermacher-Gesamtausgabe*, Abteilung v, Band1, Berlin & New York: Walter de Gruyter 1985, S. 50）。实质上，他失去的不是信仰，而是对信仰的理解。在撰写《基督教信仰》时，他最终确立了对信仰的理解，至少他相信这种理解是更合理的、可接受的。虽然这种新理解仍然承认基督的受难与我们的罪得赦免关联（Schleiermacher, *Der christliche Glaube*, zweiter Band, Hrsg. von Martin Redeker, Berlin: Walter de Gruyter, 1960, S. 101），但是其中的根据显然与过去的不同，现在的这种关联因为有我们与基督的生命团契作为中介而获得了保证。施莱尔马赫反对代赎论或“代替满足”（stellvertretende Genugtu-ung）说，但是承认基督是我们的“令人满意的代表”（genugtuenden Stellvertreter）。（Schleiermacher, *Der christliche Glaube*, zweiter Band, Hrsg. von Martin Redeker, Berlin: Walter de Gruyter, 1960, SS. 130 – 131）

② Schleiermacher, *Der christliche Glaube*, zweiter Band, Hrsg. von Martin Redeker, Berlin: Walter de Gruyter, 1960, S. 96.

在康德看来，道德是独立自主的，它关注作为理性存在者的道德主体的配享幸福，也就是能够履行自己的义务。而“我们作为人的普遍义务是将我们提升到道德完善的这个理想，即提升到完全纯粹的道德倾向的这个原型”。[①] 不过，这并不依赖宗教：“只要道德建立在作为一个自由的行动者的人的观念之上，他正是因为是自由的，所以通过他的理性使他自身遵行无条件的法则，他并不需要在他之上的另一个存在的观念，以便他理解他的义务，也不需要除法则之外的一个动机，以便他去履行他的义务。”[②] 不仅如此，宗教所持守的上帝、自由和灵魂不死的信念本身并没有认识论和形而上学的根据，它们的存在完全是为了给德福相配这种道德上的至善理想的实现提供保证，因而宗教建立在道德之上，为道德服务：“真宗教并不在于知道或思考上帝为我们的救赎正在做的或已经做的，而在于我们必须为配有它而必须做的事情。后者决不能是任何其他东西，而只是在自身之中拥有的无疑的、无条件的东西，因而只能使我们非常讨上帝喜悦的东西，每个人可以不需要任何圣经的学习也能完全确定这个东西的必要性。”[③]

配享幸福的道德事情不需要上帝施下救恩就能实现，因为人是理性的自由行动者，他天生具有向善的内在倾向，不仅有义务而且有能力使他的生活与理性在他面前确立的道德法则或道德原型相符：“我们应该遵从它（指理想或原型——引者注）。因此，我们必然能够这样做。”[④] 但问题是，虽然人具有内在的善的倾向或原则，但是也有恶的倾向或原则，因而在现实中往往无法行善，接近道德理想或原型。这需要原型或理想“在一个真实的人中出现，作为所有其他人的例子”。[⑤] 而耶稣正是这个原型在历史之中的例释和展现。可见，原型或理想是事先已经存在的，耶稣只是它的一个例子。不仅如此，康德只讨

---

① Kant, *Religion Within the Limits of Reason Alone*, trans. by M. Greene and Hoyt H. Hudson, Harper Torch, Reprinted, 1960, pp. 54 – 55.

② Kant, *Religion Within the Limits of Reason Alone*, trans. by M. Greene and Hoyt H. Hudson, Harper Torch, Reprinted, 1960, p. 3.

③ Kant, *Religion Within the Limits of Reason Alone*, trans. by M. Greene and Hoyt H. Hudson, Harper Torch, Reprinted, 1960, p. 123. “基督教旨在促进对遵守它的一般的义务的爱并且引出它。”（Kant, *Religion Within the Limits of Reason Alone*, trans. by M. Greene and Hoyt H. Hudson, Harper Torch, Reprinted, 1960, p. 63.）

④ Kant, *Religion Within the Limits of Reason Alone*, trans. by M. Greene and Hoyt H. Hudson, Harper Torch, Reprinted, 1960, p. 55.

⑤ Kant, *Religion Within the Limits of Reason Alone*, trans. by M. Greene and Hoyt H. Hudson, Harper Torch, Reprinted, 1960, p. 77.

论原则或原型，并不关注耶稣本身，甚至认为原型或理念只是被理性设定的假设性的道德存在，并不需要存在着与它相应的，例释它的真人存在："我们并不需要经验的例子去使得在道德上非常讨上帝喜悦的一个人的观念成为我们的原型，这个观念，已经作为原型临在于我们的理性之中。"① 因此，耶稣在历史之中的出现并不是必然的、必需的，而是偶然的，因为即使需要原型的例子或榜样，这个例子或榜样也不一定是他，其他人也可以充当。

可见，虽然康德不否定耶稣的真正人性，但是因为他强调永恒的原型，忽视将它具体化的耶稣这个历史人物及其出现的必要性，所以，他的观点倾向于幻影说。② 同时，就他承认原型已经存在，耶稣只是它在历史中的生动显现，只是一个人而言，他否定了他的神圣性以及他与其他人的本质区分，因而又有陷入伊便尼主义的危险。③

与这种对耶稣的位格的认识相应，在他的活动方式上，康德完全采取了自然的方式，认为耶稣只能以教导和榜样的方式进行言传身教，他并没有引入新的原则，只是激发、引导信徒认识他们自身本来已经具有的善的原则或原型，进而依据他们的善良意志采取行动。耶稣"不是以一个通过要求顺服的意志而影响人的独裁者的角色说话，而是以一个人道主义者的角色说话，他将他的同胞自己理解得非常好的意志带到他们自己心中，如果他们要证明他们自己是适当的，他们会依据他们自己的这种意志自发地行动"④，由此促进他们在道

---

① Kant, *Religion Within the Limits of Reason Alone*, trans. by M. Greene and Hoyt H. Hudson, Harper Torch, Reprinted, 1960, p. 56.

② 麦奎利说："尽管我更早时说康德是幻影论者，因为他将所有强调都放在原型，而非它的生动临在（即作为这个原型或它的生动临在的历史人物耶稣上——引者注）上，但是他不是幻影论者，在如下意义上：他否定将真正的人性给予耶稣。"（John Macquarrie, *Jesus Christ in Modern Thought*, Philadelphia: Trinity Press International, 1990, p. 186）

③ 康德否定耶稣是一个神人（divine person），因为如果是那样的话，那么，他不是"我们模仿的榜样"（Kant, *Religion Within the Limits of Reason Alone*, trans. by M. Greene and Hoyt H. Hudson, Harper Torch, Reprinted, 1960, p. 58）。

④ Kant, "The End of All Things (1794)," in L. W. Beck, *Kant on History*, London: Macmillan, 1963, p. 63. 这段话承认人有善的先天倾向，不过，同时也有作恶的倾向，因而难免会犯罪，但是只要唤醒人对于原型和自己的善的倾向的认识，意识到自己的行为的无价值，产生对道德的善的敬重，他们就能遵守道德法则，履行自己的义务。这显然有佩拉纠主义的倾向："这是克服彻底的恶的关键。腐败可以被克服，只通过完全纯粹的道德善的观念以及对这的意识，即这个观念真正属于我们的原初倾向……"（Kant, *Religion Within the Limits of Reason Alone*, trans. by M. Greene and Hoyt H. Hudson, Harper Torch, Reprinted, 1960, p. 78）

德上“日益完善”[①]，并没有导致他们的生命发生彻底的翻转和更新。就康德肯定作为理性存在者的人的自主性和能动性，能够自己摆脱自己强加于自身的不成熟状态而言，他倒向了佩拉纠主义。同样，因为这种观点主张耶稣只是一个进行道德示范和教导的楷模和“聪明的教师”[②]，与其他道德圣贤和楷模并无本质上的区分，他们也可以做他的工作，所以，他否定了耶稣基督在历史中出现的必要性，有幻影说的倾向。

总之，在以康德为代表的理性主义者看来，“对人而言，离开了将真的道德原则以最真诚的方式采纳到他的性情中，绝不存在救赎”。[③] 施莱尔马赫指出，这种观点否定了真正的救赎，即罪得赦免，因为他们所说的救赎只不过是理性存在者将本身已经存在于他的内心之中的理性原则实现出来，在道德上“逐渐完善”起来。相应地，因为这种道德上的“逐渐完善”其他人也可以帮助完成，并不特别需要基督，所以他在历史中的出现完全是偶然的、“徒劳无用的”，这样他又否定了基督教的独特性，即在它之中的一切都与“基督的独特的救赎活动”密切相关，救赎必须“将它的原因回溯到救赎主”[④]，只有耶稣基督才能实施救赎。[⑤]

三　施莱尔马赫的调和性基督论

对于传统基督论的两性说，施莱尔马赫不仅指出它存在着逻辑上的不一致

---

① Schleiermacher, *Der christliche Glaube*, zweiter Band, Hrsg. von Martin Redeker, Berlin: Walter de Gruyter, 1960, S. 96.

② Kant, *Religion Within the Limits of Reason Alone*, trans. by M. Greene and Hoyt H. Hudson, Harper Torch, Reprinted, 1960, p. 78.

③ Kant, *Religion Within the Limits of Reason Alone*, trans. by M. Greene and Hoyt H. Hudson, Harper Torch, Reprinted, 1960, p. 76.

④ Schleiermacher, *Der christliche Glaube*, zweiter Band, Hrsg. von Martin Redeker, Berlin: Walter de Gruyter, 1960, SS. 96 – 97.

⑤ 正如前面论述的超自然主义的魔术观点不仅体现在对于基督的救赎活动的认识上，而且还体现在对他的和解活动的认识上，除了有关救赎的经验观点，还存在着有关和解的经验观点。它与对于救赎活动的经验理解一样，将和解的经验还原为日常的一般经验，“没有为（它的）任何超自然的开端和特殊性奠定基础”（Schleiermacher, *Der christliche Glaube*, zweiter Band, Hrsg. von Martin Redeker, Berlin: Walter de Gruyter, 1960, S. 100），只是将基督与信徒的关系理解为类似于老师与学生、榜样与模仿者的外在关系，没有看到基督是“在我们之中的基督（Christus in uns）”（Schleiermacher, *Der christliche Glaube*, zweiter Band, Hrsg. von Martin Redeker, Berlin: Walter de Gruyter, 1960, S. 104）。限于篇幅，这里不再赘述。

等问题，而且还批判它背后所蕴含的认识基督的方法，即完全脱离基督徒在基督教的团体中所获得的有关基督实施救赎，使人与上帝和解的效果的体验，相反从思辨出发，采取了自上而下的本体论的路径，首先将他设定为完全的人和完全的神，然后在他的这种独特位格的基础上理解他对人所做的工作。事实上，我们无法直接认识耶稣基督具有何种本质，是一个什么样的位格，因为这是我们不能直接经验到的。我们能够直接经验到的是他为我们实施的救赎和和解工作所带来的效果。因为这种效果是我们亲身经历和见证的，所以是真实可靠的。因此，我们不是由思辨出发来理解基督的位格和工作，相反由我们真切感受到的他为我们所做的神奇工作而认识做了这种工作的他的独特尊严或位格，即他不仅是人，而且还是与神一体的，是与我们相伴的神。其实，早期教会也是由他们亲身经验到的救赎的效果而认识耶稣基督的，他们一开始意识到基督不像其他人那样处于罪的辖制之下，相反摆脱了这种困境，并且能够将世人从罪的捆绑中解放出来。他们意识到这种效果不是常人所能做的，他只有是神，是成为肉身的、临在于他们之中的神才可能做到。不难看出，施莱尔马赫所主张的这种基督论是“自下而上”的基督论，而不是思辨哲学家所倡导的“自上而下”的基督论。[①]

虽然施莱尔马赫反对将基督的位格和工作分开来论述，指出二者是紧密相连，不可分割的，但是为了论述的方便，他仍然沿袭了教会的传统做法，先论述基督的位格，然后考察他的工作。不过，与传统做法不同的是，他有关基督的位格的论述是以基督教的团体（教会）对他的工作效果的经验为基础的。

1. 基督的位格或“独特尊严”（die ausschließlicheWürde/eigentümliche Würde）[②]

正如前述，施莱尔马赫批判有关基督的神人两性学说在科学性上的不一致

---

① 对于施莱尔马赫对基督论所做的这种转向，Christian 评价说：“这种秩序的移动对于接下来几乎所有基督论思想的意义再怎么强调也不过分。当然，施莱尔马赫只是使一个今天被所有学者承认的事实显示出来。”（C. W. Christian, *Friedrich Schleiermacher*, Hendricks Pub, 1991, p. 120）Richard Muller 也高度评价了施莱尔马赫的贡献：“施莱尔马赫的基督论矗立着，作为克服传统正统派的语言所固有的历史的、圣经的和形而上的困难却不失去古代正统派所取得的根据的尝试，可能是现代的最重要的尝试。”（Richard Muller, “The Christological Problem as Addressed by Friedrich Schleiermacher: A Dogmatic Query,” in Marguerite Shuster & Richard Muller eds. , *Perspectives on Christology: Essays in Honor of Paul K. Jewett*, Grand Rapids: Zondevan Publishing Hause, 1991, p. 161）

② Schleiermacher, *Der christliche Glaube*, zweiter Band, Hrsg. von Martin Redeker, Berlin: Walter de Gruyter, 1960, SS. 31, 45.

和教会价值上的无用性。不过，他并没有完全抛弃它，相反保留了其基本的精神，依据他的哲学人类学重新描述基督的位格。① 他肯定耶稣基督与其他人一样具有相同的、整全的人性，是一个真正的人，同时又强调他是拥有世人所欠缺的无罪的完善性和拯救他们的能力的位格或独特尊严："救赎主因为人性的自身同一性而与所有人相似，但是他因为他的上帝意识的持续的力量——这就是上帝在他之中的真实存在（eineigentliches Sein Gottes in ihm）——与所有其他人区别开来。"②

具体而言，人的意识分为两个层次：一个是感性自我意识，另外一个是绝对依赖感，或者说上帝意识。后者是人的本质要素之一。人是原初完善的，这指的是人完全可能发展出上帝意识，使其成为人的生命的决定性因素。但是因为人总是先发展出感性自我意识，形成以自我为中心的思考和生活方式，由此压制了上帝意识的发展，偏离和遗忘了上帝，于是产生了罪。③ 不仅如此，因为人处于社会中，无人能独立于他人和团体而存在，都会被他们影响和塑

---

① 对于施莱尔马赫是否完全抛弃了传统基督论的神人两性论，学术界有不同的观点。一种过去占据主导地位的观点认为施莱尔马赫彻底批判和抛弃了它。譬如，巴特认为，施莱尔马赫的基督论以人类学为中心，否定了耶稣基督的神性，是"可疑的"。这是因为，依据他的观点，上帝在他之中的存在是一种上帝意识，而这种上帝意识又构成了人类的本质，是可以在每一个人中出现和发展的，于是道成肉身不是神性的可能性，而是人性的可能性，"人性的扩展或完成"（Karl Barth, *The Theology of Schleiermacher: Lectures at Goettingen, Winter Semester of 1923 - 24*, Dietrich Ritschl ed., Grand Rapids: Eerdmans, 1982, pp. 106, 279）。耶稣基督只是人类中的一员，充其量是人性的榜样。这不仅取消了耶稣基督与其他人的本质区别，否定了他的独特性、至高性和唯一性，而且否定了他作为道成肉身的耶稣出现的历史事件的独特性、唯一性和必要性。虽然其他人只有通过他才能发展出上帝意识，但是这只是一个偶然的历史事实。而 Colin Gunton 则宣称，施莱尔马赫不仅否定了耶稣基督的完全的神性，而且还否定了他的完全的人性，因而其基督论是既高又低的。参见 Colin Gunton, *Yesterday and Today: A Study of Continuities in Christology*, Grand Rapids: Eerdmans, 1983, pp. 89 - 99, 155。不过，有些学者认为施莱尔马赫保留了正统基督论的基本精神，只是进行了转换和重构。譬如，Redeker 说："施莱尔马赫基本上并没有质疑古代教会的两性教义，然而他确实转变了它。"（Martin Redeker, *Schleiermacher: Life and Thought*, trans. by John Wallhausser, Philadelphia: Fortress, 1973, p. 136）第三种观点断言，施莱尔马赫既没有完全抛弃，也没有进行转换和重建，相反"重新综合了查尔西顿大公会议放在一起的相互纠正的基督论的立场"（Lori Pearson, "Schleiermacher and the Christologies behind Chalcedon," *Harvard Theological Review* 3, 2003, p. 350）。

② Schleiermacher, *Der christliche Glaube*, zweiter Band, Hrsg. von Martin Redeker, Berlin: Walter de Gruyter, 1960, S. 43.

③ Schleiermacher, *Der christliche Glaube*, erster Band, Hrsg. von Martin Redeker, Berlin: Walter de Gruyter, 1960, S. 359.

造，于是始祖所产生出来的犯罪倾向会传递给他的后裔，他们无一能免于不犯罪。

耶稣基督与其他人具有相同的身体构造，都是有限的、时间性的存在者，处于一定的历史阶段和社会文化之中。譬如，任何人都属于一定的种族，具有民族性（Volkstümlichkeit），耶稣基督也不例外："就他的位格之中的民族性而言，基督几乎不是一个完善的人，如果他的位格性不被民族性规定。"① 他的心智等各项能力也都经历了变化和发展的过程："他以与所有其他人相同的方式发展，以至从一出生开始，他的力量逐渐显露，并且按照对人类而言是自然的秩序，从出现的零起点发展到精湛。"②

不过，耶稣基督确实与历史中出现的所有其他人存在着根本的差异，有其独特性。相对于其他人都不可避免地拥有罪性而言，耶稣基督具有无罪的完善性。这在逻辑上并非不可能，因为正如前述，上帝意识是人的本质要素，而人本身是原初完善的，即他可以发展出上帝意识，而罪性只是人性的被扰乱③，阻碍上帝意识的出现，并不构成人的本质。不仅如此，人性本身具有"自我区分的独特性"④，它允许它自身被例释为无数个不同的个体，这实质上承认了耶稣基督这个具有超强的上帝意识的独一无二的个体出现的可能性。

在其他人那里，这种作为人的本质要素的上帝意识被压制和受阻碍，因而是混乱的、无力的。但是耶稣基督的上帝意识是"超强的""绝对有力的"。⑤ 它异常清晰和活跃，"持续生动地临在"，规定他的生命的每个环节。他的这种上帝意识是"他之中的最内在的基本力量（innertste Grundkraft），他的所有活动由它出发，并且它将所有要素连接在一起；在他之中的一切人性的东西构成了这种基本力量的有机体（Organismus），并且自身与它相关，作为一个接

---

① Schleiermacher, *Der christliche Glaube*, zweiter Band, Hrsg. von Martin Redeker, Berlin: Walter de Gruyter, 1960, S. 41.

② Schleiermacher, *Der christliche Glaube*, zweiter Band, Hrsg. von Martin Redeker, Berlin: Walter de Gruyter, 1960, S. 38.

③ 参见 Schleiermacher, *Der christliche Glaube*, zweiter Band, Hrsg. von Martin Redeker, Berlin: Walter de Gruyter, 1960, S. 43。

④ Schleiermacher, *Der christliche Glaube*, zweiter Band, Hrsg. von Martin Redeker, Berlin: Walter de Gruyter, 1960, S. 44.

⑤ Schleiermacher, *Der christliche Glaube*, zweiter Band, Hrsg. von Martin Redeker, Berlin: Walter de Gruyter, 1960, SS. 44 – 45.

受它和描述它的系统，正如在我们之中所有其他力量与理智相关一样”。[①] 因此，上帝意识是基督的位格性存在的关键力量和生命的真实原则。他的生命的所有其他能力、要素、规定和环节，譬如前面所说的他的民族的同一性“绝不涉及他的生命的真实原则，而只是有机体”[②]，只是不具备位格性的质量、媒介、工具和器官。[③] 它们只有接受他的上帝意识的教导、引导和规定，呈现它的作用，才能成为位格的东西。

人虽然有发展出上帝意识的可能性，但是在现实中根本无法发展出它，并使它成为他的生命的所有环节的主宰。只有救赎主能够做到在他之中的一切人的东西无论何时和何地都产生于那种神圣的东西。换言之，他无论何时何地都完全不依赖任何中介而与上帝相交，完全遵行他的旨意。[④] 显然，根本无法解释他如何能够实现人的这种潜能，除非认为上帝“内住”（Einwohnung）或临在于他之中。因此，“将一个绝对有力的上帝意识归给基督与将上帝在他之中的存在归给他完全是一回事”。[⑤] 救赎主的上帝意识持续地且完全地规定他的每个环节。借此，“至高存在者的这种完善的内住是他的独特本质和他的最内在的自我”。[⑥] 这就是“上帝在他之中的真实存在”（ein wahres Sein Gottes in ihm）。[⑦] 只有在这种意义上，“上帝在救赎主中道成肉身”或“上帝在基督

---

① Schleiermacher, *Der christliche Glaube*, zweiter Band, Hrsg. von Martin Redeker, Berlin: Walter de Gruyter, 1960, S. 57.

② Schleiermacher, *Der christliche Glaube*, zweiter Band, Hrsg. von Martin Redeker, Berlin: Walter de Gruyter, 1960, SS. 41 – 42.

③ 参见 Schleiermacher, *Der christliche Glaube*, erster Band, Hrsg. von Martin Redeker, Berlin: Walter de Gruyter, 1960, S. 357; Schleiermacher, *Der christliche Glaube*, zweiter Band, Hrsg. von Martin Redeker, Berlin: Walter de Gruyter, 1960, S. 41。

④ 对此，Christian 评价说：“依据基督与父的完善的团契来思考基督的神性是我们设想上帝在一个人之中，而不违背他的人性和神的整全性的唯一的方法。”（C. W. Christian, *Friedrich Schleiermacher*, Hendricks Pub, 1991, p. 123）

⑤ Schleiermacher, *Der christliche Glaube*, zweiter Band, Hrsg. von Martin Redeker, Berlin: Walter de Gruyter, 1960, S. 45. 人们往往断章取义地理解施莱尔马赫的这个表述，认为他将上帝主观化为人的意识，上帝意识就是上帝的存在。但是事实上，依据本文的分析，施莱尔马赫的真实意思是，耶稣基督的这种超强的上帝意识是上帝临在于他之中动工所凭借的媒介或工具。

⑥ Schleiermacher, *Der christliche Glaube*, zweiter Band, Hrsg. von Martin Redeker, Berlin: Walter de Gruyter, 1960, S. 46.

⑦ Schleiermacher, *Der christliche Glaube*, zweiter Band, Hrsg. von Martin Redeker, Berlin: Walter de Gruyter, 1960, S. 57.

中”之类的命题才获得了真正的、充分的理解。

下面我们可以通过对比施莱尔马赫与正统派和理性主义的观点进一步明确各自的特征和优缺点。正统的基督位格理论坚持救赎主是神性和人性的统一体，但是因为神性和人性在他们那里是两种完全外在和对立的东西，拥有各自不同的属性，因而无法统一在一个位格之中。持启蒙主义立场的理性主义者意识到这种困难，于是完全否定救赎主的神性，只是将他视作道德完善的榜样和楷模。施莱尔马赫反对这两种观点，重构了基督的位格或独特尊严。

首先，神性和人性并非完全对立的东西，相反统一在一个位格之中。具体而言，第一，救赎主是一个完全的人，他拥有人的一切要素和环节。他的神性或上帝在他之中的存在是他所拥有的超强的上帝意识。它构成了他的生命的原则和内在自我。因此，救赎主的神性和人性并非两种处于外在的对立和冲突之中的东西，相反，他的神性就是他的人性的一部分。不仅如此，在他的人性之中，起主宰作用的是他的超强的上帝意识。而我们通常所说的人性的要素并不构成人性的本质，而只是上帝意识做工的工具或器官。它们分工协作，构成了一个完整统一的位格："在神性与人性的统一的活动（Vereinigung）中，只有神性是积极的和自我传达的（tätig oder sichmitteilend），而人性只是被动的或被吸纳（leidend oder aufgenommenwerdened）。但是在统一的状态（Vereinsein）中，每个活动都是这两种本质的共同活动。"① 第二，既然救赎主是一个人，而人又是时间性的存在，那么作为他的生命的原则的上帝意识也会随着他的生命的阶段而发展和变化，不是非历史的。虽然它"总是作为一种发挥功效的力量临在"，但是也经历了在救赎主童年时代所处的种子状态，然后在他成年时的发展状态。不过，"在这种发展时期，既然它已经变成意识，它也可以针对感性自我意识的不同功能出现的程度将它的权威相应地施加给感性自我意识。于是，甚至从这个方面看，上帝意识［在他之中］显现自身为只是逐渐

① Schleiermacher, *Der christliche Glaube*, zweiter Band, Hrsg. von Martin Redeker, Berlin: Walter de Gruyter, 1960, S. 58. 施莱尔马赫在这里区分了统一的活动和统一的状态，后者是前者的结果。在前者那里存在神圣本质与人性的区分，到了后者那里，二者融合为一体，任何行为都是二者的共同活动。

发展到它的充分的程度”。[①] 反之，如果设想救赎主在他的生命的开端已经有了清晰的上帝意识，而因为上帝意识构成了他的内在自我，所以，这就等于说他一出生就“设定他自身为自我”，而意识的设定活动又依赖于语言，由此又可以推出他一出生，在会大声说话之前就已经掌握了语言。因此，“他的整个最早的童年时期只是幻象。在那种情况下，没有真实的人的生命可以被思考，并且幻影说的偏差被充分肯定”。[②]

其次，基督并非人类的楷模和榜样。如果他是，那就隐含着，他与其他人并没有本质的区别，其他人也能自主地发展出超强的上帝意识，即上帝也可以存在于他们之中，他只是比他们完善一点而已，但是这并不成立。上帝意识是人的本质要素，已经临在于人之中，因而在其他人中确实存在着这种可能性："将神圣的东西吸纳到自身之中，正如在基督那里那样。"[③] 不过，在其他人那里，上帝意识总是力量微弱，被感性自我意识阻碍和压制，无法主宰他们的生命的所有环节。但是在救赎主那里，他的上帝意识完全可以自主地发挥作用，它能够给予“所有的生命环节以冲动并且规定它们”[④]，因而他是人类的“原型”和“典范”（Urbildlichkeit），拥有绝对完善的人性。[⑤] 只有他将真正的人性实现和展现出来，神在他那里才完成了人性的创造。不仅如此，因为只有他具有超强的上帝意识，所以他是“上帝真实存在于其中的唯一一位他者”，

---

① Schleiermacher, *Der christliche Glaube*, zweiter Band, Hrsg. von Martin Redeker, Berlin: Walter de Gruyter, 1960, S. 39. 救赎主的上帝意识只是依据感性自我意识的功能发展的程度对它施加相应的影响，能够主宰它，而不是超出了生命的阶段所允许的程度，发展到了绝对完善，完全可以随便控制它的程度。换言之，他的上帝意识及其整合他的意识的其他要素的力量与他的生理和心理的发展阶段相应，只是在每个阶段都能足够主宰他的生命环节，并没有超出他的生命的阶段所允许的程度。对此，Kevin Hector 解释说：“基督的上帝意识并不需要在他的生命的每个环节都是绝对有力的，而只是充分有力的，这里的‘充分’意指‘足够有力去主宰感性自我意识。’”（Kevin Hector, “Actualism and Incarnation: The High Christology of Friedrich Schleiermacher,” *International Journal of Systematic Theology* 3, 2006, p. 314）

② Schleiermacher, *Der christliche Glaube*, zweiter Band, Hrsg. von Martin Redeker, Berlin: Walter de Gruyter, 1960, S. 39.

③ Schleiermacher, *Der christliche Glaube*, erster Band, Hrsg. von Martin Redeker, Berlin: Walter de Gruyter, 1960, S. 89.

④ Schleiermacher, *Der christliche Glaube*, zweiter Band, Hrsg. von Martin Redeker, Berlin: Walter de Gruyter, 1960, S. 35.

⑤ 参见 Schleiermacher, *Der christliche Glaube*, zweiter Band, Hrsg. von Martin Redeker, Berlin: Walter de Gruyter, 1960, SS. 77, 44－48, 60－69, 187－189。

"上帝意识只有通过他第一次成了在人性之中的存在"。并且，"只有他事实上中介了上帝在世界中的所有存在以及上帝经由世界的所有启示，既然他自身承担了包含和发展上帝意识的全部力量的全新创造"①，只有与耶稣基督建立起生命团契，"通过基督的进入和生动的影响"，我们的虚弱的、受到压制的上帝意识才能"增强并且成为主导的"②，因而才可能拥有更加完善的人性。不过，在这一步最终实现之前，我们的上帝意识"既不能在思想中纯粹地并且带着真实的充足性描绘上帝，也不能展现上帝是纯粹活动，所以它不能被描述为上帝在我们之中存在"。③ 因此，基督与所有其他人存在着本质上的区别，他是人的原型和典范，而非榜样（Vorbild）。④ 其他人根本无力凭借自己的力

---

① Schleiermacher, *Der christliche Glaube*, zweiter Band, Hrsg. von Martin Redeker, Berlin: Walter de Gruyter, 1960, S. 46.

② Schleiermacher, *Der christliche Glaube*, zweiter Band, Hrsg. von Martin Redeker, Berlin: Walter de Gruyter, 1960, S. 147.

③ Schleiermacher, *Der christliche Glaube*, zweiter Band, Hrsg. von Martin Redeker, Berlin: Walter de Gruyter, 1960, S. 46. 要指出的是，既然耶稣基督是作为纯粹活动的上帝在世界之中的存在，那么，他怎么可能有被动性，甚至会受苦和被钉十字架呢？但是如果他没有被动性，他显然不是真正的人，因为人是既主动又被动的。对此，施莱尔马赫回应说，耶稣基督的被动性，要么是非位格性的东西，并非他这个位格的组成部分，因而虽然在他之中存在，但是并不与他这个位格的活动性和主动性冲突，要么本身恰恰是他作为上帝的纯粹活动和神圣之爱的呈现和表达（Schleiermacher, *Der christliche Glaube*, zweiter Band, Hrsg. von Martin Redeker, Berlin: Walter de Gruyter, 1960, SS. 69 – 70），是他出于对人类的同情和爱而甘愿受难，牺牲自我："在由他的坚贞所导致的他的受难中，绝对的自我否定的爱呈现给我们。"（Schleiermacher, *Der christliche Glaube*, zweiter Band, Hrsg. von Martin Redeker, Berlin: Walter de Gruyter, 1960, S. 127）对此，也有学者给出了其他解释。譬如，Robert Merrihew Adams 认为，只要基督在回应各种外在的影响时能够依据他的超强的上帝意识塑造他的精神生活，并且将与上帝意识相符的形式传递给他的被动状态，他有被动性与上帝在他之中存在就不存在矛盾。参见 Robert Merrihew Adams, "Philosophical Themes in Schleiermacher's Christology," *Philosophia 39*, 2011, pp. 457 – 458。

④ 这里可以更清楚地看到康德与施莱尔马赫的区别。依据康德的观点，耶稣基督只是人的道德完善的理想在现实中的例释，并非它的原型。并且人的道德完善的理想存在于人的道德理性之中，人可以依靠自身实现它，因而并不一定需要耶稣基督去充当人的榜样。因此，耶稣基督不仅在地位上不是最高的，而且在作用上也不是必需的。但是施莱尔马赫认为，耶稣基督是神在世界之中的道成肉身，并非人力所能实现的道德楷模。他既是人性的原型，也是人的创造在历史中的第一次完成。并且，只有他才能带来人的理想的完成和实现。如果他不出现，人无法获得救赎和灵性上的完善，因而他的出现并不是可有可无的："如果这种新的团体生活的自发活动被认为原初在救赎主中存在并且只来自他，那么，作为一个历史性的个体存在，他必须同时是理想（urbildlich），那就是说，理想必须在他之中变成完全历史的，他的每个历史环节必须同时将理想带入它之中。"（Schleiermacher, *Der christliche Glaube*, erster Band, Hrsg. von Martin Redeker, Berlin: Walter de Gruyter, 1960, S. 34）（转下页注）

量实现他们的本质。只有借着他及其植入的力量，而非只是他的外在示范和教导，才能完善他们自身，成为一个新的受造物或“成为位格”。①

2. 基督的“工作”（Geschäft）或“独特活动”（die eigentümliche Thätigkeit）②

正如前述，耶稣基督的位格和工作是高度统一的，一而二、二而一的事情，于是，“基督的每个活动必须展示那种与联合的行动所表达的那种关系相同的关系，以至冲动来自神圣本质”。③因此，他的所有活动和工作是继续他的位格形成的联合活动。在他的位格形成的联合活动中，作为纯粹活动的神圣存在是主宰，而人性只是它的材料、器官或工具，被它规定和引导，由此，他的所有活动和工作是神圣存在继续对人性实施的那种形成位格的联合活动：“如果救赎主的所有活动产生自上帝在他之中的存在，并且，如果确立它自身为上帝在救赎主之中的存在的那种创造性的神圣活动也是在救赎主的位格出现上的唯一的活动，那么，救赎主的所有活动也可以被视作继续对人性的那种形成位格（personbildenden）的神圣影响。基督的扩散性的活动不能在一个个体中

（接上页注④）耶稣基督与他人的区分不是榜样与后进的区分，而是原型与样式或例子的区分，后者只有通过前者才能实现自身。对此，Gerrish 评价说：“通过对比，康德在这方面是黑格尔主义者的先驱，理想总是内在于人的理性，历史上的耶稣最多给予它一个公共的立足点；除此之外，与《基督教信仰》中的上帝意识不同，它是纯粹的道德理想。几乎不需要指出的是，施莱尔马赫比康德更能（也更渴望）保存与正统基督教传统的联系：他的基督是完善的、无罪的，完全不可超越，并且正是因为他的完善的上帝意识，存在着上帝在他之中的实际存在。”（B. A. Gerrish, *Continuing the Reformation: Essays on Modern Religious Thought*, Chicago and London: The University of Chicago Press, 1993, p. 167）

① 施莱尔马赫指出，如果救赎主的影响与其他人的影响是同类的，即使他的影响更大，范围更广，那么也会出现很多救赎者，基督只是其中的一个（Schleiermacher, *Der christliche-Glaube*, zweiter Band, Hrsg. von Martin Redeker, Berlin: Walter de Gruyter, 1960, SS. 31 – 32）。但是基督徒都相信“没有上帝意识的更完善的形式对人类而言是现成的”，因而有关另一个人可以是救赎主或我们有一天超越他的想法都“标志着基督教信仰的界限”。（Schleiermacher, *Der christliche Glaube*, zweiter Band, Hrsg. von Martin Redeker, Berlin: Walter de Gruyter, 1960, SS. 34, 36）

② Schleiermacher, *Der christliche Glaube*, zweiter Band, Hrsg. von Martin Redeker, Berlin: Walter de Gruyter, 1960, SS. 90, 31.

③ Schleiermacher, *Der christliche Glaube*, zweiter Band, Hrsg. von Martin Redeker, Berlin: Walter de Gruyter, 1960, S. 59.

确立它自身而不在那个个体之中变成形成位格的，既然这个个体的所有活动通过基督在他之中的影响而以不同的方式被接受，所有印象也以不同的方式被吸纳。结果，个人的自我意识也变成了不同的东西。”① 不仅如此，如果要在其他人中完成类似于耶稣基督之中的位格形成的活动，则必须经过耶稣基督这个中保，由他引导和规定。因此，“他与信徒的总和所处的关系完全与他之中的神圣本质与人性所处的关系相同，他驱动他并且将他吸纳到与那种原初生命的团契中”。② 信徒因为与基督的生命团契而被他主宰和引导，由此，他将他的那种原型的生命（上帝在那之中临在，发挥主宰作用）传递给他们，使它成为他们的新生命：“人性被吸纳到借基督的生命团契（mit Lebensgemeischaft Christi）而来的任何东西只被上帝意识的力量规定的一种活动的团契中……同时，人性被吸纳到只安息于这种活动并且不会被任何其他进一步的运动动摇的友好的团契中。”③

神圣存在在耶稣基督之中的工作具体分为救赎（Erlösung）与和解（Versöhnung）。他的“经由基督［实施］的救赎为整个人类安排”。④ 救赎是在耶稣基督之中的神圣存在对罪人施加影响，将他的上帝意识的力量传递给他们，由此使他们从罪的状态即上帝意识被压制或奴役的状态中解放出来，进入上帝意识占据主导地位的更好状态，由此他的活动变成了他们的活动：“通过基督进入人性中并且对它的生动影响，人性之中的以前虚弱的、被压制的上帝意识被提升并且被带到主导地位。于是，这种影响在其中表达自身的这个个体必然取得该个体以前不曾有的宗教性的位格存在。”⑤ 和解的主体同样是在耶稣基督之中的神圣存在：“上帝在他之中以便使世界与他和解。”⑥ 在

---

① Schleiermacher, *Der christliche Glaube*, zweiter Band, Hrsg. von Martin Redeker, Berlin: Walter de Gruyter, 1960, S. 92.

② Schleiermacher, *Der christliche Glaube*, zweiter Band, Hrsg. von Martin Redeker, Berlin: Walter de Gruyter, 1960, S. 138.

③ Schleiermacher, *Der christliche Glaube*, zweiter Band, Hrsg. von Martin Redeker, Berlin: Walter de Gruyter, 1960, S. 103.

④ Schleiermacher, *Der christliche Glaube*, ester Band, Hrsg. von Martin Redeker, Berlin: Walter de Gruyter, 1960, S. 446.

⑤ Schleiermacher, *Der christliche Glaube*, zweiter Band, Hrsg. von Martin Redeker, Berlin: Walter de Gruyter, 1960, S. 147.

⑥ Schleiermacher, *Der christliche Glaube*, zweiter Band, Hrsg. von Martin Redeker, Berlin: Walter de Gruyter, 1960, S. 128.

他之中的神圣存在将信徒吸纳到他的不受干扰的蒙福状态。和解并非像传统观点所认为的那样平息上帝的愤怒，而是化解罪与恶的关联。人因为有罪，所以将阻碍他的感性生命，然而并不阻碍他的上帝意识的东西（例如死亡）。[①] 和解活动并没有将那些所谓的恶拿走或废除，而是通过将耶稣的不受干扰的蒙福传递给被救赎者，由此，对他们的感性生命的阻碍不再被他们视作恶的。可见，在耶稣基督的活动中，活动的主体是在耶稣基督之中的神圣存在，而非理性主义的经验论者所认为的那样只是人的道德楷模和榜样。

在耶稣基督的救赎与和解这两种活动以及君王、先知和祭司这三种职司中，团体生活都发挥了中介或载体的重要作用，基督在与教会的关系中拥有个体，只有通过他所建立的团体生活才能建立并维持与他的生命团契。这构成了对超自然主义的魔术式的观点的批判。具体而言，正如“只有在团体性中，罪性才可以被恰当的、充分的理解”一样[②]，对于与罪针锋相对的恩典，也只有从团体性出发才能真正理解它。只有在耶稣基督所建立的团体生活中，信徒才能获得有关他的图像和有关神言的布道，接受他传递的无罪的完善性，借此获得救恩：“在这种回溯到耶稣的有效的行动的团体生活中，耶稣通过传递他的无罪的完善性实施救赎。”[③] 同样，远离罪恶，接近蒙福的和解也是在他建立的这种新的团体生活中获得的：“我们意识到发生在基督徒生命中的所有接近蒙福的状态建立在一种由神圣者实施的新的团体生活中，这种团体生活对抗罪的团体生活及在其中发展的悲惨遭遇。”[④] 上帝的王国就是耶稣基督所建立的新的团体生活，而他的君王般的权力的实施对象“不能是个体，而只是团体性存在，并且只有当他属于这个团体性存在时才是个体”。[⑤] 同样地，基督

① 参见 Schleiermacher, *Der christliche Glaube*, ester Band, Hrsg. von Martin Redeker, Berlin: Walter de Gruyter, 1960, SS. 411 – 413。

② Schleiermacher, *Der christliche Glaube*, ester Band, Hrsg. von Martin Redeker, Berlin: Walter de Gruyter, 1960, S. 377.

③ Schleiermacher, *Der christliche Glaube*, ester Band, Hrsg. von Martin Redeker, Berlin: Walter de Gruyter, 1960, S. 18.

④ Schleiermacher, *Der christliche Glaube*, ester Band, Hrsg. von Martin Redeker, Berlin: Walter de Gruyter, 1960, S. 15.

⑤ Schleiermacher, *Der christliche Glaube*, zweiter Band, Hrsg. von Martin Redeker, Berlin: Walter de Gruyter, 1960, S. 137.

的先知角色是教导、预言和施行神迹。而这些都是通过上帝的王国，即教会来向个体呈现和实施的："有关上帝的王国的布道既是教导又是预言，并且上帝的王国本身是基督所完成的独特神迹。"①

施莱尔马赫在论述基督的位格和工作时，对于他当时面临的超自然与自然的复杂关系的处理就充分显现出来了。一方面，人都处于一定的历史和社会之中，受到他所处的社会团体和历史环境的塑造和影响。既然始祖亚当犯了罪，他会影响他的后裔，那么，所有人都会犯罪。因此，鉴于人的罪的普遍性和严重性，只要耶稣基督是人，他也会不可避免地犯罪，因而也不能救赎人。但是事实上，他本身没有罪，拥有无罪的完善性。这无法用他所处的社会和历史语境来解释，显然违背了自然秩序的一致性和连续性，因而是超自然的："自然的生殖不能生产救赎主，既然他自己不应该属于罪的团体生活……罪性的种族的再生产的力量不能充分生产一个个体，通过他，将此前并不在该种族之中存在的某种新东西第一次引入该种族中。"② 他的超强的上帝意识也不能从这种团体和历史语境中发展起来，"他的独特的灵性内容不能被他所属的人的生活环境的内容解释"。③ "既然整个人类被包含在这种有罪的团体生活中，我们必须相信这种上帝意识拥有一个超自然的来源。"④ 因此，拥有这种上帝意识的耶稣基督的出现是"神奇的现象"（eine wunderbare Erscheinung）⑤，似乎只能被解释为超自然的恩典的产物：神将新的原则"植入"（Einpflanzung）人性之

---

① Schleiermacher, *Der christliche Glaube*, zweiter Band, Hrsg. von Martin Redeker, Berlin: Walter de Gruyter, 1960, S. 108.

② Schleiermacher, *Der christliche Glaube*, zweiter Band, Hrsg. von Martin Redeker, Berlin: Walter de Gruyter, 1960, S. 66. "认为在救赎主中有一种自然的无罪性和通过神圣者与人性的联合有一种新创造的每个人预设了一种超自然的观念。"（Schleiermacher, *Der christliche Glaube*, zweiter Band, Hrsg. von Martin Redeker, Berlin: Walter de Gruyter, 1960, S. 67）另参见 Schleiermacher, *Der christliche Glaube*, zweiter Band, Hrsg. von Martin Redeker, Berlin: Walter de Gruyter, 1960, S. 44。

③ Schleiermacher, *Der christliche Glaube*, zweiter Band, Hrsg. von Martin Redeker, Berlin: Walter de Gruyter, 1960, S. 38.

④ Schleiermacher, *Der christliche Glaube*, zweiter Band, Hrsg. von Martin Redeker, Berlin: Walter de Gruyter, 1960, S. 22.

⑤ Schleiermacher, *Der christliche Glaube*, zweiter Band, Hrsg. von Martin Redeker, Berlin: Walter de Gruyter, 1960, S. 38.

中，改变了固有的人性。①

另一方面，他的出现又是自然的，合乎自然秩序的。这是因为，首先，他的无罪的完善性和超强的上帝意识并不与人的本质冲突，或者说并不否定他与其他人的同一性和统一性，因为人本身是原初完善的，他确实具有发展出上帝意识并且由它主宰，于是脱罪的可能性，罪充其量是人性的被扰乱："既然我们已经规定，罪根本不属于人类的真正本质，以至于我们总是只能将它视作对［人的］本质的扰乱（Störung der Natur），设想救赎主完全免于所有罪性并不妨碍人性的完全同一性。"② 人们总是通过观察历史和现实中的人的言行而得出人都是有罪的，进而认为，既然耶稣基督是人，所以他也有罪，否则要么破坏了人性的同一性和统一性，要么他的人性只是幻影。这显然是将其他人作为人的尺度和标准，将他们普遍具有的罪性作为人的本质，由此来观察和衡量耶稣基督，认为他没有罪性是反人性的。但是事实上，"差遣基督的命令与创造人类的命令是同一个命令，因为在耶稣基督中，人性第一次被完成"③，耶稣基督是"人的创造的完成"④，因而作为第二个亚当的他才是真正的人、第一个人，而作为人的始祖的亚当虽然最早出现，但是他并非真正的人，完善的人。⑤ 恩典并不

---

① Schleiermacher, *Der christliche Glaube*, zweiter Band, Hrsg. von Martin Redeker, Berlin: Walter de Gruyter, 1960, S. 47. 施莱尔马赫指出，如果救赎主完全被限制在自然和历史之中，没有带来任何的新原则，那么，基督教完全可以被犹太教说明。参见 Schleiermacher, *Der christliche Glaube*, zweiter Band, Hrsg. von Martin Redeker, Berlin: Walter de Gruyter, 1960, S. 37。

② Schleiermacher, *Der christliche Glaube*, zweiter Band, Hrsg. von Martin Redeker, Berlin: Walter de Gruyter, 1960, S. 43.

③ Schleiermacher, *Der christliche Glaube*, zweiter Band, Hrsg. von Martin Redeker, Berlin: Walter de Gruyter, 1960, S. 178.

④ Schleiermacher, *Der christliche Glaube*, zweiter Band, Hrsg. von Martin Redeker, Berlin: Walter de Gruyter, 1960, S. 24.

⑤ 参见 Schleiermacher, *Der christliche Glaube*, zweiter Band, Hrsg. von Martin Redeker, Berlin: Walter de Gruyter, 1960, SS. 22, 48。对于施莱尔马赫的上述论证，Gerrish 给出了精彩的总结："施莱尔马赫的灵巧的推理拥有两个方面。一方面，既然上帝意识是人的东西，甚至耶稣的完善的上帝意识不能被标注为超自然的，它毕竟不是任何东西，除了人的理想之外。耶稣的上帝意识自然地在他之中发展并且以自然的方式传递给他人……另一方面，完善的上帝意识在历史中的出现，施莱尔马赫认为，肯定是超自然的，如果只在这种被仔细限定的意义上：我们不能通过它在有罪的团体生活中的环境来解释它而必须设想一种创造性的神圣行为。并且，甚至这样的新奇事物在自然中的出现并非没有在科学上被证明的相似情况。"（B. A. Gerrish, *Continuing the Reformation: Essays on Modern Religious Thought*, Chicago and London: The University of Chicago Press, 1993, p. 167）

毁灭人的本质，而是成全它。

可见，施莱尔马赫在考察基督的位格和工作时废除了超自然与自然的绝对区分：超自然的东西本身是自然的，并且要变成自然的。[①] 他是一个肯定自然和秩序的一致性和连续性的自然主义者，但是并不像狭隘的还原主义的自然主义者那样将自然和历史视作一个完全封闭的、僵死的、缺乏动态发展的机械性系统，相反承认它是一个动态的、发展的目的性系统，可以实现潜能，产生出新东西。

既然救赎主的出现及其活动既有超自然的来源，并且其在历史中的显现和运作又遵行自然秩序和法则，那么，从超自然主义的魔术的角度，或者从自然主义的经验的角度来理解它都存在片面性。施莱尔马赫认为自己的观点是魔术的和经验的这“另外两种观点之间的真正中间的观点”[②]，并说它是“神秘的”（mystisch）。[③] 不过，这个名称很容易使人误解它缺乏理据。因此，他自己并不满意这个歧义、模糊的术语。事实上，它是没有在团体中获得救赎体验的人对这种观点的称呼。在施莱尔马赫看来，这种观点只是对他们而言是神秘莫测、无法理解的，相反，对生活在敬虔团体之中的人是再自然不过的、千真万确的事情，因为这是他们亲身体验和验证过的。[④]

在施莱尔马赫看来，神圣存在是“纯粹活动”（reine Tätigkeit）。[⑤] 不过，

---

① Mariña 指出，施莱尔马赫拆解了超自然与自然的对立，并且废除了这种区分，“规定了有关基督的位格和工作的教义”，因为这个教义是有关上帝与世界的。参见 Jacqueline Mariña, “Schleiermacher's Christology Revisited: A Reply to His Critics,” *Scottish Journal of Theology* 2, 1996, p. 189。

② Schleiermacher, *Der christliche Glaube*, zweiter Band, Hrsg. von Martin Redeker, Berlin: Walter de Gruyter, 1960, S. 95.

③ Schleiermacher, *Der christliche Glaube*, zweiter Band, Hrsg. von Martin Redeker, Berlin: Walter de Gruyter, 1960, S. 94.

④ 施莱尔马赫强调基督徒的被教会形塑的经验的基础地位。他的《基督教信仰》的扉页上摘录了安瑟伦的两句名言：“因为我不是寻求理解以便我信仰，而是我信仰以便我理解。因为那些不信仰者不会被经验发现，而那些不被经验发现者不会理解。”（Neque enim quaero intelligere et credam, sed credo ut intelligam. Nam qui no crediderit, non experietur, et qui expertus non fuerit, non intelliget）教义是对于这种经验的陈述。而“真正将这种教义据为己有会发生，只有每个个体实际上想要获得经验，正如拥有个体性和独特性的一切东西确实只能通过想要知觉它的爱才能被理解”。（Schleiermacher, Der christliche Glaube, erster Band, Hrsg. von Martin Redeker, Berlin: Walter de Gruyter, 1960, S. 93）

⑤ Schleiermacher, *Der christliche Glaube*, zweiter Band, Hrsg. von Martin Redeker, Berlin: Walter de Gruyter, 1960, SS. 45, 46.

它并非一种盲目的冲动和动力，而是具有明确的目的和方向的爱的活动，因为“只有爱被等同于上帝的存在或本质”，“神就是爱”①，正是通过神爱，“神圣存在显示自身”②，而爱“以愿意与他者联合，在他者之中存在为目标”③。于是，神爱在基督论中表现为神圣存在与人的存在联合、道成肉身为耶稣基督这个位格。“在基督之中的这种神圣活动是在他之中的神爱”④，而“神爱在救赎的工作中被认识”。⑤在耶稣基督之中，作为神爱的神圣存在构成了他的生命的内在原则和基本力量，规定和引导他的生命的一切环节、要素和能力，而人的诸种能力和独特性之类的东西都只是非位格的东西，只有作为这种活动的器官、材料和工具，才成为他的独特位格和人性的组成部分。耶稣基督是人的创造的完成和人的原型。因此，应该依据他来评价和审视世人是否具有真正的人性，而不是反过来由后者所具有的特性来衡量，甚至责难他是否具有真正的人性。耶稣基督的工作是重复和继续神圣存在在他的位格形成中的爱的纯粹活动，使其他人通过他并且只有通过他建立与他的生命团契，由此才可能成为与他相似的、神圣活动在其中发挥主宰作用的位格或新生命。因此，耶稣基督与其他人存在着根本的差异，并非与他们相似，只是在完善程度上比他们略高。并且，既然施莱尔马赫的基督论所陈述的是神圣存在的救赎性的爱的历史活动和他的自我启示的活动，那么，与巴特所指责的刚好相反，它并非有关人如何扩展和完善自身的可能性的理论，而是有关神的道成肉身、实施救赎的可能性的理论：“上帝作为他的父将他自身启示给他，并且通过他启示他自身。”⑥因此，这不是“自下而上的基督论”，而是“自上而下的基督论”。不仅如此，既然基督论构成了施莱尔马赫的教义学的枢纽和关键，创造的命令与基督实施

① Schleiermacher, *Der christliche Glaube*, zweiter Band, Hrsg. von Martin Redeker, Berlin: Walter de Gruyter, 1960, S. 449.

② Schleiermacher, *Der christliche Glaube*, zweiter Band, Hrsg. von Martin Redeker, Berlin: Walter de Gruyter, 1960, S. 446.

③ Schleiermacher, *Der christliche Glaube*, zweiter Band, Hrsg. von Martin Redeker, Berlin: Walter de Gruyter, 1960, S. 445.

④ Schleiermacher, *Der christliche Glaube*, zweiter Band, Hrsg. von Martin Redeker, Berlin: Walter de Gruyter, 1960, S. 70.

⑤ Schleiermacher, *Der christliche Glaube*, zweiter Band, Hrsg. von Martin Redeker, Berlin: Walter de Gruyter, 1960, S. 446.

⑥ Schleiermacher, *Der christliche Glaube*, zweiter Band, Hrsg. von Martin Redeker, Berlin: Walter de Gruyter, 1960, S. 112.

救赎的命令是同一条神圣命令，都出于作为爱的纯粹活动的神圣存在，那么，他的教义学同样不是以人为中心、只展示个人的主观的宗教意识的理论，而是以神圣存在为中心、通过基督徒在基督建立而神圣存在作为圣灵在其中发挥主导作用的团体中所形塑出来的团体经验这个媒介，来呈现和启示神圣存在在创造和救赎中的爱的目的和作为的理论。①

① 巴特只关注《基督教信仰》导论中有关人的一般的宗教意识或上帝意识的论述，并且认为正文陈述的基督徒的宗教意识或上帝意识是从它派生出来的。但是施莱尔马赫指出，在基督徒的实际生活中，一般的宗教意识或上帝意识是从基督徒在与救赎主的生命团契中产生的上帝意识中抽象出来的，根本不存在不与对基督的反应绑在一起的一般的上帝意识。参见 Schleiermacher, *Der christliche Glaube*, erster Band, Hrsg. von Martin Redeker, Berlin: Walter de Gruyter, 1960, S. 344。

现象学专题研究

直观如何被描述

——论胡塞尔现象学的一个困难

谭文章*

[内容提要] “回到事情本身”可能是“事情本身向我显现”，也可能是“我让事情本身显现”。如果说“直观”让“事情本身向我显现”成为可能，那么“描述”则让“事情本身不仅仅向我显现”，而且“事情本身通过我的描述进一步向他者显现”。正是后者真正突破了唯我论，成为现象学的关键一环。但这个理想蓝图面临技术性困难——直观的内容如何能被准确描述。这是本文的核心论题。

[关键词] 现象学 直观 描述

一 描述作为现象学的唯一目标

在胡塞尔力图将现象学刻画为一门描述性的科学后，有一个事关现象学理论进展的问题——“为现象学设定仅仅描述（mere description）的目标是否正确。”①对这一问题的充分回答，除了澄清描述的是什么，描述的内容为何至关

---

* 谭文章（1994— ），武汉大学外国哲学专业硕士研究生，主要研究方向为德国现象学，尤其是认知现象学。

① Edmund Husserl, *Ideas Pertaining to a Pure Phenomenology and to a Phenomenological Philosophy*, trans. by F. Kersten, Springer, 1990, p. 160. 以下简记 *Idea* 1。

重要外，还必须解释为何现象学一点不多一点不少，只是那类描述。

肇始于布伦塔诺对描述心理学做出的尝试，描述主要考察一个对象的一般特征和特殊特征，并发现“对象的结构”与“关于结构的直观”。① 但是，用来描述的主要范畴是否该被最先确定下来？如果没有这些主要范畴，拿什么去描述对象的特征呢？如果提前确定好了描述的范畴，这种提前确认的基础何在？胡塞尔最终放弃布伦塔诺的尝试，他渴望得到一种“没有前提的”哲学——现象学。“没有前提”容易引起人们类似对笛卡尔一样的担忧：假如笛卡尔怀疑所有的信念，难道不该一无所剩，荡然无存。胡塞尔的“没有前提”是否也排除一切信念？Gary Hatfield 发现笛卡尔在六个沉思的内容提要开篇，有一个非常谨慎的表述，暗示了笛卡尔怀疑的特征：“只要我们在科学里除了直到现在已有的那些根据以外，还找不出别的根据，那么我们就有理由怀疑一切，特别是物质性的东西。”② Gary Hatfield 认为这个关键性的转折暗示“怀疑是有条件的，并且怀疑也取决于沉思者的认识水平”③，另外笛卡尔在第三沉思中用“自然的光明”（natural light）来说明某些认识是无法怀疑的，并且是不得不同意的。同理，胡塞尔现象学的“没有前提”亦绝非从零开始，而是取消不能被现象学证实的预设，如形而上学、自然主义和心理主义断言等。④日常语言和逻辑仍旧作为最基本前提，现象学新的起点是从纯粹内在意识出发，描述对象如何显现给意识。做到这一点，必须只忠实于现象，忠实于直观。胡塞尔认为一切原则的原则是：“一切源初显现的直观是认知的合法根源。”⑤

那么合法的描述也就仅仅是对直观到的内容进行描述，经过还原后的绝对剩余是内在意识，因而，关于对象向意识显现的描述似乎也就具备了绝对确定性。这刚好一点不多一点不少地符合胡塞尔的构想。

---

① 参见〔美〕赫伯特·施皮格伯格《现象学运动》，王炳文、张金言译，商务印书馆，2011，第 75 页。

② *The Philosophical Writings of Descartes*, Vol. Ⅱ, trans. by John Cottingham, Robert Stoothoof, Dugald Murdoch, Cambridge University Press, 1984, CSM Ⅱ p. 9.

③ 〔美〕G. 哈特费尔德：《笛卡尔与〈第一哲学的沉思〉》，尚新建译，广西师范大学出版社，2007，第 94 页。

④ 参见〔德〕胡塞尔《逻辑研究》第二卷序言第 7 页：“在我们看来，这个原则不外是说要严格排除所有不能用现象学方法充分而完全证实的陈述……”

⑤ Edmund Husserl, *Ideas Pertaining to a Pure Phenomenology and to a Phenomenological Philosophy*, trans. by F. Kersten, Springer, 1990, p. 44.

当然，胡塞尔也意识到了“描述”和“描述的概念”之间的关系，“准确的定义”和“理想的概念”之间的关系是未被解决的问题。[①] 不过他认为这对现象学来说并非最紧要的困难，因为他认为没有必要借助概念来认识本质，我们可以直接直观到实物的理智形式。知觉比概念更为源初，基于此，他反对语言哲学的语义预设，认为这种预设仅仅是理智主义的抽象，错置了语义和直观的顺序。[②]

但如莫兰所担忧的那样，“直观到本质是一回事，把它表达出来是另一回事”。[③] 胡塞尔低估了直观和表达之间的困难。直观在胡塞尔那里有感性直观和范畴直观之分，下文将分别澄清两种直观和描述之间的紧张关系。

二　感性直观和描述

“从直观中得到的只能通过直观获得”（Hua xxv 339），一个单独的物体呈现给意识就是通过经验直观。日常知觉活动（ordinary perception），特别是具身化的知觉（sensory perception）活动就是明证性的直观（evident intuition），因为“作为一种直观意识，它使得个体以源初性和本己方式显现给意识”。[④] 需要澄清的是，胡塞尔所说的直观并非经验主义或者康德所说的直观。胡塞尔批评以洛克为代表的经验主义者，他们把经验世界的存在当作不言而喻的[⑤]，直观是作为心灵“白板”和“客观外物”之间的因果作用的结果，这种理论本身蕴含了循环论证。另外，胡塞尔并不关心感性直观的感性物体，胡塞尔的感性直观并不仅仅是康德所说的感官接受性（receptivity），还有部分充实和未被充实的直观、记忆和想象。与康德不同的是，胡塞认为先验结构是直观到的而非演绎的结果，并且先验结构属于存在而非主体。[⑥] 另外，直观和意向不可

① Edmund Husserl, *Ideas Pertaining to a Pure Phenomenology and to a Phenomenological Philosophy*, trans by F. Kersten, Springer, 1990, p. 165.

② Dan Zahavi, *Husserl's Phenomenology*, Stanford University Press Stanford, California, 2003, p. 29.

③ Dermot Moran, *Introduction to Phenomenology*, London and New York: Routledge, 2000.

④ Edmund Husserl, *Ideas Pertaining to a Pure Phenomenology and to a Phenomenological Philosophy*, trans by F. Kersten, Springer, 1990, p. 9.

⑤ 〔德〕胡塞尔：《第一哲学》（上），王炳文译，商务印书馆，2006，第 118 页。

⑥ Richard Cobb-Stevens, “Being and Categorical Intuition,” *The Review of Metaphysics 1*, 44, 1990, pp. 43 –66.

分割，这是现象学还原的要点。如果我们同意感性直观具有明证性，那么被直观到的内容就应该是普遍的。

现在，困难在于，如何将感官直观到的内容准确描述出来。下面两个思想实验将有助于揭示这种困难。

实验一：十个人在听到“一个红色的圆杯子”这句话后，彼此既不讨论也不互相参考，然后各自在白纸上画出这个杯子来，最后看所有的画是否一模一样。

实验二：十个人同时观看室内一盆花草，彼此既不讨论也不互相参考，然后各自在纸上写下用来描述这盆花草的句子，最后看他们的句子是否都一样。

对此，有几种不同观点用来解释两个实验的结果。

观点一：大部分人对这两个实验结果持悲观预期，认为即使排除十个人性别、年龄、受教育程度、审美品位、美术功底，以及其他外部因素，他们在纸上画出的颜色的浓度，杯子的形状、构造、大小都极有可能不一样。原因在于，描述者之间的内在差异是无法消除的。将语言转化为视觉内容，以及将视觉直观转化为语言描述，这两者有着巨大的鸿沟。

观点二：部分人对这个实验持乐观预期，给出的是一个宽泛意义上的解释。在实验一中，虽然十个人画出来的杯子颜色的浓度不同，但至少都是红色，除非是色盲；即使杯子的外观形状或者具体细节构造不相同，但至少都能让人一眼看出那是一个杯子。在实验二中，他们又认为，虽然十个人对那盆花描述的重点不同，选用的词语不同，但他们句子之间都有相似性或者交叉点，句子的意思都指向了同一盆花。这种乐观基于一种相似性。另外，当外部因素尽可能被减少，比如把用来描述的语言进一步统一和规范后，十个经过统一培训的人，便极有可能做出同样的描述。因此，直观和描述之间，可以由实际中的相似性达到理论上的一致性。

观点三：还有部分人批评乐观预期，他们认为只有在假设了上帝视角的基础上，才能从相似性的东西推论出一个同一物存在。比如在盲人摸象的故事中，只有预设有视力正常的人，才可能断言没有一个盲人完整地描述了大象真正的外貌。同理，无论这些人描述语言之间的相似性还是绘画中的相似性，都无法直接推论出这十个人直观到的是同一个东西。但他们也批评悲观预期，如果认为直观和描述的语言之间完全不一致，那么便暗示语言描述脱离了它们的指称，成为空中楼阁。

胡塞尔表达过，物理事物的显现是无穷的，从不同的视角会直观到不同的内容，对物理事物的感性直观总是不充分的（inadequate）。另外，胡塞尔在《逻辑研究》第一研究刻画了一种前语义图景，意义意向（meaning-intention）的充实与否才是表达（expression）最为重要的部分，语词的存在与否既不打搅我们也不吸引我们。① 但是，这只能部分解释实验一和实验二的悲观预期。真正的困难在于，外在物理对象（physic thing）不断地向意识敞开的直观过程完全是内在的和私人性的，而语言描述却是外在的和公共性的。尽管可以同意胡塞尔所说的，表达在内心独白中可以和公共交流一样有效，但是在内心独白中的直观和对应的意义，在没有表达之前就如同维特根斯坦所比喻的“盒子中的甲壳虫”，是封闭的。感官直观难以直接转化为同一的描述，除非感官直观蕴含着某种普遍性的东西，并且普遍性的东西只能以唯一的方式把握，在这种情况下，便有可能进行一致的描述。事实上，正是另一类不同的直观——范畴直观——成了现象学描述的主要目标。

三　范畴直观和描述

直观到一片绿色的树叶，感官视觉充实了我的意向。在此过程中，树叶可以被直观到，绿色也可以被直观到，但“这片树叶是绿色的”这个命题如何被直观到呢？又比如我们可以直观到这一片树叶，也可以直观到另外一片树叶，但是“两片树叶的相似性”如何被直观到，以及像“一片”“两片”“所有”这些量词如何被直观到？这可能是些奇怪的问题，但胡塞尔给出了深刻的回答，他扩展了直观的类型，提出了一种不同于感性直观的直观——“范畴直观”（categorical intuition）。范畴直观不仅是语言层面的，而且是一种对本质（Eidos）的直观。

（一）范畴直观的内涵

两种直观的区别：对于真实对象（real object）的直观属于感性直观的范

① Edmund Husserl, *Logical Investigations*, Vol. 1, Dermot Moran ed., trans. by J. N. Findlay, London: Routledge, 2001, p. 191.

围，而对观念对象（ideal object）的直观则属于范畴直观（cf. LI，787［Hua XIX，674］）；感性直观是直接的即时的（direct and immediate），而范畴直观间接基于感性直观，且伴随更高阶的意向活动；感性直观总是使得个体（individual）显现，而范畴直观则是直观到本质（Eidos）。

这两种直观也是相互依赖的。胡塞尔认为，对本质的范畴直观离不开对个体的感性直观；而对个体事物的直观也离不开对个体所含的普遍性的本质直观。① Dieter Lohmar 对两种直观的充实（fulfillment）类型进行了更为细致的分析，感性直观是简单的直观，不能被进一步结构化，比如“我看到一本书”；而范畴直观则以感性直观为基础，“这是一本书”这个命题需要范畴直观的充实，而范畴直观的充实又是以我对这本书的简单直观为依据的。不过，Dieter Lohmar 强调，范畴直观不仅是所有基础直观的集合，而且范畴直观还直接指向了一个对象，这个对象包含关于对象各种个别（particular）直观的综合充实（synthetic fulfillment），并且胡塞尔早在第六研究中就展示出了这一关系。②

Dieter Lohmar 进一步描述了胡塞尔的范畴直观进行综合的步骤，比如对命题“这个门是蓝的”的直观分为三步。第一步，对象无结构直观（unstructured glance），指向作为一个整体的对象，同时对象的部分也被意识到了，但是整体和部分还是模糊的。第二步，对象部分的细分的意向（subdividing intention），使得部分从模糊达到清晰。在这两步中，对象并未改变，只是从无结构的知觉（unstructured perception）转变到对对象细分的知觉（subdividing perception），得到的这个对象则能够被作为一种领会的直观模态（the same intuitive mode of apperception）。Dieter Lohmar 指出，在这个转化中，正是“一致的综合”（synthesis of coincidence）起着作用。我们不仅能对颜色有一个概括模糊的认识，而且对这个蓝色有一种清晰的直观。第三步，这最为关键，将关于对象的部分的清晰的直观，综合成新的直观，比如建立不同部分之间的关系，从而

① 参见 *Idea* 1，p. 10。“no intuition of essence is possible without the free possibility of turning one's regard to a ‘corresponding individual and forming a consciousness of an example—just as，conversely，no intuition of something individual is possible without the free possibility of bringing about an ideation and in it，directing one's regard to the corresponding essence exemplified in what is individually sighted.”

② 参见 Dieter Lohmar，*Husserl's Concept of Categorial Intuition*，*One Hundred Years of Phenomenology*，*Husserl's Logical Investigations Revisited*，Springer Science + Business Media Dordrecht，2002，p. 129。

形成一种新的特征，比如“这个门是蓝的”。这三步被他概括为：首先是对整体的原初简单的直观，然后是细分的特殊部分的准确的直观，最后是范畴综合。

莫兰指出范畴直观更意味着一个本体领域的转变，对本质的直观意味着进入胡塞尔先验现象学领域，即本质科学（eidetic science）。[①] 如果说感性直观是关于物理对象的显现，那么范畴直观则是超出感官本身，进入命题和知识领域。扎哈维（Zahavi）分析，命题和物理对象一样需要被充实，虽然被充实的模态不同，但有一个共同的结构，即意向（intention）和给予（given），只有被充实的直观，即意向和给予的一致，才可能是知识，才具有明见性。这种一致并非传统符合论里两个意向之间的符合，而是两个不同本体领域的一致，而这种一致就是真理。[②]

（二）描述范畴直观的困难

在澄清范畴直观与感性直观的基本区别与联系，及范畴直观的操作步骤和与知识的重要联系后，范畴直观面临的困难也随之而来。下面我们将讨论胡塞尔的自我批评，以及其他现象学家的诘难。[③]

（a）困难一：范畴直观是否模糊的问题。胡塞尔之所以要悬搁自然主义预设，就是因为自然主义内在预设是含混不清的。但现象学同样面临这样的困难：如果作为还原后的绝对剩余，本该具有绝对性和纯粹性的意识，在被给予和描述时，仍旧无法拥有绝对的清晰性，那么“本质”就会成为“近似本质”。胡塞尔在观念Ⅰ中，提出真实的清晰度和虚假的清晰度，认为外部直观和对本质的直观都具有完美的清晰性，可以被完全给予。但这是有疑问的，比如看到一个蓝色的门，我对蓝色的直观真的可以达到绝对性吗？当我直视一条光谱带，在各种颜色的交会处，我几乎无法准确地判断那究竟是什么颜色，我对蓝色的本质并不能帮助我进行精准的区分，而只能给出一个模糊的标准。

---

① 参见 Dermot Moran, *Introduction to Phenomenology*, London and New York: Routledge, 2000, p. 135。

② 参见 Dan Zahavi, *Husserl's Phenomenology*, Stanford University Press Stanford, California, 2003, p. 31。

③ 参见 Dieter Lohmar, *Husserl's Concept of Categorial Intuition*, *One Hundred Years of Phenomenology*, *Husserl's Logical Investigations Revisited*, Springer Science + Business Media Dordrecht, 2002, p. 128。作者提到几个典型的指责，包括范畴直观是模糊的甚至是错误的，或者根本没有范畴直观。

（b）困难二：范畴直观的操作性问题（problem of practicability）。Dieter Lohmar 描述了这一困难，范畴直观作为一种高阶的活动，必须能够保证所有低阶的直观被充实。比如，范畴直观“这个门是蓝的”为真，就是说杂多的感性直观的综合为真，这种综合包括简单的直观为真，以及各直观之间的可能的关系为真，这样范畴直观被还原或者分析成了无数简单直观，这包含着复杂的处理过程，远远超出直观的瞬时性。

（c）困难三：超越性是否可能的问题。胡塞尔将对物理对象的感性直观和对本质的范畴直观进行类比后发现，两者有不同的直观对象，前者是物理对象（the physical thing），后者是本质（Eides）。举例来讲，观察者看到一个蓝色的门，并不能因此就说他的意识变成了一个“蓝色的门”。因为意识没有颜色也没有形状，但颜色或者形状却能够显现给意识。同样，范畴直观能够直观到一种蓝色的相似性，通过门的蓝色而直观到作为普遍的蓝（蓝的本质），但蓝的本质也同样不在意识之中，只能显现给意识。也就是说，物理对象和本质都是超越的对象（transcendent object），但是内在意识如何可能超出自身呢？

（d）困难四：内在意识是否绝对的问题。胡塞尔认为，克服超越性问题，要紧紧把握两种直观，而两种直观又牢牢地依靠显现，故“显现”（appear）构成现象学描述的核心条件。不过，它仍旧只构成直观的一极，另外一极是内在意识。如果说，范畴直观的模糊性和操作的困难性针对的是显现那一极，那么另一个挑战无疑来自内在意识这一极，人们可能的质疑在于：意识真的如同胡塞尔所言是绝对纯粹且自明的吗？

意识经常用 Cogito 或者“我思”（I think）两个概念描述。笛卡尔在《第一哲学沉思录》中将这一概念扩展到很多心智活动，包括怀疑、意愿、理智、想象、感觉等，这个宽泛的“我思”概念能否直接对应于胡塞尔的“我思”概念呢？我们知道胡塞尔在 1929 年的巴黎讲稿①中，赞扬笛卡尔“向我思活动的自我回溯”为“在一个缺乏现有科学支撑的地方，找到绝对可靠的起点与前行的方法”做出了典范。他同意笛卡尔的回归方法，但惋惜笛卡尔对“我思”做了错误的描述——“把自我变成思维着的实体，变成了被分离出来的人类灵魂，变成了根据因果原则推理的起点”。他因而认为在笛卡尔那里发

① 〔德〕胡塞尔：《笛卡尔沉思与巴黎讲演》，张宪译，人民出版社，2008，第 1～11 页。

生了“不幸的转折”。

那么，怎样一个更窄的意识概念能够符合胡塞尔的现象学起点？胡塞尔认为“能够绝对显现给我们的就是意识，并且这种绝对性是任何情景中的任何时刻”（IP, p. 23；Hua Ⅱ30）。进一步说，胡塞尔认为无论在想象还是在知觉，我都能绝对意识到“我在意识”。可这有什么用呢？我意识到我在意识，或许可以将意识的存在性揭示出来，但是对描述意识的具体内容并无太大作用。也就是说，如果胡塞尔所说的一个充足的纯粹且内在的知觉（adequate purely immanent perception）仅仅是“我意识到我在意识”或者“我在意识活动是自明的”，那么这无论是对“揭示意识自身结构”还是“回到事情本身”都没有实质且具体的信息。比如仅借助这种意识，我真能清楚地描述我所做的梦吗？我真能把我想象的内容清楚无误地写出来吗？我真能把我的知觉过程清楚地展示出来吗？显然不可能做到绝对的清楚。因而，内在意识在其具体内容方面的绝对性至少是可疑的，这便暗示一种基于此的准确描述面临困难。

胡塞尔对此困难的回答体现为他对意识结构的进一步分析，借助意向性结构和先验自我，他认为意向性结构是意识的根本，对象是通过意向性而显现出来的，意向性指意识的“noetic-noematic”结构，前者指意识的内在形式，后者指意识中的被意向之物，仅仅当这二者一起才能使得对象的显现成为可能。

胡塞尔的这一分析或许并不令人满意。首先是针对意向性的反驳，“逆意向性”或是意识更根本的结构。① 意向性还可被进一步还原，虽然这种还原如何克服无限后退还需进一步澄清，但至少已经让人们看出，胡塞尔所依靠的还原达到的纯粹性仍有缺漏。其次对“意识的内在结构”的分析真的能充分揭示“现象的结构”吗？这必须假定“意识 - 现象”之间具有同一性，但这显然有陷入唯心主义的危险。因而，内在意识的模糊会导致显现变得模糊，最终可能会导致描述变得模糊。

四　“直观—描述”几种可能的解决方案

直观和描述之间的复杂关系，更深层次地触及存在和语言之间的关系。这

① 参见郝长墀《逆意向性与现象学》，《武汉大学学报》（人文科学版）2012 年第 5 期，第 38 ~ 45 页。

一更复杂的关系难以在本文中进一步展开，笔者接下来展示几个典型的观点，它们试图调和直观和描述。一种观点认为，语言是描述存在的工具；另一种观点认为，语言是存在显现的方式。

（一）语言作为描述的工具

这种观点认为语言作为描述或表达（如果描述可以被等同于表达）的工具，就像颜料。但由于日常语言包含描述、修辞等内容，具有模糊性和多义性，因此无法做到清晰描述。他们认为有两种解决办法：一是对语言进行规范，给特定的术语以稳定的含义，如自然科学；二是干脆创造一种新语言，即区别于日常语言的理想语言，比如纯粹逻辑语言。

前一种方法，作为典型的自然态度，试图把直观的感觉材料（sense-data）还原成更为细小的感觉单位或者生理单位，比如最简单的物理反应或者化学反应，甚至神经脉冲。用这些细小的语词单位去描述一个直观活动。但问题在于，即使忽略彻底还原的可能性，这种物理还原仍旧是单方向且贫乏的。可以设想将看到一盆花这个视觉发生机制用理论术语进行机械的描述，但是无法设想在看到这个描述性句子后，他们在头脑中会因为同样的机械反应而形成同一直观画面。这种方法的贫乏在于，物理还原把直观仅仅当作感觉材料，但看到一盆花真的只是它显现出的不同侧面直观吗？如果只是各种侧面直观，又如何理直气壮地得出“这是一盆花”这样一个完整的表述呢？这至少暗示胡塞尔所说的一种对感性直观进行综合统一的能力（或说范畴直观）仍然具有存在的必要性。胡塞尔对这种物理还原主义更大的批评在于，自然科学用以描述的基础是假设的实体，是以不可知的原因在解释可见或可知的内容。这一困难甚至构成科学实在论尚未充分回答的难题，即“理论实体”（如电子、量子等）是否真实存在？

罗素试图构建一个新的描述语言，由最基本的事实句作为原子句，通过逻辑公理，一起构成一个形式系统。将直观者所见的作为直接描述，另外的内容作为间接描述。以真值陈述为前提，陈述句和事实相符合就是一个真命题。然而，罗素的形式系统和描述理论是不相容的。原子句如何被解释？感性直观的描述何以就是准确的？罗素回避了这个问题，因为在他那里，事实是逻辑建构而不是通过忠实的描述。

前两种方法都涉及了感性直观，如果没有感性直观，描述是否会更为顺利呢？几何学正是这样一个绝佳的典型，几何学家不仅不在意事实上直观到的图像，而且他们用数学概念来表达的对象甚至是无法通过视觉看到的。这种概念符合胡塞尔所说的观念概念（ideal concept）而非描述概念（descriptive concept），它们的对象也不是物理对象而是意向对象。数学的这种观念化（ideation）从根本上区别于感性直观（sensuous intuition）。如果数学不描述感性事物，那数学在描述什么呢？是数学家的任意创造或者数字游戏吗？数学描述的对象是纯粹的本质（ideal essence），并且数学的描述因其意向概念的准确性而先天具有准确性。

那么，要想达到一种描述的准确性，现象学是否也应该变成某种几何学呢？

（二）语言作为显现的方式

一方面，胡塞尔认为现象学和几何学确实都能把握到本质；但是另一方面，令人迷惑的是，胡塞将本质和本质科学继续分为形式的本质科学（the formal eidetic science）和质料的本质科学（the material eidetic science）。数学只是形式的本质科学，而现象学则属于质料的本质科学。这一区分必须给出现象学描述所特有的品质，否则便难以理解。

胡塞尔给出的答案非常简明：现象学的外延是由意识（mental）的本质构成的，意识不是抽象的，而是具体的（concrete）。这是现象学区别于数学的地方，也是现象学之所以是质料的本质科学的原因。如果回到前文对意识所做的讨论，我们便无法给“现象学为何是质料的本质科学”这个问题一个充分的答案。

回到这一节的关键问题，数学确实可以作为一种工具，而且它在物理学、天体学乃至计算机科学的发展中都是不可缺少的工具。但就数学本身来说，它并非以这些学科为对象，数学的对象就在数学体系或者数学语言之中。现象学是否也具有这样的特征呢？很明显的区别在于，数学有纯粹的数学语言，现象学却没有，这直接使现象学失去了成为一门形式科学的必要条件。现象学唯有借助日常的基本语言才能发展（笔者在开篇所分析的关于现象学“没有预设”的限制性说明），现象学家也必须去发现日常语言的本质，才有可能让现象学的描述具备其所宣称的准确性，最终才能回答为何“描述是现象学唯一的目标”与“回到事情本身”。

是超越善恶还是够不着善恶？*

——海德格尔对亚里士多德伦理学的简化

弗朗西斯科 J. 冈萨雷斯 文/刘明峰 译**

[内容提要] 海德格尔对亚里士多德伦理学内容的存在论化体现在诸多方面，包括善，德性，快乐，勇敢，诚实与抉择等。具体而言，亚里士多德以幸福为理由证明人类之善，认为它是人的目的。借助对目的概念的存在论化，海德格尔将“善”从任何与选择、愿望和决定的关系中排除，以此将“善”存在论化。同时，将品质与德性等同，将其置于泰然处之的存在的瞬间决定中，将原本在适度意义上被亚里士多德区分为道德与非道德的东西存在化为本真与非本真存在的东西。与之类似，快乐与痛苦之间的区分也被存在论化之后的“抓住自身”与“逃避自身”所替代；勇敢则由为了高贵而从容赴死转变为面临畏之时持守自身存在。而海德格尔的这种存在论化则在阐释“抉择”时完全暴露出来。即将德性简化为在理智德性意义上的去蔽，将之与关于知识的决定等而视之，最真实的决定就是知识的决定。但“向着”某物做出决定变成了消极意义上的“反对”，于是真正的抉择作为品质乃是出于日常生存却又反对日常生存的。对德性、品质和

---

* 本文译自 Francisco J. Gonzalez，“Beyond or Beneath Good and Evil? Heidegger's Purification of Aristotle's Ethics，” in Drew A. Hyland，John Panteleimon Manoussakis eds.，*Heidegger and the Greeks*，Indiana University Press，2006，pp. 127－156。

** 弗朗西斯科 J. 冈萨雷斯（1963— ），加拿大渥太华大学哲学教授。刘明峰（1986— ），华东师范大学在读博士，研究方向为西方诠释学及海德格尔哲学。

抉择如此转化，就使三者等同起来并将其伦理意义清除尽了。

［关键词］ 善 德性 品质 抉择 存在论化 伦理学

要说的不是新东西，而是古人的意思。

——马丁·海德格尔（GA18，329）

海德格尔的《亚里士多德哲学的基本概念》[①]，2002 年首次出版，但早在 1924 年就发表了。它毫无疑问是备受期待的。尽管该课程的某些内容可能在更早时以瓦尔特·布洛克（Walter Bröcker）誊抄本的形式藏于马尔库塞档案馆，尽管海德格尔自己的手稿在该课程中仅存大约三分之一，即便如此，《海德格尔全集》仍提供了目前可能的关于该课程的最完整写照。它值得等待的价值是无法被否认的。起初，最令人印象深刻的是海德格尔将亚里士多德的文本从贯穿其两千多年历程的形而上学教条中解放出来的那种能力。然而，这里的目标不是致力于过去的考古学，而是由过去开放出未来的可能性。根据海德格尔的说法，历史和过去对现在和将来的冲击力（stoßkraft）的方法论预设是文献学所呼吸的空气（334）。因此，海德格尔可以声称该课程的目标既非哲学史，也非哲学，而是文献学，被理解为对逻各斯的热情（die Leidenschaft der Erkenntnis des Ausgesprochenen[②]，4）：尤其在这种情况下，对到达亚里士多德之逻各斯——亚里士多德的基本术语——的热情就再次开口说话了。

相应地，在该课程中同样令人印象深刻的是他将存在问题作为当务之急：所强调的是，在此刻处于危急关头的并非对抽象哲学概念的学习，而是我们将变成谁。有一次，海德格尔劝告他的学生不仅要学习、重复和应用亚里士多德的概念，而且要模仿他所做的事情，以同样的真实性和独创性来看待事物本身。这是对课程基本的真诚。如果海德格尔在某一点上将生命哲学（Lebensphilosophie）这个词视为与“植物的植物学”相等同的赘言（242），那是因为对他而言，哲学和生命不是两个截然不同的事物：哲学就是生命。的确，

① *Grundbegriffe der aristotelischen Philosophie*, *Gesamtausgabe* 18, Frankfurt am Main: Vittorio Klostermann, 2002；此后涉及 GA18，对该课程的所有翻译都是由我自己完成。

② 此句的意思为，“对公开知识的热情”，Ausgesprochenen 形容词名词化，其原形为 aussprechen，意为说出，表达。按照海德格尔对 logos 的一贯理解，logos 是指说及、说出的内容，由此可见逻各斯和“公开知识”之间的关系。——译者注

正如将从该课程中浮现的那样，这是在生命最充分和最真实的意义上而言的。该课程的一个明确前提是，此在能够完全依靠自己（sich einzig auf sich selbst stellen）而处于真正的阐释中并确定其可能性（334），并不是乞灵于信仰，宗教或其他类似的东西（6）。在这里，我们可以看到这门课程不仅仅是对亚里士多德基本概念的讨论，而且是一种对打算过上亚里士多德所认为的最自由生活——理论生活——的规劝。个中缘由人们可以理解，根据伽达默尔的说法，学生们很难说这是亚里士多德还是海德格尔的说法①：这已不是他们在其他课程中所习惯的对亚里士多德哲学的讨论，他们在这里遇到的是对亚里士多德的复活（redivivus）②，劝诫他们自主地、真实地认识到他们生存的可能性。

我强调这种方式，该课程最重要的表现似乎是对亚里士多德伦理学的挪用，因为我在本文中聚焦的正是海德格尔在课程内容中如何转换亚里士多德的基本伦理概念。这似乎是一个奇怪的焦点，因为粗略地看一眼《海德格尔全集》的目录，就知道海德格尔只是将课程的一小部分放在了解读亚里士多德的《伦理学》上，更多的时间是花在了《物理学》、《形而上学》和《修辞学》(尽管认为该课程是致力于亚里士多德《修辞学》的那种习惯严重夸大了这部作品的空间容量)③ 上。此外，海德格尔在下一学期（1924～1925 年冬季学期）的“智者”课程中对《伦理学》投入了更多的时间，在那里他详细分析了亚里士多德在第 6 卷中对“理智德性”（virtues）④ 的处理。然而，在1924 年夏季学期的课程中，海德格尔阐释了亚里士多德《伦理学》中一些最基本的概念：善（agathon），目的（telos），品质（hexis），德性（arete），快

---

① 在描述马堡岁月时，伽达默尔写道：“人们如此对待亚里士多德，以至于失去了所有的距离，甚至没有意识到海德格尔自己并不是在认同亚里士多德，而是最终自己瞄准一种针对形而上学的反向筹划。相反，对亚里士多德的这种早期解释的特征在于，异化的经院主义的外衣被剥离，并几乎成为解释学‘视域融合’的典范，这使得亚里士多德像一个当代人一样说话。” H. G. Gadamer，*Gesammelte Werke* 3，Tübingen：J. C. B. Mohr，1987，S. 286。

② “……他几乎为我们展现了一种对亚里士多德的复活”，H. G. Gadamer，*Gesammelte Werke* 2，Tübingen：J. C. B. Mohr，1993，S. 486。

③ 该书直到 1991 年，在《海德格尔全集》里都是以《亚里士多德：修辞学》的标题示人。但由于该课程并不偏颇于亚里士多德著作的某一部分，而是以亚里士多德的哲学概念为定向，所以后来在编辑时才根据海德格尔众学生的听课笔记的提示改成了眼下这一标题。——译者注

④ virtues：德性。我们也酌情译为“美德”，当翻译为“德性”时，对应的是它常见的希腊语形式，即 arete。——译者注

乐（hedone），痛苦（lype）和抉择（proairesis）。这些被预设的阐释，并不是重复的，而是通过他的翻转变成了“智者”课程之中的理智德性。此外，这些阐释要求我们的反思以及对初级听众而言可能无法具备的批判距离，因为它们将亚里士多德的伦理概念隶属于这一转移，即从最初计划的关于亚里士多德的著作的讨论中，转移成关于《存在与时间》的最终形式，这不仅在文献学的基础上是有严重问题的，而且也大大干扰了它们在海德格尔自身思想之方向上所揭示出来的东西。海德格尔不仅“存在论化”了这些概念，正如前面①所论述的那样这些概念来自海德格尔对伦理内涵幽灵般残存物的转化，正如人们可以从海德格尔课程的劝诫性和命令性特征中推断出来的那样，但这种转化正是对亚里士多德伦理意义的完全颠倒和歪曲。

一　海德格尔与亚里士多德论人类善（Agathon）和目的（Telos）

让我们从开端开始，即善。海德格尔在课程中转向的第一个文本是《尼

① 弗朗科·伏尔皮尤其这么认为。参阅他的 *Heidegger e Aristotele*, Padova: Daphne Editrice, 1984, SS. 102 - 103, 111 - 115; “Dasein as *Praxis*: The Heideggerian Assimilation and the Radicalization of the Practical Philosophy of Aristotle,” *Martin Heidegger: Critical Assessments*, vol. 2, Christopher Macann ed., New York: Routledge, 1992, pp. 90 - 129; 以及 “*Being and Time*: A ‘Translation’ of the *Nicomachean Ethics*?” *Reading Heidegger from the Start: Essays in his Earliest Thought*, Theodore Kisiel and John van Buren eds., Albany: SUNY Press, 1994, pp. 195 - 211。也可参阅 Enrico Berti，其思想接近于伏尔皮的解读，收录于 *Aristotele nel Novecento*, Rome: Laterza, 1992, SS. 91 - 98。在 1994 年的文章中，伏尔皮描述了亚里士多德之概念在海德格尔的挪用中经受的以下两种改变中的一种：“最显著的改变，对我而言似乎是强调甚至绝对化了诸决心的存在论特征，即它们在严格意义上被阐释为了一种存在方式，这样所有本体的意义在原则上是被排除的”（201）。然而伏尔皮似乎设想这种改变能被简单逆转：因此他将海德格尔的如下宣称——“只有此在是作为‘去存在’而被构成的”——解释为“在一种突出的实践-道德的意义上，只有此在自身与自身相一致”（204）；此在的“去存在”与它的“实践-道德的决心”（208）是被等同视之的。以此方式，伏尔皮正好错失了海德格尔的存在论化是如何激进并扭曲亚里士多德的伦理概念的。在对伏尔皮的回应中，Ted Sadler 正确地强调这篇文章证实了以下这点：“站在海德格尔方面对明智的任何存在论化都将直接扭曲这个概念在亚里士多德那里的意义”（*Heidegger and Aristotle: The Question of Being*, London: Athlone, 1996, p. 146; 还可参阅 155）。Sadler 在这本书的第三章（141 - 198）之中反驳了以下这种流行观点，即海德格尔“挪用”了亚里士多德的实践哲学。我当然同意在这里我们拥有的破坏多于挪用。与之相似的观点，见于雅克·塔米尼奥，*Sillages Phénoménologiques*, Brussels: Edition OUSIA, 2002, SS. 190, 198。

各马可伦理学》第 1 卷的开篇章节，其中专门讨论善。海德格尔一直在思考人类存在于政治当中的特征，根据这种特征，人类因拥有逻各斯而与其他动物相区别，特别是一种旨在揭示有利和不利的、正义和不义的逻各斯。（《政治学》A2，1253a，9 及以下）。这是有益的（sympheron）与有害的（blaberon）（我已经翻译为“有利”和“不利”，而海德格尔翻译为 Zuträgliche 和 Abträgliche）这两个术语的出场，这决定着海德格尔对亚里士多德如何看待人类在其切身存在中与其本质相关的善的理解。海德格尔从一开始就明确表示他将对善进行严格的存在论解释。甚至在转向文本之前他就断言，善是一种存在方式，是“人类存在的真正特征”（65）。为了看看以这种方式表征出来的善的确切含义，以及如此特征可能排除的内容，我们需要转向海德格尔对《伦理学》第一行的解读。

对这一行的原始翻译必须让关键术语保持未翻译状态，因为它们正是问题所在：“每种技艺和方法（methodos），同样地（homoios de）实践（praxis）和抉择（proairesis）似乎都以某种善为目标（ephiesthai）。”正如海德格尔一如既往的情况那样，他的阐释已经由他对这句话的翻译/释义开始了。最意义重大，并且对于他之后的主张也最重要的是，海德格尔对亚里士多德句子中似乎形成对比的术语的翻译方式：一方面是技艺和方法，另一方面是实践和抉择。海德格尔把技艺翻译为操劳的知识（Auskenntnis im einem Besorgen），照料某物时知其为何（67），这本身是无可非议的。但把实践翻译成操劳、照料某物，把抉择翻译成做某事的决心、操劳、完成，用上手之物去解决、照料、使之完成，这种翻译的效果是通过用短语 homoios de，以及用“同样地，另一方面”来抑制暗含的区别而达到的，是通过让实践和抉择同化或从属于技艺来达到的，使它们只成为对技艺——它提供出原因（know-how）——的照料和完成。

这种翻译不是一个漏洞，却对海德格尔希望从《尼各马可伦理学》的这一开篇句中得出结论而言至关重要。他通过以下问题接近这段文本：善在什么意义或什么地方被表达和显现出来（65）。海德格尔通过解读《伦理学》第一句话而得出的答案不会让任何读者对他的翻译感到惊讶，但一定会让希腊的读者感到惊讶：善被表达并显现于（ausdricklich sichtbar wird）技艺之中（68）。因而，亚里士多德的句子所表明的是技艺与实践之间的区别，这个海德格尔非常清楚，并且，在第 70 ~ 71 页里简要总结出来的这一区别，在结论中却被忽略了。在此，正如我们将要看到的那样，在整个课程的其余部分，在海德格尔对善的解释当中技艺成为唯一的和引导性的视角。①

但为什么这很重要？在技艺中，善似乎是一个行动的最终结果，就像生产出来的东西一样；正如我们所看到的，这正是海德格尔在《伦理学》第一句话的翻译/释义中引进的那种语言。因此，当海德格尔遵循亚里士多德在《伦理学》开篇章节中对善的讨论后，他继续讨论作为终点（peras）和目的（telos）的善，他从技艺的角度透彻地理解这些术语："一种在技艺－了结之意义上的'终结'"（"'Ende' im Sinne des Eine-Fertigkeit-Ausmachens"）（79）；善是一种完成意义上的"终结"，完成，照料。但善是否在实践中以此方式出现至少还是值得怀疑的。慷慨，公正的"终结"，甚至看起来是具有现成存在（Fertigsein）特征之物的"终结"，它们是不是已经"完成"之物呢？建筑师建造的房屋是完成了的（fertig），而这正是建筑师所瞄准的目标。但勇敢的目标不是制造某种完成了的东西，也不是仅仅具有完成或完成之特征的勇敢本身。正如亚里士多德所坚持的那样，在技艺的情况下，完成式时态排除现在式时态，以下并不属于实践的情况：例如，"我已经建好了房子"这句话不能与"我正在建房子"这句话同时为真，"我看过"和"我在看"这两句话可以同时为真。或许可以这样来陈述这里的关键点：实践是完整（complete），该完整不是完成（finished）意义上的完整存在（being completed）。因此如果善出现在作为目的的实践中，那就不是在现成存在或终结之物（am-Ende-Sein）的意义上。海德格尔自己在结束该课程许久之后，显然忘记了他在这里捍卫的善的概念，他坚持认为德性不是技艺（Fertigkeit）（188）。他明确地指出，它既不是技艺（Fertigkeit 的通常含义），也不是固定或完成的东西（他坚持认为这不是"一些固定和固有技艺的发挥"［einer festsitzende Fertigkeit］，189）。海德格尔如何积极地理解德性将在后面讨论。在这里，我们可以得出非海德格尔式的建议，即勇气是一种"终结"，不是"完成"或"完整"，而是为了自己的目的而被追求、渴望和抉择。

---

① 海德格尔似乎认为他对技艺的关注得到了亚里士多德第 2 章的支持，在这一章亚里士多德确定了以政治技艺追求人类善的方法（GA18，68）。但是亚里士多德在这里并没有谈及技艺，而只是说了知识（episteme）和明智，此外在第 6 卷中对技艺和明智做了严格区分，亚里士多德不太可能将它们刻画为技艺，也不可能是政治，正如海德格尔暗示的那样，是"生活对于自身的自我认识"（70）。

海德格尔对《伦理学》第一句的阐释的另一个特质表明了这一建议确实是非海德格尔式的。在此，我们需要再次考虑具体的翻译：抉择（proairesis），英语通常翻译为“选择”（choice）或“决定”（dicision），被海德格尔翻译为“作为去完成，去操劳，去结束某事的打算”（das Sichvornehmen von etwas als zu erledigendes，als zu besorgen，zu Ende zu bringen）（67），把将要完成之物握在手中，照料，带向终点；ephiesthai，通常被翻译为“瞄准”善的意思，被海德格尔翻译为“好的结局”（Hinterhersein einem Guten），在善的背后，朝向善。对于这些翻译我们应该附加上海德格尔在《政治学》中对善之特征的翻译，那里的善正如在其自身之中并为其自身的 haireton：海德格尔经常将 haireton 翻译为 chosen，而不是 ergreifbar（61），即可抓取的。这些翻译的共同点是什么？显然，它们将我们从任何与刻意的选择、愿望或决定之善的关系那里排除出去了。这不应该让我们感到惊讶，因为这正是海德格尔必须做的，以此才能将善在存在论上解释为一种存在的方式。我们与善的关系被定位于我们现存的，而非我们的行为、欲望、思虑（deliberating）或选择。海德格尔对亚里士多德《伦理学》第一句的解读已经成功地将伦理学转化为存在论，且是一种在存在即意味着完成存在，完整存在，限定存在之意义上来看非常确定的存在论。

只有当海德格尔把这门课程以非常具有特色的动作转到了《形而上学》第 4 卷第 16 章，在那里求助于对目的（telos）和完满[①]（teleion）（80 - 91；§11）的解释时，才能将善从伦理实践中分离出来，以及从所有那些被内包于实践之中的东西那里分离出来，那些东西即抉择、思虑和欲望[②]。从他对亚里士多德之《形而上学》的偏离而得出的结论来看，毫不奇怪的是，目的根本不是指“终点”[③] 或“目标”，也与道德善良无任何关系：它意味着结束（在“处于末端”［at-an-end］意义上）以及最外层的［outermost］界限。“目标不是‘终点’，而是 eschaton，一种极限特征，‘最外层’。终点和目标是确

---

① 我们将 teleion 翻译为“完满”，而将下文的 teleions 翻译为“全然”。——译者注

② 在该课程中，海德格尔在此处的目的是要清楚阐明“完美”，导致了下一学期的关于柏拉图“智者”的课程“善最初与实践毫无关系，它是万物众生的一种规定，只要它是完成的，完整的”，*Platon Sophistes Gesamtausgabe* 19，Frankfurt am Main：Vittorio Klostermann，1992，S. 123。

③ 为了区分，本文将 goal 译为“终点”，aim 译为“目标”，end 由于使用频率最高，我们酌情译为“结束”、“结局”、“终结”或“末端”等，telos 译为“目的”。——译者注

定的方式，其中‘目的’是‘结束’，但它们并非原初的规定；相反，终点和目标以原始意义为‘结束’的 telos（目的）作为基础”（85；另见 82 和 88）。海德格尔甚至写道：“追求某种目标的活动（Zwecktätigkeit）或针对某个终点的欲望（Zielstrebigkeit）在我们考察的这个层面上完全被误解了（eine völlige Misdeutung），并且纵容着以下印象：亚里士多德是生活在 19 世纪的那些原始人之一”（82－83）。暂时不考虑从《伦理学》到《形而上学》的可疑行动，这一行动当然极大地促进了对《伦理学》的存在论解读，但海德格尔的结论在多大程度上得到了《形而上学》文本本身的支持呢?

在该文本中亚里士多德区分出了“完满”（teleion）概念的以下四层含义：①某物能称完满意味着没有东西在它之外，如时间是完满的意味着时间之外不再有时间；②当它不再缺乏任何可视为它真正美德及真正善的东西时，它就是完满的，如一位优秀的医生或长笛演奏家在此意义上可称完满；③当某物已达到其最外层的界限，趋于完成并结束时，它是完满的，如根据对其意义的一种转化（kata metaphoran），我们可以说一种完满的毁灭，并且将死亡表征为一种目的；④目的最后可能意味着终极或最终目的（hou heneka eschaton）。

现在应该清楚的是，这里指的是第三层含义，“完满”指已经结束或最外层的界限，这是海德格尔之词语的原始和初级意义。但我想简要地考察一下海德格尔对第二层以及尤其是第四层含义的看法。第二层含义将完满与有德性的或善联系起来。难道我们的意义与海德格尔关注的意义完全不同吗?海德格尔强调以下篇章（1021B 17－20），在其中亚里士多德说，我们转移（metaphere-in）到那些坏人（kakoi）那里，当我们说一个全然的（teleios）医生时我们用到了全然的这层意思，比如，当我们说一个全然的小偷，即“完全的”或“完美的”小偷。海德格尔借这个转移，把它当作证明 teleios 原本就没有道德含义的证据：“在完全成为医生的那种情况下，它不是道德善的问题，而是指趋于完成的目的。该转移明确了 teleion 的意义”（84，亦见 86）。但从医生的完满到小偷的完满的“转移”提出了这样一个问题，善的其他意义在以下这层意思上——完满随着某人独特的可能性而越过了终点——不是不可疑的吗?海德格尔似乎忽略了我们在此处仍然有一种转移。如果完满无关于道德之善，或无关于无论哪种小偷所缺乏的善，那为什么它的含义需要转移到那些坏人身上呢?为什么小偷不应该像医生一样呢?在后面的讨论中，亚里士多德描述了我们如何将词语 telos 转移到死亡，海德格尔写道："但我们此处正在处理转移问题。这意味着在死亡的呼唤中，目的和完满的真正意义处在确定意义的缺失中"（89）。然而，在全然的医生到全然的小偷的其他转移情况下，海德格尔认为没有任何缺失，或者至少对缺失的东西不置一词。

对海德格尔阐释形成主要障碍的是第四层意思，因为在这里亚里士多德是在不同于结束或最外层的界限（第三层意思）的意义上来使用目的的，目的此时意味着为何之缘故（that-for-sake-of-which）。在此我们显然有了一种将目的作为欲望之目标或终点的意思吗？海德格尔确实感到有将欲望引入他对为何之故（hou heneka）所做的特性描述中的必要："为何之故是存在于意愿之中的存在，是同我心甘情愿要做的事一道，朝着欲求（orexis）的形式走去"（88）。因此，我们在这里没有一个作为目标或终点的目的概念，没有一个与《伦理学》最相关的概念吗？随着一种迅速而简单的转移，海德格尔回避了这样的结论：下一句话他断言，为何之故是一种目的仅仅是因为它是终极的或最终的东西，所以目的根本不是指终点或目标，而只是指结束或界限。换句话说，海德格尔将第四层意思还原到了第三层。但亚里士多德不是把它们作为不同的意义加以呈现吗？这正是海德格尔的诠释学暴力。他把亚里士多德当作不同意义加以呈现的东西减少为某些终极含义，因为亚里士多德希望保留的差异在一定程度上是伦理的，即以实践为导向的目的的意义同存在论意义之间的差异。正是伦理和存在论之间所有区别的崩溃，不仅是海德格尔解读的结果，而且也是通过以下方式——在其中他穿梭于《伦理学》与《形而上学》之间，而不是在它们之间看到可能的对立——被预设的。借着伦理学和存在论之间差异的崩溃，并非意味着伦理学只是简单地被暂置一旁用以支持存在论，而是说伦理学在其基本概念或问题中被剥夺了任何的自主权。①

---

① 伏尔皮以下的评论，尽管写在 1924 年亚里士多德的夏季课程发表之前，但完全是中肯的："按照亚里士多德的观点，实践的问题代表了考察人类生活的一种特定方式，确切地说这种生活是一种行动的能力并且是自我行动……按照海德格尔的观点，从另一方面看，实践的决心不是那种存在于其他可能的决心旁边的决心，而是代表着此在自身的存在论构造。这意味着作为其本质，它们的内容并不是此在可以自由选择去拥有或不拥有的，而是来自那不可被抽走的东西。比如，决定或实践自身，并非被设想为一种此在能识别与否的可能性，而是成为对其存在进行先在刻画的存在论的谓词，因此它独立于它的意愿，它的抉择，它的决定"（"此在作为实践"，113）。这就是被伏尔皮称为"实践的'存在论化'"的东西（113）。亦可见 Berti，97。

这并不表示对亚里士多德而言伦理学与存在论之间是没有任何关系的。相反，忽视伦理实践的独特性以及将关键术语的所有含义降低为一种“原始”含义的结果，可能是产生一种贫乏的存在论。确切地说，海德格尔最终归因于亚里士多德的这种贫乏存在论，是由他的诠释学暴力产生的。海德格尔从对《形而上学》文本的讨论中得出结论：“Telos 有界限的规定。”然后他澄清说：“Telos 最初的意思是：如此这般地结束，以此方式这种结束构建着真正的此（There），真正地在其在场（Gegenwärtigkeit）中规定着存在”（89 - 90）。在这里我们可以看到海德格尔是坚持在终极或界限存在的意义上来把握 telos 的原始意义的，即正如他在课程后期明确指出的那样，“希腊人的存在意味着在场存在（Gegenwärtigsein），并且是永远的在场（Immer-Gegenwärtigsein）”（113，另见 93）。然而，正如我们所看到的，海德格尔只有通过将实践简化为技艺，从欲望和思虑中抽象出来，并将 telos 的多重意义化繁为简，才能将这种存在概念归给希腊人。这在课程的后期变得非常清楚，制作（poiesis）已成为阐释存在的决定性视角：“这是明智的真正含义。此 - 在（Da-Sein）真正处于生产 - 存在（Her-gestelltsein）之意义中，完成的 - 存在（Fertig-Dasein），结束的 - 存在（Zu-Ende-Gekommensein）。Telos = peras”[①]（214，另见 329 和 381）。也许最具启示性的是海德格尔关于该课程的笔记中的以下段落：“它是什么（ti tini）的问题是从制作的规定和在场存在（Gegenwärtig-Daseins）的规定之中被抽取出来的——作为原始的在世界之中存在的制作，就是实践”（329）。在这里实践被直接地列在了制作的旁边，以此再次断言它只是为了确定存在问题，好像它们之间没什么区别似的。[②]

由于海德格尔对希腊存在论的解释是发生在另一个时代的另一个故事[③]，

---

① peras 意义大致与 telos 相等同，也都有“结局”“末端”等意思。结合海德格尔将之与“技艺”相联系，可翻译为“完成”，甚至“登峰造极”，即一项技艺达到了它的极限和终点。——译者注

② 海德格尔在这里表露出对实践与制作（poiesis）之区别的微不足道的兴趣，乃是由于以下事实：他对这些特征——亚里士多德认为它们是前者（指实践与制作。——译者注）最与众不同的特征，也包括行动本身——毫无兴趣。对海德格尔来说，实践不是“动作”（Handlung），而是人类存在的一种决心（GA18，188 - 89）；它是“在世之如何”（176）以及此在的“为自我操心”（180）。课程中的制作也是指所有这些东西。

③ 参见“Whose Metaphysics of Presence? Heidegger on *Energeia and Dunamis* in Aristotle,” *The Southern Journal of Philosophy* 4，2006。

让我们回到《伦理学》本身，正如海德格尔自己在对《形而上学》的偏离之后所做的那样，以便看到他的解读对伦理本身的进一步影响。在海德格尔阅读《伦理学》第 1 卷第 5 章至第 6 章——亚里士多德在这些章节中达到了人类之善的最终确定——时，有两件重要的事情值得注意。首先是他对第 5 章中亚里士多德对人类善的描述做出的惊人阐释，即阐释为绝对的完满（haplos teleion），“无限制的结束”。亚里士多德在本章中的论点是，幸福是绝对的完满，因此，根据常见的翻译/阐释，它是人类之善乃是因为幸福总是为了自身而不是为了别的东西被选择或被欲求（haireton）。海德格尔当然不能允许选择、欲望或偏好再次进入这一视域之中，该视域没有回归到他对 telos 的阐释上来。我们因此找到这句对亚里士多德所说之话的非凡释义：“以‘根据其自身’（kath' auton）为视角，‘更完满’（teleioteron）就是‘从来不为了别的’（medepote di' allo）和‘总是根据自身而欲求’（aiei kath' auto haireton），这种持久的（beständig）‘为了自己’（di'auto），‘永远’（always）是其所是”（94）。请注意“根据自身而欲求”这句话，我们很多人可能会试图将其翻译为“总是为了自身而选择或首选”，于是就变成了海德格尔的句子“永远是其所是”。将亚里士多德所说的伦理内容更加暴力地转变为纯粹的存在论内容，这实在是难以想象的。

但是海德格尔并没有就此止步。为了使 telos 区别于任何终点或目标，不仅要将其与任何欲望或选择分开，而且还要摆脱任何确定的实体内容。海德格尔看到了这一举动的机会，在随后的主张中，亚里士多德以幸福为理由证明了人类之善。“我们确实因为它们自身而选择了荣誉，快乐和美德（hairoumetha：海德格尔在此未翻译该词）……但我们也为了幸福而选择它们”（1097b 2 - 4）。这种对超越了荣誉、快乐和美德（在《伦理学》的前面部分作为人类之善的三个候选项）的 telos 的建议赋予了海德格尔非凡结论一个起点，他立即开始勾勒出：“这些 tele（完善）背后还可以有另一个 telos，一个真正与人相关的（wobei es darauf dem Menschen eigentlich ankommt）telos：这个 telos 就是此在本身”（94 - 95）。因此，人类存在的终极目的就是人类存在本身，此在为了自身而存在。海德格尔很快就会得出这个结论，该结论将成为《存在与时间》的核心论点：此在就是一种与其存在相关的存在，无论明确与否，它都与自身存在并存（95）。

无论人们如何看待《存在与时间》中的这种说法，作为对亚里士多德伦理学的阐释，这确实是一种明显的扭曲。首先，我们在这里有了一种与亚里士多德之伦理完全相反的人类存在的绝对化。尽管考虑到地球——在其上我们是生活于世界中心的，并相应地定义了“上”（up）和“下”（down），亚里士多德或许会接受海德格尔的断言，这个断言是在课程的后期做出的，并预先假定了他在这里所说的内容，即“从我的此在将被相对化这一视角来看，就没有任何东西存在了”（266），但似乎很明显的是，至少在伦理的意义上亚里士多德不会让人类生存自行结束，尽管他强调自给自足。我们只需要回忆一下亚里士多德在第 10 卷中的结论性话语：完全（teleia）幸福的生活是“一个人生活并非因为他是人类，而是在他之内有某些神圣的东西……因此，没有必要遵循那些劝诫我们的人的话，他们说人就要想人的事，有死的存在就要想有死的存在的事，但我们应该尽可能努力地成就不朽，并尽我们所能过一种与我们自身最好部分相适合的生活”（1177b 9 – 34）。① 但这里被提出的第二种且与之相反的意见认为，虽然幸福（eudaimonia）确实是一种人类存在的方式，但它不能与人类（Dasein）本身相一致。幸福是一种尚未被定义的特定的、确定的人类存在方式。这就是为什么亚里士多德认为，即便已被证明是趋于幸福，但人类最终的 telos 仍保持在悬而未决的状态。我们仍然需要确定具体构成的幸福。在海德格尔所引用的段落中，当亚里士多德说美德是为了幸福而被选择的时候，他并不排除这种可能性：美德事后将证明对于幸福而言它不是只意味着结束的额外的东西，而是它的本质的规定特性。如果亚里士多德同意最终的人类善与目的是此在，他只能加以限定才能做到，即认为人类恶也是此在。亚里士多德当然会继续对人类的目的进行定义，这超出了他对一种没有限制的目的和幸福的认同。因此，我们必须非常仔细地观察海德格尔如何阐释这一最终定义。

亚里士多德在第 6 ~ 7 章中的论点是众所周知的，主要步骤可以简要概括如下：某些东西的善应该被定位在其独特的作品上，并且可以通过作品的良好

---

① 在该语境中透露出海德格尔对亚里士多德的简化，表明可能所有的生物都追逐相同的快乐，因为它们都通过本性而拥有某种神性的（theion）东西（1153b 31 – 32），这就主张每一种存在都与自身的存在相关，与自身的完整存在（Fertigsein）相关。“众生作为生活是如此一种存在，它的存在打此在那里得来”（GA18，243 – 44）。与之类似，海德格尔将以下主张——在每一种生物之中都有的东西是趋向它的善（ephiaite tou oikeiou agathou）——解释为，每一种生物都“来源于此在的完整性”（243）。尽管亚里士多德清楚表明生物之善是某些比它们现成（kreiton kath’auta，1173a 5）更伟大更良好的东西。

（eu）运转来识别。例如，一个里拉琴手的独特作品是演奏里拉琴，但一个好的里拉琴演奏者不仅是演奏里拉琴的人，而且是一个表现得优秀的人。亚里士多德接下来辩论说，人类所具有的独特作品，使之与其他生物区别开来，那就是，依据理性（logos）的实际生活。亚里士多德现在可以得出结论认为，独特和最高的人类之善是如此一种井然有序的良好生活，或者换句话说，"灵魂的活动是根据德性（kat'atten）的"（1098a 16 - 17）。人们应该已经能够猜出海德格尔将会淡化该定义的哪个部分了，并且在可能的范围内忽略之，即确切地说对亚里士多德来说这部分是最重要的，并且就是他所论证的那个目的，因为人类生活本身的目的就是：美德，或德性（arete）。海德格尔强调的是，这种定义达成的人类生活本身，人类（此在），人类作品以及人类目的："因此，只要人类的目的不是在他自己之外，而是在其自身之内作为他的存在可能性，那么人的善（anthropinon agathon）就是生命（zoe）本身，就是'生活'（life）本身"（100）。但是，人类善是按照美德生活的那种生活，在海德格尔的解释中，德性变成了什么样子？海德格尔充分利用了亚里士多德对里拉琴演奏者的描述，这些演奏者因良好的演奏而变得伟大（spoudaios），通过一种严格书面的和简约的翻译，伟大变成了"认真的"（ernsthaft），以此来表征优秀里拉琴演奏者与蹩脚演奏者之间的区别，作为那种"认真对待他的存在可能性"（der mit seiner SeinsMöglichkeit Ernst gemacht hat）之人和不认真对待之人之间的区别（100）。这使海德格尔能够解释亚里士多德定义中的关键表述，energeia kat' areten，将其解释为"良好地投入工作（Ins Werk Setzen），认真地（spoudaiou）把握住（ergriffen），以这种方式存在的最终可能性在其结束的地方就被把握了"（100 - 101）。在这句话中，我们再次看到了我们之前看到过的一些转移：使用 ergriffen 这个词来避免任何关于选择或欲望的讨论，以及使用在最外层之界限意义上趋于结束的那种意义来标识 telos。但是，在这里必须特别注意的一点是将德性简化成"认真"（seriousness）：美德已经成为一种认真对待存在的最大可能性，这意味着把它当作终极目标来把握；因此，海德格尔的一个解释甚至可以暗示出，德性不过是一个人存在可能性的真正在此（genuine being-there）[①]。这种对于德性的阐释持续存在于整个课程之中，因

① "……因此将在其最本质的可能性中被占用，也即在德性之中作为真正的自身实行的东西"（GA18，100）。参考智者课程中对德性特征的描述（GA19，53 - 54）。

此，例如，在第165页，他可以在没有任何解释的情况下简单地把它翻译成“严肃”（Ernst）。

这种德性的概念几乎不是亚里士多德需要表达的。但是，我们必须问海德格尔这种关于德性的概念在具体伦理实践的层面上意味着什么。这当然不是海德格尔关注的问题，因为他用以下这句话阻断了对《伦理学》的讨论，他明确表示：“我们不会遵循（亚里士多德）对德性（aretai）[①] 的考虑。此在阐释的具体扩充（Ausgestaltung）并不使我们感兴趣”（103）。但是我们必须问：海德格尔在这里是否只是在逃避如果他想要他就可以得到的那些东西？他是否可以根据他在《伦理学》第1卷中关于美德和人类善的解释而转向对具体美德的具体考虑呢？很难看出，在将人类善和目的简化为“趋于结束的存在于此”（Being-there-at-an-end）以及将美德简化为“认真”之后，人们在不同的慷慨、正义、节制或与之类似的领域里如何能“回归”到一种具体的思虑和选择中。如果亚里士多德的《伦理学》第1卷旨在为具体的人类实践提供哲学的反思方式，那么海德格尔对本书的暴力“存在论化”就明显阻碍了这种反思方式。此外，海德格尔在此声称他不感兴趣的东西在随后半个世纪的讲课与写作过程中也无从谈起，我们有另外的理由怀疑后来关于从存在论到伦理学回归的临时建议代表了对该问题的永久性延宕。并不是说海德格尔只是在处理存在论问题时将伦理学抛在一边；相反，我们在本课程中看到的是海德格尔如此彻底地改变了关键的伦理学概念，使其完全呈现出对指导和维系一种具体伦理学的无能。[②]

二　海德格尔和亚里士多德论品质（Hexis）与德性

然而，事实证明事情将会更加复杂，因为尽管海德格尔在第103页说了那些话，他也并没有让《伦理学》在课程中保持完好状态。相反，他后来提供

---

① aretai为arete的复数形式。——译者注

② 多米尼加·詹尼科，跟从保罗·利科并引用他的句子论证说：“对激进主义喋喋不休的关注阻止了海德格尔的‘回归之旅’——不仅从一般的诠释学到区域诠释学，而且从实践的条件（以及对其概念的解构）到其实际行为（实践的，道德的，甚至政治的）的实施。”Heidegger en France Ⅰ. Récit，Paris：Michel Albin，2001，S. 465。然后，他问了几个重要问题：“但是这种激进的崛起并没有使对未来的期望始终保持不变，因而放弃有效的实践吗？这不是没有回归吗？无论如何，都不会有可行的，非灾难性的回归吗？”（470）。

了对亚里士多德在第2卷中为美德所下定义的解读，甚至还提供了几对特定的美德。然而，这不会被证明是对“此在阐释的具体发展”的不断延迟，因为海德格尔对第2卷的解读发生在同一存在论的层面上，而且并不比他解读第1卷更具体，因此，人们已经可以想象，这种解读的结果将会非常奇怪，但它们实际上比人们想象的还要奇怪得多。在某种程度上，亚里士多德在第2卷中对德性的阐述更加明确，更加确定，并且更加具体，而海德格尔的解读只是变得更加暴力。最怪异，最令人不安的是，如此暴力导致了一种如此扭曲的伦理学，以至于成为对自身的绝对否定，成为一种反伦理的伦理学。

正是在解读亚里士多德《修辞学》的背景下，在关于习惯（ethos）和遭遇（pathos）如何有助于劝服（persuasion）（165–172）的问题上，海德格尔转向了《伦理学》第2卷第4章中关于能力（dynamis），遭遇以及品质之间的区别的讨论。亚里士多德以将德性定义为品质的方式来做出区分。对文本进行简短总结并且重返到《修辞学》之后，海德格尔坚持认为，根据亚里士多德（anhand von Aristoteles）遭遇和品质可以被描述为“存在的基本概念”（172）。这为海德格尔再次转向《形而上学》第5卷开辟了道路，这一次是关于第20章和第23章的，其中涉及了品质和具有（echein）的不同含义，甚至对第19章也进行了简短的讨论，其中涉及了倾向（diathesis）的不同含义。海德格尔的分析过于密集和隐晦，无法在此详加研究。实际上，甚至在经过几番仔细的阅读后，海德格尔对品质的最终描述仍然让我感到突兀及难以解释的跳跃。声称“具有”的所有不同含义都构成了存在的特征，好像在它们的存在中存在着一种存在的可能性一样（174；海德格尔再次将亚里士多德的不同含义简化成了一种基本的含义）[①]。随后指出品质大致的含义，即品质是对具有和已有的

① 亚里士多德在这里明确地说“从多方面被称呼”（to echein legetai pollachos）（1023a 8），但海德格尔提供了一种冗长且具有启发意义的陈述：“不同存在通过此处在争论中的表达以不同的意思被称呼和被意指，以此方式不是一种武断的掺杂，而是有了一种具有基础意义（Grundbedeutung）的关系，该关系通过个体意义的示范能被引入一种直观（zum Sehen gebracht wird）。我们必须在‘具有’的不同意义中来看待同意（übereinkommt），在‘具有’的范围之内表达存在”（GA18，172）。对这一陈述的批判自身值得另外撰写一文。简言之，如果亚里士多德认识到一种关于存在的首要的意义，它与所有的他者产生某种关系（在《形而上学》第4卷第2章里描述了“朝向一”［pros hen］的关系），这与一种基础意义上的存在相当不同，在这种意义中所有他者都达到“一致”，并且我们能看到它们身上或身后的多样性。

呈现（the presence of a having and being had）。最后，利用亚里士多德将品质的含义之一确定为倾向这一点，来表明具有/已有在这里是一种分环勾连的秩序。海德格尔不知怎么就得出了以下结论：“品质是对此在之本真性（Eigentlichkeit）的确定，该此在处于存在的瞬间（moment），其中它对某物控制并泰然处之（Gefaßtsein）[①]：不同的品质是泰然处之的存在之能在（Gefaßtseinkönnens）的不同方式”（176）。正如海德格尔在接下来的句子中明确指出的那样，在这里品质是一种存在，被理解为一种本身就是针对我自身存在之可能性的存在可能性（176）。换句话说，我们在这里再次遇到这一观念，即我的目的就是我自己的存在。全新的东西是我与我作为一种泰然处之的存在之关系的表征，这种表征可能源于海德格尔对动词 echein（具有）的解读。

在考虑海德格尔结论的意义和内涵之前，我们需要意识到，相比之下，引用亚里士多德在《形而上学》第5卷第20章中关于品质的最终的主要意义的讨论，是多么的奇怪。这一点明显与伦理学有关，这也是海德格尔最后一次讨论，但他显然相信此次讨论能以某种方式支持他的结论：“品质是一种倾向（diathesis），根据这种倾向，所处理的东西可能是好的也可能是坏的（kakos diakeitai），可能处理自身关系也可能处理与其他事物的关系”（1022b10－12）。如果我们将这个定义与海德格尔的相比较，最明显的区别——不幸的是，这不再让我们感到惊讶——是在海德格尔那里没有任何东西对应于亚里士多德的“好或坏”。我们可能无法将海德格尔的“有所领会的存在”与“良好处理之存在”（being well disposed）视为一体，一个简单的原因是这个词是定义“品质”的。那么，在海德格尔对好与坏的品质做出区分的叙述中到底发生了什么呢?

人们可能倾向于坚持另一个不同之处，他们提出在亚里士多德的定义中甚至没有间接涉及“泰然处之”“控制”“有所领会”，但是，海德格尔不会对这样的反对意见介怀，因为他在课程的某一处告诉我们“阐释或许只不过是端呈出（Herausstellen）在文本中没有出现的东西”（66）。但或许更有成效的是指出亚里士多德的定义与海德格尔定义之间的巨大张力。在《伦理学》中，

① 翻译成“泰然处之”的英文词是 collected，它本有“泰然自若”的意思，而对应的德语词 Gefaßtsein 意为“有所准备的存在”“有所领会的存在”，该词与下文的 Gefaßtseinkönnens（字面意思为有所领会的能在）在含义上都可与 collected 相对应，指此在作为对存在有所领会的存在，在其存在中因它对事物有所准备而泰然处之。——译者注

亚里士多德认为美德和恶不是感觉（pathe）而是品质，因为我们在我们的感觉之中被触动，而在我们的美德和恶的情况下我们并没有被触动，而是以某种方式处理（ou kineisthai alla diakeisthai pos，1106a 4 – 6）。与感觉不同，倾向（diathesis）不是运动而是某种恒常的和持续的东西。因此，当亚里士多德在将其定义为一种倾向的时候正是在描述品质。因此，在《伦理学》中，我们发现有道德的人被描述为在行动时是坚定不移的（bebaios kai ametakinetos echon）："以一种稳定而不变的方式"（1105a 33）。然而，当我们看一下海德格尔对品质所下的结论性定义时，这种将品质确定为一种稳定且不变之倾向，且坚决将它与品质联系起来的那种描述，似乎是完全缺席的。我们所找到的替代的东西看起来与亚里士多德的描述特征刚好相反：品质被置于对物的泰然处之的某个瞬间中。

然而，亚里士多德和海德格尔对品质的描述的这些差异可能还只是预备阶段。海德格尔现在开始讨论《伦理学》第 2 卷的部分内容，亚里士多德在这一部分探讨了美德如何发展以及它是什么，即它是什么样的品质。这一解读为海德格尔提供了一个跟随亚里士多德的机会，即跟随他在有道德的品质与恶之间做出区分，海德格尔的主张开启了一种可能性，前面提到过，即存在着不同的品质，它们作为有所领会之存在的不同形式而存在，这也使他有机会将品质作为亚里士多德美德的中心地带而引入。但值得注意的是，海德格尔并没有抓住这个机会。相反，他对第 2 卷核心章节的解读只能完成他已经开始的事情。不仅要清除亚里士多德伦理学之中任何对品质的涉及，而且也要清除美德与恶之间的根本差异。这种奇怪的场面值得我们格外注意。

让我们首先考虑海德格尔对亚里士多德美德定义的阐释。众所周知，根据亚里士多德的说法，尽管美德和恶都是品质，但将道德的品质与非道德的品质区分开来的是适度（mesotes），它是一种既不倾向于过度也不缺乏情感的处置和行动方式。这当然不是一种对平庸的建议：愤怒之情得体的"适中"（middle）可能当一个人看到自己的亲属在自己眼前被暗杀时而成为暴怒。正如亚里士多德指出的那样，这里的"中间"并不是绝对的，而是根据情况变化的。这就是 kairos——恰当的时刻（moment）[①]——的概念在亚里士多德的《伦理

① moment，瞬间，根据语境我们有时也酌情译为"时刻"。——译者注

学》中起着如此重要作用的原因。海德格尔确实利用了“适度”的相对性，以及它与“瞬间”的关联，而将其作为一个摆脱了任何确定内容的机遇。因此，他的阐释结论是“适度”，存在于中间位置的，“无非就是意味着抓住时机而已”（186）。海德格尔对这一解读的唯一辩护是如下这种怪异的建议：唯一的备选方案是将之归于平庸的亚里士多德，归于资产阶级道德（179－180）或绝对规范的实施（186）。但相对于“平均值”（mean）或“适中”而言，它并非随意的。亚里士多德对个人美德的详细解释表明，在不引起某种绝对规范或措施的特定情况下，很多行为都可以说是有美德的。降低“平均值”，从而使美德变成一种只是没有确定内容的“抓住时机”，就是为了摆脱那个亚里士多德希望我们去充实的且拥有所有具体内容的美德的“轮廓”。

但我们也应该注意到海德格尔阐释所造成的相当不利的后果。一是在这种阐释中，“适度”没有为品质增加任何东西，因为后者已被解释为存在于自身之内“作为朝向那一瞬间之此在的有所领会的存在”（a Gefaßtsein of Dasein as oriented towards the moment）（180）。海德格尔以某种方式设法咽下这一苦果，因为在该课程中——这将在后面变得更加清晰——他可以互换地使用品质和德性，明确地将它们等量齐观。那么，在海德格尔的解读中恶变成了什么呢？它只是作为一种与美德不同的品质而消失了。但是，对亚里士多德加以对照的美德的超出和不足，海德格尔确实不得不做出一些解释吗？他当然要这样做，这就是他所说的：“此在平均而且大部分仍然处于极端状态之中，处在‘差不多’（more or less）之中，处在太多和太少之中”（180）。亚里士多德的“恶”已经转变为平均的，日常的生存。这样的存在不仅不是有美德的，它在海德格尔的“有所领会的存在”之中甚至不再是一种品质，因为它只是撒手不管（letting-go）的、失去自我的、失控的存在（being-carried-away）。当然，亚里士多德确实描述了过度放纵的恶，它作为一种品质存在于某种感觉之中，这可以被视为对海德格尔将品质阐释为“有所领会的存在”的最终驳斥。但是，就算如此，海德格尔为他的误读所做的事情比这些误读本身更有趣：还有什么比用日常生存来标识恶更有趣的呢？

二是将美德刻画为“抓住时机”，看起来很难与亚里士多德对美德的看法相一致，他认为美德在习惯及品质的形成过程中起着重要作用。海德格尔最初对亚里士多德关于美德起源的描述给出了一个非常抽象且不置可否的释义

(181 - 184)，但后来他又明确地回到了它，为的是将其中的习惯的作用降到最低或者完全消除。考虑一下接下来这个特别的句子：“在行动的情况下（与制作相对）习惯（Gewöhnung）的举止和方式不是练习（Üb-ung），而是重复。重复并不意味着稳定能力的发挥，而是在相应的决定中每一刻都采取新的行动”（189）。因此，只有在当下才有美德，亚里士多德所描述的通过练习和习惯获得的持久的、不变的状态实际上只不过是时刻更新着的决定（decision）和决断（resoluteness）的重复。但是，对于指导决定和行动的欲望来说是否有持续不断的目的（telos）呢？不，因为目的——正如海德格尔对适度的阐释所暗示的那样——只不过是瞬间本身。“在瞬间当中该行动本身有它自己的目的”（189）。海德格尔对第 2 卷的解读，是为了适应美德的下述意义，即“人类每时每刻都将自己置于一个对每一瞬间都有所领会的存在的位置；没有什么例行公事，而是保持自身的自由，在适度之中变动着”（190）。海德格尔解释说，这种美德是罕见的，不是因为很少有人拥有它（这当然是亚里士多德的意思），而是从某种意义上说，它根本不能作为一种稳定的状态，只能被重复（Widerholung）（191）。“问题的关键是瞬间（jeweilige）决断（Entschlos-sensein）以及对当下的居有”（191）。在几页纸里，亚里士多德对美德起源所做的描述，已经被完全颠覆了。

三是海德格尔直到后来的课程才能完全清楚地说明这一点，即关于我们是下定决心的，控制的，有所领会的，那都是我们的感觉（pathe），并且我们潜在地分散于这些感觉之中。除了错误地认为这种自我占有是这样的一种品质，以及错误地认为在满足过度放纵的情感或嗜好时，不会产生一种相背叛的品质以外，这种控制我们感觉的想法听起来足够亚里士多德。问题在于，将美德解释为“对瞬间感觉的控制”就把它变成了亚里士多德将之同美德相区分并称之为克制（enkrateia）的那种东西了。海德格尔是不讨论克制的，当他的阐释完全破坏了克制与德性之间的区别时他怎么可能讨论呢？

作为《存在与时间》的读者，我们当然知道海德格尔对亚里士多德《伦理学》的解读是以此为首的，即美德与恶之间的区别被转变成了本真决断与非本真日常生存之间的区别，被转变成了在下定决心的瞬间坚决地面对自己的存在可能性与在日常操劳中迷失自己于客体物之中的区别，或者说得确切点，是消解了这种区别。如果有什么东西比《存在与时间》的起源更让我们感兴趣，我们势必要问从这个方向着手，海德格尔的代价（cost）是什么？我正在提及的这个“文献学的”代价不仅仅是在狭义上，而且更重要的是，在广义上海德格尔将其赋义①为认识的遭遇是被表达出来的内容。最大的代价不是从亚里士多德的文本那里被截断，而是从亚里士多德之文本试图要表达出来的内容那里被截断，这内容就是：具体的人类生存。当我们转向似乎被海德格尔的阐释避之大吉的那些东西——选择，决定，抉择（proairesis）——时，这种代价就变得特别明显了。但在我们转向这些东西之前，海德格尔阐释的其他两个方面也值得注意：①他在快乐和痛苦之间做了怎样的区分，这在亚里士多德对美德的描述中是占据中心地位的问题；②他迫切地将特别具有亚里士多德式美德的抉择概念带入了考虑之中。

三　海德格尔和亚里士多德论快乐（Hedone）

亚里士多德在第 2 卷的整个第 3 章里对美德的描述，主要致力于快乐和痛苦，因为正如亚里士多德所解释的那样，快乐和痛苦揭示了品质，即避免从身体愉悦中获取快乐（chairon）的人是节制的（sophron），而那些听任身体快乐的人则不是（那是放纵的［akolastos］）（1104b 5 –7）。简言之，亚里士多德声称，品质的美德（ethike arete）可以在快乐（hedone）和痛苦（lype）中被找到（1104b 8 –9）。正如我们所看到的那样，海德格尔的解读有效消除了品质的美德，从而消除了德性和克制（enkrateia）之间的区别，人们好奇他可能对此主张做些什么。海德格尔精明地放弃了对第 2 卷中这一部分的讨论。然而，后来，在讨论感觉（pathe）部分的语境下，特别是亚里士多德在《修辞学》中声称每一种遭遇（pathos）都伴随着快乐或痛苦（1378a 20 及以下）时，海德格尔转向亚里士多德在《伦理学》第 10 卷（241 –248）的前 5 章里

① 尽管狭义的文献学代价是可以忽略不计的。正如 Victor Glodschmidt 正确坚称的那样，“对作品的理解完全逃出了‘思维对话’和‘历史文献学’之间的人为交替”。*Platonisme et pensée contemporaine*, Paris: J. Vrin, 2000, S. 243。Glodschmidt 将文献学看作保存文本他异性（alterity）的东西，其中他异性是与文本的经验本质相关的：“令人惊讶的是，在一个骄傲自己发现了他人问题和主体间性的时刻，有些人觉得这种不可简约的变化文本，尽管如此，仍是一种基本的经验对象，它提供了自己不断对外在感知的灵敏性。”（244）。海德格尔那站不住脚的文献学是对认识文本他异性的一种失败，并且因此是一种文献学对话的失败。

所讨论的快乐。可以预见的是，海德格尔坚持认为“hedone 不是所谓的‘快乐’，而是一种作为生命存在于自身之中的决定”（244）。从亚里士多德的观点来看，快乐不是一种运动（kinesis）并且不会“在”时间内发生，海德格尔认为它不是偶尔产生的东西，也不是确定情况下的结果，而是生命本身（244 – 245）。Hedone 一直存在于世界之中，问题是我们如何在世界中找到我们自己。Hedone“添加”给遭遇的不过是在它自我具有（这种自我具有先于任何自我反思）的品质里面的此在自身而已：“Hedone 是一个此在在自我具有的行为之中的意愿状态（Befindlichkeit）”（246）。这个定义的明显问题不仅在于它将快乐与品质等同，因为强调“具有”这个词就已经很清楚了，而且它忽略了快乐和痛苦之间的区别，因为后者必须也是一种存在于世的方式。然而海德格尔最终翻转了这种区别，其结果令亚里士多德的任何读者都感到震惊，但这似乎对海德格尔的任何读者来说都是可以预想的。确实，海德格尔继续告诉我们，有两种自我判断（Sich-befinden）的类型：一种是以选择（hairesis）为特征，即此在掌握自己，抓住并把握住自己的存在；另一种是以逃离（phy-ge）为特征，即此在逃避自身。正是在这种抓住和逃避自身之存在的区别中，海德格尔找到了快乐和痛苦之间的区别（247）。人们不禁钦佩海德格尔将亚里士多德在快乐和痛苦之间做出的区分转化为本真性与非本真性的区别的惊人胆识。这里的目标再次变成了将快乐和痛苦转化为纯粹存在论的决定，“选择和逃离是此在的基本动向”（247）。不需要任何迟疑我们就能证明对亚里士多德的这种阐释是不能被维持的，实际上任何宣称亚里士多德只是随机选取了快乐和痛苦的说法都足以成为一种驳斥。我将只关注这种阐释所产生的其中一个有趣的后果：当海德格尔转向对恐惧的遭遇的阐释时，因为恐惧是一种痛苦，所以他必须将其解释为对自身存在的逃离（250 – 251），换句话说，他必须把恐惧转化为畏（Angst）。

四　海德格尔和亚里士多德论勇敢与诚实

在海德格尔的阐释中，品质与德性变成了“在瞬间坚决抓住自身的存在”，这里看起来似乎没有亚里士多德所讨论的那些具体美德的容身之所，比如慷慨、正义、友爱，以及正当的荣誉，也不曾提及“机智”（wit）（第 4 卷

第8章），然而有两种具体美德被海德格尔命名并加以讨论，人们大概能猜到，它们是：勇敢和诚实（261页及以下）。甚至这两种美德不得不被激进地重新加以阐释以便在海德格尔的叙述中找到位置。勇敢（Mut）从为了高贵（tou kalou heneka，touto gar telos tes arete，1115b12－13）而从容面对死亡的终极危险变成了在面临畏之时坚决持守自身的存在（261）。很明确，在这种转变中丧失的是作为勇敢以及其他所有美德之目的的“高贵”。但在这种牵连中更加卓越且更加重大的是海德格尔对亚里士多德在《伦理学》第4卷第12～13章（亚里士多德确实在此处讨论了两种不同，然而相关的美德，它们都缺少一个合适的名称）里所讨论的“诚实”（aletheuein）的阐释。海德格尔首先以一种方式描述了恶的情形，该方式暴露出他将要如何刻画一种与之相对的美德：“此在在它的日常中处于‘差不多’状态，它走向极端，在面对自身时它相当不确定，在某种程度上它是感情用事的（unsachlich）①。人们在与自身的关系中是感情用事的”（264）。在这里，随着日常生存我们又看到了被亚里士多德定义为恶的东西。因此海德格尔将自吹自擂（the alazon）之恶看作人类“直接且最常见的”（zumeist und zunnächst，264）生存方式。在这里全新的东西是，将在极端之中生存的日常状态刻画为缺乏实际性（Unsachlichkeit）。这使得海德格尔能将与之相对的美德刻画为实际性（Sachlichkeit）：“现在达到一种确定的实际性的可能性正在出现，这种可能性以某种方式将这种看待世界的方式——世界是被感觉（pathe）所引导的——放回到了原处（zurückstellt）。只有当人们以此方式看待这种存在（das Dasein）时，人们才能退回到感觉”（262）。这种“退回”到感觉对海德格尔来说当然得归因到他之前对品质的刻画。“诚实”这一美德随即变成了这种品质的简单应用，作为实际性，对我们同他人的关系而言存在于此在对其敞开性（Entdecktheit）的控制之中，以这样一种方式呈现自我，这种自我显示和与他人共在并非一种自我遮蔽，并非一种自我歪曲，而是如其所是且如其所想的那般展示自我（264）。

这种分析引发的两个重大后果需要被重视，尽管这种后果直到后期课程才能完全被人所知。海德格尔已经将存在确定在这样一种极端之中，存在被这样一种感觉所擦除，变得缺乏实际性，然而这种品质，已经被确定为退回到感觉

① 将unsachlich酌情译为“感情用事的”或“不切实际的”。而将sachlich译为“实际的”，Unsachlichkeit译为“缺乏实际性”，与之相对的Sachlichkeit译为“实际性”。——译者注

（有所领会的存在）并且与美德相等同。以此方式作为整体的恶与作为整体的美德之间的区别，在某一方面就变成了不切实际，自我逃避，自我阻挠，非本真的日常生存，现成存在与某人存在于其敞开中的实事求是之间对抗的区别。在此被海德格尔称为实际性和去蔽（aletheuein）的都不是一种美德，而是美德的整体。另外一个结果，为了找一个更恰当的词，人们可以暂时性地将它称为美德的“理智化”（intellectualization）。实际性当然是那样一种美德，海德格尔经常将之与哲学生活相等同。那么在这里他没有将美德转化成哲学吗？这正是那个前进的方向，其中海德格尔首先是被他正在着手的那种转移所烘托出来的。他在《伦理学》第 4 卷的第 12 ~ 13 章中，通过告知我们亚里士多德将在第 6 卷专门处理去蔽的不同可能性的问题，以此来得出他将美德解释为去蔽的结论（265）。这种转移必定让人瞠目结舌：在第 4 卷里讨论的美德被亚里士多德称为“品质的美德”，与之相关，正如海德格尔自己所注意到的那样，这种美德伴随着我们与他人的关系。然而第 6 卷当中被讨论的美德是“理智的”（dianoetic）德性，它与品质的美德在亚里士多德那里是被严格区分的。在这里亚里士多德确实可能是为了避免任何的混淆，与海德格尔不同，亚里士多德没有将第 4 卷之中讨论的诚实美德，或者说那里所有的美德，称为去蔽，而是告诉我们它们没有名称（1127a14）。

海德格尔在这里做的事情使人惊诧：他首先毫无保留地将所有品质的美德简化为被他称为去蔽的美德，而不是亚里士多德的；随后他认为这种美德与理智德性（当然，这是被海德格尔从品质和习惯之中完整抽象出来品质的美德所促成的东西）是一体的，似乎社会的维度对该美德而言是无关紧要的。这里的预备将最终成为对海德格尔阐释——消除品质的美德与理智德性之间的区别——的致命一击（coup de grace）。此外，理智德性自身也将被简化为理论（theoria）。[①] 很明显的是，海德格尔在此处再三主张的东西将贯穿该课程：“理论生活（bios theoretikos）作为去蔽代表了希腊人生存的本真的（eigentliche）和最高的可能性”（265）。而且，海德格尔之前对快乐的解释暗含着将其

① 那是重要的，且引人注目，在转向亚里士多德讨论理论的品质的《论动物的部分》第 1 卷第 1 章中，海德格尔告诉我们，在这里我们“相应的知识是根据我们对德性的认识”（GA18，209）。但德性在《伦理学》第 2 卷中是在同任何理论的品质严格区分的情况下被讨论的。

等同于理论的观点："人的本真存在，存在的最高可能性，在于理论——其中存在的可能性拥有它最基本的意义。简言之，快乐无非是在世之在场（Gegenwärtigkeit）的确定，即以此方式找到自我（Sichbefinden）"（246）。这样一种界定当然是由将快乐刻画为对存在的追求和对抗而促成的。

五　海德格尔和亚里士多德论抉择（Proairesis）

最终，海德格尔在对抉择的卓越阐释中把所有底牌都亮在了台面上。也正是在这一阐释中我们看到了海德格尔与亚里士多德之间存在着多么巨大的鸿沟。首先，需要对亚里士多德是如何刻画抉择做一个简单提示。在《伦理学》第3卷，亚里士多德将抉择定义为"谨慎欲求（bouleutike orexis）某些经过我们思虑而确定的事物"（1113a11）。将定义放在优先位置的讨论使得以下问题变得清楚，即为什么思虑和欲望都与抉择本质相关。正如亚里士多德指出的那样，正好是这个词表明抉择是一种为了（pro）① 他物而对某物的选择，"并且这个词本身似乎就意味着为了他物（pro heteron）而被选择"（1112a 16－17）。这使得思虑与抉择有了本质的关联，乃是因为思虑确实是那种对于导致或促进某些结局（ta pros ta tele，1112b 34）的东西的思虑。但是如果与抉择和思虑相关是为了某种结局，那么这一结局必须事先被给予思虑和选择，换句话说，它不能成为思虑和选择自身的一个对象（参看111b 26－29以及1112b 33－34）。这就是使得欲求与选择本质相关的东西：只有当一个结局作为欲求的对象被给予了，我们才能欲求并选择这个结局。简单来说，我们欲求某种结局并且思考它的意义；一旦这种思虑发现了某些能促进这一结局——该结局被我们欲求并"取决于我们"（up to us），也就是说在我们的能力范围之内——的东西，抉择就发生了。

海德格尔对抉择的阐释并不是在对《伦理学》第3卷相关部分的解读或在任何其他具体文本之中发现的，而是在将亚里士多德基本概念的阐释带回到作为所有概念性（Begrifflichkeit）之基础的此在阐释时才出现的。在论证此在是"可能的存在"（being-possible）且相比而言是最基本的可能存在的文本中，

① pro与英文单词for对应，翻译为"为了"。——译者注

海德格尔说了以下的话："我们已经知道人类此在依照抉择而得到了刻画。一个'自我决定'（Sichentschließen）总是在以下这种方式中被规定：一旦它对某物下了决定，甚至这种概念性的构造可能正是从与此概念性相背离的一种此在存在的类型中生发出来的"（272）。在这里我们看到了海德格尔阐释抉择最引人注目的特征，并且该特征代表着对亚里士多德的解释的最彻底颠倒。对亚里士多德而言抉择最重要的特征，并且那使得思虑和欲求与之本质相关的那个东西，是为了达到某个结局。海德格尔却坚持认为抉择是对某物最基本层次的决定。这种转移不应该令我们惊讶，因为它只是海德格尔解读《伦理学》的自然顶峰。具有（having）已经在他对美德的阐释之中被排除了，并且由于人类好的思虑及好的欲望同具体的意义和结局相关，所以海德格尔现在必须把"为了"（pro）从抉择中剔除。

然而，正如所引内容显示的那样，抉择在某种层次上仍然是为了某物。但在这里需要我们沉思的是，在海德格尔的阐释中抉择是为了什么，并且为何它为的那个东西是它背离的东西的结果？抉择所为的是在此被海德格尔称为"概念性"的东西，这与他在对美德的阐释中被称为"实际性"的东西本质相同。我们为了明确的敞开及自身存在的阐明而决定自己。这一观点在随后引人注目的章节里同以下这种重申变得一样清楚明白，即决定只能作为针对某物的决定而发生："当知识（Wissenschaft）是此在可以自己决定（sich entschließen）的东西时，它是一种品质，是一种'我们如何对待他者'（pos echomen pros allon）的那种品质，'如何'（pos），就是哪一种，也就是'向着'（pros）[①]，也就是'针对'（gegen），与之'相关'的那个东西就将其自身引出来"（274）。在这里有很多东西需要注意。首先，知识是由品质决定的。在这里我们得到了被我称为早期海德格尔将美德"理智化"的最终成果：美德被简化成了第 6 卷理智德性意义上的去蔽，并且现在它与关于知识的决定放在一起被同等看待。另一件需要注意的事情是，这种决定被简单地称为品质，因为海德格尔早就在"有所领会的存在"的意义上将美德和品质视为一体了。实际上，海德格尔解读《伦理学》最非凡的特色现在已经变得明朗了：对德性，品质和抉择的界定，使一种恶的抉择或恶的品质的可能性被完全清除。另外，我们现在绝对可

① pros 有"向着""对着""朝着"的意思。——译者注

以将这三个术语与理论等同视之。唯一真实的决定是为了知识的决定，而且在人们存在所拥有的存在方式中唯一真切的是知识的生活。任何其他的方式都根本不是品质或抉择。[①] 最终，我们再次回到了在引文中海德格尔所主张的内容：决定就是针对某物的决定，这一主张走得太远以至将亚里士多德用以描述品质的“向着”转化成了“针对”（gegen，在原稿中该词毫无疑问是与“针对什么”［das Wogegen］相等同的，356）。这一主张依照亚里士多德自己对抉择的描述是可以被解释的。由于海德格尔称之为抉择的东西很显然不是一种意味着朝向确定结局的深思熟虑，它不具备为了挑选（pro-airesis）[②] 的品质，因此只能消极地被刻画为“反对”某物。

但是，反对什么？持续反对概念性和知识进而反对海德格尔定义抉择本身的东西是什么呢？有以下这点提示答案就不难猜到了：抉择始终是针对平均和日常生存的抉择。抉择是此在有可能“从日常状态中并且反对日常状态，通过品质在本真意义上夺取概念性事物（das Begriffliche）”（277）。品质一词出现在这里具有重大意义：正如我们已然看到的那样，海德格尔将品质刻画为一种支配的存在或泰然处之，就此而言它是与美德等同的。现在我们明白，在品质之中我们泰然反对的是平均状态和日常生存。刻画如此生存的不是一种恶的品质或抉择，而是这些东西的完全缺席。人们不能决定平均的日常生存乃是因

---

① 雅克·塔米尼奥清楚地看到——只有当藏于马尔库塞档案馆中的抄本是可供利用的，记述1924年夏季课程才是可能的——了该课程的特征：“在海德格尔的眼里，所有的一切好像只有那个致力于沉思生活的人完全值得亚里士多德的‘具有逻各斯的动物’的称号”（*Sillages Phénoménologiques*, 55）。该课程导致塔米尼奥去思考，在海德格尔眼里“只有‘理论生活’所导致的研究才值得称为实践。此外，在分析亚里士多德关于作为实体（ousia）的明智和适度（mesotès）的文本时，他给出的现象学阐释忽略了任何关于审慎的内容，避免了一些内容的过量”（62）。也可参阅 *The Thracian Maid and the Professional Thinker: Arendt and Heidegger*, trans. by Michael Gendre, Albany; Suny Press, 1997, pp. 41, 52。相反，伏尔皮错误地认为海德格尔对亚里士多德概念的挪用，“理论不再被认为是人类首要选择的最高的闲暇”（*Being and Time*: A “Translation” of the *Nicomachean Ethics*?, 202）。同样错误的是以下这种宣称：“当然作为一种严格的存在论的决心，它（海德格尔所谓的领会的决心）领先于理论与实践之间的区分。但这并不阻止海德格尔将它刻画为从存在导向到一种特定的参照框架，并且这当然不是理论，而确确实实是实践。因此毫不奇怪的是实践因素仍然从海德格尔的存在论过滤器上溜走了”（207）。

② proairesis 由 pro 和 airesis 组成，我们在上文将 pro 翻译为“为了”“向着”，而 airesis 原本就有“挑选”的意思。因此为了区分以及做出强调，我们在这里将其翻译为“为了挑选”，其意义为“为了……而挑选”。——译者注

为它是所有决定，决心，自我拥有，勇气以及真实（这里的所有术语都是同义的）的完全阙如。亚里士多德对实践意义深思熟虑的欲望是朝向实践目标的，在这里俨然转变成了一种被消极定义为对抗平均和日常生存的决心，并且也对抗社会环境，人们可以这样认为。①

六　没有伦理的伦理学

坚称我们在海德格尔对亚里士多德《伦理学》的解读中可能收获最彻底的扭曲，以及收获对处于哲学史中的希腊语境的误解，将是毫无成效的。但是我们能得出其他什么结论呢？在这里，当然，我没有过多考虑亚里士多德课程之中令人印象深刻的东西。海德格尔对在世生存以及作为在世方式的感觉的阐释，举个例子来说，那是一道照亮一片辽阔区域——不仅对亚里士多的思想而且对一般意义上的古希腊思想也是如此——的闪电。为什么不直接赞许该课程在存在论层面的杰出发现呢？并且为什么不允许这种发现认可海德格尔忽视亚里士多德文本中的特定伦理学内容的这一时刻呢？毕竟，1922 年在海德格尔着手的关于论及亚里士多德的书的简介中，他就明确说了，他对《伦理学》第 6 卷中理智德性的解读演变成了“对伦理学问题的最初忽视”。② 这也进一

① 保罗·利科对抉择的阐释转向了一个完全与海德格尔相反的方向，通过在亚里士多德的概念之中寻找一种警告，以对抗将知识从理论领域转到实践领域的危险。参见 *Du texte àl'action：Essais d'herméneutique* Ⅱ，Paris：éditions du Seuil，1986，第 267 页及以下，尤其是第 277、285 页。

② “Phänomenologische Interpretation zu Aristoteles（Anzeige der hermeneutische Situation），” *Dilthey-Jahrbuch für Philosophie und Geschichte der Geisteswissenschaft* 6，1989，S. 255. 伽达默尔明显被海德格尔在 20 世纪 20 年代关于亚里士多德的解读所影响，并且在读完纳托普报告之后被其中的发现所震惊，随着半个世纪后纳托普报告和 1924～1925 年冬季的智者课程的相继出版，关于海德格尔将亚里士多德之实践哲学简化成理论哲学，以及对《伦理学》之中确定的伦理内容的忽视的程度，以及关于纳托普报告，可参见“Heidegger ‘theologische’ Jugendschrift，” *Dilthey-Jahrbuch für Philosophie und Geschichte der Geisteswissenschaft* 6，1989，S. 231，关于“智者”课程，参见 *Aristotle：Nikomachische Ethik* Ⅵ，Frankfurt am Main：Vittorio Klostermann，1998，S. 67。我们自己现在也能看到，伽达默尔关于亚里士多德的著作所受的激发程度，这一激发源自海德格尔那富有成果的误读。正如塔米尼奥所指出的那样，“如果海德格尔误读了《尼各马可伦理学》，他只能启发伽达默尔，因为他听得不认真，而且无论如何都只听到了老师意思之外的东西”（*Sillages Phénoménologique*，158）。

步适用于以下图景，即海德格尔通过某种“元存在论”（metontology）的转向，仅仅把伦理学作为在存在论之后被处理的东西。[①]

但是对亚里士多德课程的一番仔细解读将这一图景严肃地带入了问题之中。海德格尔对亚里士多德的解读本来可以从《形而上学》、《物理学》和《论灵魂》（De Anima）着眼，单独留下亚里士多德的《伦理学》，或者只讨论其中没有在道德和道德败坏的生活之间做出明确区分的那些章节（这当然不可能有太多，除了智慧的理智德性和技艺；至于明智［phroneis］它如何能被适当地解释为“对伦理问题的最初忽视”呢？）。[②] 但是我们已然看到这并不是他所做的。他为亚里士多德的伦理学概念提供阐释，并在表达术语方面听起来依旧像是伦理学的：决断、自我拥有、诚实、勇敢、本真等。通过对亚里士多德伦理学的阐释，海德格尔将要抵达的这些概念支持了那些人的看法，他们发现当海德格尔在《存在与时间》之中坚持诸如“本真”与“非本真”，“罪责”与“良知”这样的概念时，已经很难接受他所说的话了，他说在这里早

---

① 在1928年夏季开设的课程“从莱布尼茨出发的逻辑学的形而上学始基”中，海德格尔仅仅是将伦理问题推迟到了他称之为“元存在论”的东西之中，基础存在论的突变（Umschlag），转向（Kehre）了生存本体论问题（GA26，Frankfurt am Main：Vittorio Klostermann，1978，SS. 199－202）。说我们在海德格尔那里收获的实际上仅仅是对伦理学的推迟，这只是 Lawrence J. Hatab 企图建立起一门海德格尔伦理学的一种假设。参见 *Ethics and Finitude*：*Heideggerian Contributions to Moral Philosophy*，Lanham，Md.：Rowman and Littlefiled，2000，SS. 1，90，103，207。

② 我在别处已经论证过，海德格尔在1924～1925年夏季的“智者”课程中对明智的“存在论化”最终使之与智慧相似。参见“On the Way to *Sophia*：Heidegger on Plato's Dialectic，Ethics，and *Sophist*，” *Research in Phenomenology* 27，1997，pp. 26－35。也可参见雅克·塔米尼奥，“The Interpretation of Aristotle's Notion of *Arete* in Heidegger's First Courses，” *Heidegger and Practical Philosophy*，François Raffoul，David Pettigrew eds.，Albany：State University of New York Press，2002，pp. 23－27（该文已由译者译出，载邓安庆编《伦理学术》第5期，上海教育出版社，2018。——译者注）；*The Thracian Maid and the Professional Thinker*：*Arendt and Heidegger*，pp. 95，187；以及 *Sillages Phénoménologique*，SS. 179－180，195。在后面这一文本中，塔米尼奥表达了不同的观点：既不是明智也不是智慧被赋予了特权，而是两者都被挪用了，并且被合并在了存在论之中。Sadler 同样认为“海德格尔没有为智慧的更高权威而生气”，而是认为智慧“仍然不够与有问题的存在（Seinfrage）‘相配称’”（*Heidegger and Aristotle*，147），“海德格尔想在自己的生存存在论中保留智慧的‘等级’”（157）。

就没有伦理的内涵了。① 但我们也看到了一些对该主张的辩护：如果说海德格尔挪用亚里士多德伦理学的概念，那只是站在伦理学之外吸收了所有的活力。我们从海德格尔那里拥有的既不是伦理学也不是一套确定的具体的道德规范。从海德格尔对亚里士多德的误读之中出现的是一些独一无二且极其怪异的东西：一种包含着强烈诚实、勇敢、决心，以及本真命令的伦理学，但是完全缺少确定的内容，也就是能将美德与罪恶，善与恶进行区分②的内容。我们可以得出的结论是，出现在亚里士多德课程之中的对伦理的“存在论化”，在使它摆脱任何确定内容的同时也加剧并强化了对伦理学的修辞。还有什么比这种伦理学更危险呢？除非是与之有点类似的政治学。③

---

① 可参见 *Sein und Zeit*，15th ed.，Tübingen：Niemeyer，1984，SS. 167，286，294。也可参见“Brief über den ‘Humanismus’，” *Wegmarken*，2nd ed.，Frankfurt am Main：Vittorio Klostermann，1978，S. 329；*Beiträge zur Philosophie*，Gesamtausgabe 65，2nd ed.，Frankfurt am Main：Vittorio Klostermann，1994，S. 302。关于《存在与时间》当中涉及的罪责，良知，以及决断等存在论的概念，Hatab 写道：“不过假定这些存在论概念无论如何没有任何伦理意义，乃是一种错误”（79）。Robert Bernasconi 也指出海德格尔称为“元存在论”的东西不是对存在论的一种附加物，而是回到了本体论上，或干脆说回到生存上，回到了支撑并指导基础存在论的观念上来（“‘The Double Concept of Philosophy’ and the Place of Ethics，” *Heidegger in Question*：*The Art of Existing*，Amherst，N. J.：Humanities Press，1993，pp. 25 – 39）。Bernasconi 引用的是一个得到海德格尔许可的关键性文本，海德格尔在其中坚持一种“积极的必要性”，即“一种对本真生存的明确的本体论阐释，一种此在的承受它的此在生存之存在论阐释的实际性观念”（《存在与时间》，310）。正如 Bernasconi 指出的那样，在这种情况下，海德格尔通过设法从《存在与时间》的生存论含义中排除任何伦理意义，包括此在的唯我论，是“不能轻而易举简化本体论与存在论之间的差异”（33）的。我认为 1924 年的课程既确定了一种“本真生存的本体上的阐释”，这指导了海德格尔的基础存在论，又显示出伦理的贫乏和这种“实际性观念”（任何“元存在论”都要“转向”它）的刚愎自用。Bernasconi 自己认识到在《存在与时间》中，“很明显的是，要是未经说明的偏见指向其他语境，就可能被称为‘哲学家的美德’”（37）。

② 卡尔·勒维特参加了 1924 年的亚里士多德课程，如下那般描述了海德格尔教学对他及对同时期其他学生的影响：“他最初影响我们的不是对新系统的期望，而是他的哲学意志的内容上的不确定性和仅仅吸引人的东西，他的精神强度和对急需的‘一’的专注。直到后来我们才清楚地意识到，这个‘一’实际上什么也不是，只是一种纯粹决心，‘何所为’没有从中得到确定。‘我有决心，但我不知道何所为’，这是一个学生曾经发明的一个传神的笑话。” *Mein Leben in Deutschland vor und nach 1933*，Stuttgart：J. B. Metzlersche Verlagsbuchhandlung，1986，S. 29。

③ 关于海德格尔怪异的非政治的政治学，可参见“Heidegger's 1933 Misappropriation of Plato's *Republic*，” *Problemata. Quaderni di Filosofia 3*，2003，SS. 39 – 80。我认为 1924 年的亚里士多德课程完全证实了詹尼科之说：“甚至可以说，1933 年的交手——远远不能证明伦理上的漠不关心——抛弃了‘果断决心’的英雄伦理的危险性，这种伦理没有充分阐明道德政治理性的具体要求”（*Heidegger en France*，460）。

关于海德格尔对亚里士多德《伦理学》解读的反思并不需要我们扩展到那样的程度，即认为它仅仅是一种对亚里士多德的误读，有许多对亚里士多德的误读，有许多对必须最大程度远离我们哲学式冷漠的误读，而应该要达到这样的程度，即认为那是对人类生活的误读。海德格尔在解读之中扼杀的不仅是《伦理学》的文本，而且是反思伦理生活的根本可能性。① 在海德格尔对该课程的注释中，我们得到了一种对卡尔·雅斯贝尔斯富有启迪的批判，据推测这是尚未被表达出来的，“此在是作为一种存在论的任务被完整经历的。人们认为在这里不得不处理的是意识、人格以及生活。因此人们不能抓住任何东西（Hier versagt alles）”。由于亚里士多德很显然认为，经历人的生存不得不处理的问题是朝向某个确定结局的欲望，是在相抵触的意义之间的深思熟虑，以及维持道德的品质，海德格尔不得不对亚里士多德加以简化，以便把他从雅斯贝尔斯的宿命中解救出来，该宿命即存在的命运使目标变得肤浅并远离它，存在的命运——那俨然被证明了的，对海德格尔来说最重要的，实际上是唯一的恶——就是不切实际。

---

① 因此我认为，海德格尔在 1924 年夏季课程中对亚里士多德伦理学的根本扭曲，暗中损毁了 Hatab 要“在海德格尔那穿透了，同时也超越了亚里士多德思想的存在论上开出一种伦理学”（103）的意图。在这里有一种根本的对立性，这种对立性无法通过“突出亚里士多德思想之中没有被海德格尔考察的因素”而被简单通融（103）。

海德格尔的反启蒙思想

马　迅*

[内容提要]　自古希腊以来西方哲学的传统就是追问“为什么”，然而海德格尔否认这种追问来自人类本性。我们应当停止追根问底，停止为了关于我们自己、关于世界内的存在和事，以及关于整个世界的理由和解释而工作。我们应该坚定拒绝去反思这个世界并且不去寻找这个世界之下更深入的任何解释或理解，而是让反思前的世界展现自己。海德格尔用自己四重整体理论将反思批判和对为什么的追问排除出了我们的思考，赋予了我们“以完全不同的方式居住在世界上的可能性”。但这一切都不足以证明海德格尔所呼吁的我们牺牲反思批判的智慧是合理的。

[关键词]　海德格尔　启蒙　反思批判　理性

启蒙是哲学上一个十分长久的话题，同时也没有谁能将其阐述得清楚明白而没有争议。康德在1784年写了一篇《什么是启蒙》的文章，将启蒙视为人类从自我导致的不成熟状态中的觉醒。而要实现自己的觉醒就是要运用自己的理性，要反思自身。这也是当时乃至长久以来人们对启蒙的看法。康德将反思批判作为启蒙的信念，而反思批判的具体实践则是追问，不是问，而是追问。这也是古希腊以来西方哲学的传统，当然也不是所有的哲学家都对反思批判与追问这么热衷与积极。例如海德格尔，几乎将反思批判完全拒绝，走了一条反启蒙的道

---

* 马迅（1994—　），安徽亳州人，湖北大学硕士研究生，主要研究方向为当代西方哲学。

路。当然海德格尔并不孤单，20 世纪以来，鉴于对所处世界的一种失望心态，人们将这个社会的问题在很大程度上都归因于启蒙，无论是思想文化，政治制度，社会经济还是宗教。反启蒙主义也是一种浪潮，比如艺术领域的毕加索。

在这个浪潮中海德格尔的反启蒙思想尤其值得研究，因为在与启蒙的对话中海德格尔消解了理性与反思，构建了一种关于我们该如何面对这个世界的新的思考方式。但可惜的是，时至今日，我们对海德格尔反启蒙思想的探究都还不够充分。在第二次世界大战结束后，海德格尔在其论文和一些讲演中开始试图探究思考本身，并开始了一项与长期以来欧洲启蒙理想针锋相对的计划——把反思批判的智慧从头脑中一劳永逸地放逐出去。他试图通过开创一种彻底消除反思和批评尤其是自我批评的新的思维方式来实现这一目的。一旦实现了这一点，人类就有可能得到一个新的真理启示，这个真理启示可以在没有反思批判的情况下建立一个启蒙之外的新世界，我们便不再需要理性和反思。晚期的海德格尔放弃了反思，甚至将人类作为理想的自由推向依靠上帝的拯救。因此，在海德格尔晚期作品中与他一起思考，就相当于完全放弃了作为人类理想的启蒙。以下笔者将探究海德格尔是如何一步步走向反启蒙的。

一　对“为什么”的否定

从古希腊开始西方哲学传统一直都在被“为什么”支配，遭受着“为什么”带来的暴政。从苏格拉底的精神助产术到亚里士多德的四因说，似乎看来凡事必有因，凡因必可追问。但是海德格尔告诉我们，没有为什么，就像“花儿盛开，因为花儿盛开”。对“为什么”的追问也绝非人类本性，因此我们必须停止追根问底。

在 1955 年和 1956 年，海德格尔做了一系列讲座，并发表了题为“理性原则”的演讲，这些内容后来都被收录在《理性原则》（*The Principle of Reason*）一书中。在此书中他为自己晚期提出的一些观点和雄心给出了最为有力和令人信服的论述。海德格尔宣称，现代是一个“技术正以失控状态将其发明和产品带向包罗一切和最大可能完美”的时代。① 技术在我们的世界里无处不

---

① Heidegger, *The Principle of Reason*, tr. Reginald Lilly, Bloomington: Indiana University Press, 1992, p. 121.

在——从机械农业到在毒气室里制造尸体，甚至延伸到原子的层次，制造核武器释放摧毁人类及其家园的力量。然而，海德格尔认为，技术的本质并不在于技术本身，就像树的本质并不是树一样，在技术渗透生活的表面之下，技术乃是一种解蔽的方式，“从遮蔽状态而来进入无蔽状态中而带出”①，这种无蔽的状态和领域就是真理的领域。对海德格尔来说，技术带来的成果是最内在的和最隐蔽的现代性的本质。这个本质就是海德格尔所说的“理性原则”。

关于此问题，海德格尔在《理性原则》中用了很大一部分精力解释莱布尼茨提出的一个观点：没有什么是无原因的。在海德格尔看来，这个命题至少从柏拉图时代开始就已经成型并且悄然塑造着西方人的思维方式，从古希腊的亚里士多德，到苏格兰的休谟，再到德意志的莱布尼茨和康德。莱布尼茨在 17 世纪首次直接阐明，“一切事物当且仅当它被牢固地确立为可计算的认知对象时才可视为存在”。② 既然提出了所有存在本质是可计算性的认知，那么认知就会反过来问，为什么能被认知的东西才存在？为什么这就是存在的方式？所以，理性原则可以被重新表述为：没有什么事物是没有为什么的（或不能就“为什么”来认知的）。因此，西方现代启蒙的特点是，他们不断地探索“为什么”这一问题的答案，永不停息地渴望反思的理由。正如海德格尔所写的：“我们着眼于周围的一切，关心和满足我们。我们需要说明我们陈述的理由。我们坚持为每一种态度打下基础。常常我们满足于最直接的原因；过了一会儿，我们调查了更遥远的原因；最后，我们试图找到第一个原因，并询问最终原因。”③

针对这一问题，亚里士多德、霍布斯和康德这一派的看法是，对答案的渴望这种思考与反思是根植于人类本性（human nature）的，表明了人类本性对哲学、科学、物理学和形而上学的倾向。但海德格尔在他后期的作品中，认为是回答对“为什么”这个问题的渴望激发了所有的批判反思，从而使每一种理性的探究成为可能，而这并非人的本性。这种渴望不过是西方思想史上存在必然会走向的命运。这个世界没有为什么，也没有原因，有的只是我们对

---

① 〔德〕海德格尔：《演讲与论文集》，孙周兴译，生活·读书·新知三联书店，2005，第10页。

② Heidegger, *The Principle of Reason*, tr. Reginald Lilly, Bloomington: Indiana University Press, 1992, p. 120.

③ Heidegger, *The Principle of Reason*, tr. Reginald Lilly, Bloomington: Indiana University Press, 1992, p. 117.

"为什么"这个答案的渴望。而现在对于根本没有的为什么与原因，我们要放弃追问和反思。只有将人们的思考从西方长期以来占据统治地位的对为什么的回答的渴望中解脱出来，才能为下一步的超越做好准备。

对于如何实现这一步，海德格尔用了一首短诗来解释，"玫瑰没有为什么，它开花是因为它开花，它不注意自己，不问它是否被看见"。[①] 对于海德格尔来说，西方的思考必须学会变得更像玫瑰那样，要理解"人，第一次真正地在其本质存在的隐蔽领域中时，是当他们以自己的方式像玫瑰那样时，没有理由"。[②] 换言之，我们必须学会停止追根究底，停止为了关于我们自己、关于世界内的存在和事，以及关于整个世界的理由和解释而工作，并且要让我们自己、世界像玫瑰的盛开一样简单。那么在放弃了为什么之后呢？我们如何思考？在《理性原则》中，海德格尔的这些表述并不算特别清晰，因此我们也无法从此书中知道在放弃对为什么的追问后到底该怎么样，但我们可以从海德格尔写的另外两篇文章中窥见这一问题的答案。

二 栖居和思

要理解回答为什么这个问题的渴望，一种说法是，人类努力超越给定的世界，沿着有条件的原因追溯到第一个"无条件的"原因，它可以作为这个问题的最终的、确定的答案。正是这种对无条件者的追求，使我们在形而上学的研究中寻求启蒙。但海德格尔明确否定了，是这种无条件的冲动和倡导我们追求启蒙的思维，揭示或启示了物和世界，我们应做的是坚定地拒绝去反思这个世界，并且不去寻找这个世界之下更深入的任何解释或理解。这赋予我们以完全不同的方式居住在世界上的可能性。

《筑·居·思》和《物》是晚期海德格尔试图开创一种反启蒙的思考形式的最明显的例子。可能也因此这两篇文章在内容、风格上有很大程度的相似。这两篇文章都试图给出一个彻底非叙述性、非反思性的而且要求完全实用的和

① Heidegger, *The Principle of Reason*, tr. Reginald Lilly, Bloomington: Indiana University Press, 1992, p. 35.

② Heidegger, *The Principle of Reason*, tr. Reginald Lilly, Bloomington: Indiana University Press, 1992, p. 38.

在理论之前的描述，并且在这两篇文章中海德格尔用自己的理论力求将反思性和对为什么的追问排除出我们的思考。我们可以把这看成一个实验，既有趣又令人不安。

海德格尔的这两篇文章都着重于他所坚持的，在现代和启蒙的诡辩表象之下，人存在的真实特征，就像在技术的追问当中从对技术的追问最终追溯到了对人的追问一样。海德格尔说在本质上“我们是居住者”。栖居是“没有被经验为人的存在”“没有被思考为人之存在的基本特征”。在《筑·居·思》中海德格尔是用以下内容解释这一论断的：“人的存在基于栖居，并且是作为终有一死者逗留在大地上，这时候，栖居的整个范围就会向我们显示出来。但‘在大地上’就意味着‘在天空下’。两者一道意指‘在神面前持留’，并且包含着一种‘人之相互的归属’。”①

天、地、神、人——这是海德格尔的“四方”②（the fourfold），是任何可能世界的最基本方面，它们在人类栖居的“四重整体”③中显现出来。同时人也通过栖居而在这四重整体当中存在。因为在海德格尔看来这四者是统一的，在我们思考其中任何一个的时候，“我们就已经一道思及其他三方”④。为了表述这一概念，海德格尔用了一种类似于宗教当中神谕的表达手法，但是其结果也是像神谕一样有些模糊不清。

“终有一死者栖居着，因为他们拯救大地……

“终有一死者栖居着，因为他们接受天空之为天空……

“终有一死者栖居着，因为他们期待着作为诸神的神……”⑤

海德格尔或许意识到他的这种表达太过复杂有可能无法表明其意图，这种使用重言式的表达也实在令人难以琢磨，所以海德格尔用了一种自问自答的方式推进了对这一内容的解释：“终有一死者如何实现作为这种保护的栖居呢？”⑥ 而且用了桥这个例子来表述世界中个体事物如何显现自己，以阐明自

---

① 〔德〕海德格尔：《演讲与论文集》，孙周兴译，生活·读书·新知三联书店，2005，第 157 页。

② 〔德〕海德格尔：《演讲与论文集》，孙周兴译，生活·读书·新知三联书店，2005，第 157 页。

③ 〔德〕海德格尔：《演讲与论文集》，孙周兴译，生活·读书·新知三联书店，2005，第 158 页。

④ 〔德〕海德格尔：《演讲与论文集》，孙周兴译，生活·读书·新知三联书店，2005，第 157 页。

⑤ 〔德〕海德格尔：《演讲与论文集》，孙周兴译，生活·读书·新知三联书店，2005，第 158、159 页。

⑥ 〔德〕海德格尔：《演讲与论文集》，孙周兴译，生活·读书·新知三联书店，2005，第 159 页。

己的观点。“桥同样也并不首先是一个象征——就它表达出某种严格讲来并不属于它的东西而言的一个象征。如果我们严格看待桥，它就绝不显示为表达。桥是一个物，而且仅是这一物。仅仅吗？作为这一物，桥聚集着四重整体。”①

在《筑·居·思》中，四重整体是横越溪流的一座桥，同时说这座桥“聚集着四重整体”，意思就是说桥是组成这个特定世界的每一个“物”的联结。用海德格尔的话说，“桥不只是把已经现成的河岸联结起来。而在桥的横越中，河岸才作为河岸而出现”同样“桥把大地聚集成河流四周的风景”。②

桥作为一条穿越的通道出现在神灵面前，我们应当确切地感受到并感谢它们的存在。就像桥是圣人的形象那样，或者它的神圣性被阻碍而没有显现，甚至完全被推挤到边缘。桥以自己的方式聚集在大地和天空、神和凡人身上。在此桥作为一个物限定并统一了四重，没有桥也没有人，只有四重整体的纯一性。没有人在反思，也没有反思的对象。

海德格尔在其另一篇文章《物》中对另一件事物“壶”做了更详细的描述，用以说明一物是如何限定并统一“四重”的。“倾注之赠品乃是终有一死的人的饮料。它解人之渴，提神解乏，活跃交游。但壶之赠品时而也用于敬神献祭。如若倾注是为了祭神，那它就不是止渴的东西了。它满足盛大庆典的欢庆。这时候，倾注之赠品既不是在酒店里被赠予的，也不是终有一死的人的一种饮料，倾注是奉献给不朽诸神的祭酒。”③

这就是海德格尔描述倾注和倒出壶里的东西的过程。“倾注”一词在希腊文和印度日耳曼语系中的本意就是捐赠和牺牲，因此壶在此时显现为海德格尔笔下的倾注之赠品：“倾注的壶才作为馈赠的赠品成其本质。”④

大地与天空、诸神与终有一死者同时栖留在这倾注之赠品中，共属一体，成为唯一的四重整体。在这倾注之赠品中壶之为壶成其本质，并逗留着四方之纯一性。

海德格尔试图揭示在启蒙之前，原始人类世界的根本、内在意义。与现代科学让我们相信的相反，壶并不是首要的。把它视为一种具有人类赋予的各种

---

① 〔德〕海德格尔：《演讲与论文集》，孙周兴译，生活·读书·新知三联书店，2005，第161页。
② 〔德〕海德格尔：《演讲与论文集》，孙周兴译，生活·读书·新知三联书店，2005，第160页。
③ 〔德〕海德格尔：《演讲与论文集》，孙周兴译，生活·读书·新知三联书店，2005，第180页。
④ 〔德〕海德格尔：《演讲与论文集》，孙周兴译，生活·读书·新知三联书店，2005，第180页。

意义的特定物理属性的物质，这种设想壶的方式与其真正本质相反。因为壶真正的本质并不在于其物理的属性，而在于虚空，正是虚空的本质使其成为壶这一物体，壶壁、壶底都不是其本质。壶在它自身中存在，这是一种在有意义的、具体的世界中用于具体的、切近目的的东西。换句话说，意义和目的总是在前的，先有倾注，再有倾注之赠品。当我们忙于做一些其他事的时候，会注意到壶，但我们不会以任何方式反思它。壶的本质是在倾注之中显现的，而不是反思。

在现代生活中，反思被认为是认识这个世界所必需的，是在世界的结构之中的，但是反思妨碍甚至摧毁了与物的这种原始关系。因此，海德格尔对农家院偏爱有加，因为其中“筑造”仍然通过“栖居”得以保持——“惟当我们能够栖居，我们才能筑造”“在那里，使天地神人纯一的进入物中的迫切能力把这座房屋安置起来”。[①] 栖居是无原因的，因为栖居而栖居，这就是人的存在，是不可反思的，因为栖居与人共属一体。海德格尔之所以坚持使用近乎诗意和神秘的语言来捕捉人类居住的原始世界的本质，是因为哲学传统是反思和解释，而不是让反思前的世界展现自己。而人是诗意的栖居在大地之上的，以神性来度量自身，“达到人之栖居本质那里”[②]，实现天、地、神、人四重整体。

海德格尔确信，在哲学反思面前这个世界是十分脆弱的，因为哲学反思可以非常高效率地摧毁世界，或者至少阻碍我们进入世界。正如海德格尔在《物》中所写的那样：“而不如说，世界之世界化，之所以不可说明和论证，是因为诸如原因和根据之类的东西是与世界之世界化格格不入的，一旦人类的认识在这里要求一种说明，它就没有超越世界之本质，而是落到世界之本质下面了，人类的说明的愿望根本就达不到世界化之纯一性（onefold）的质朴要素中，当人们把统一的四方仅仅表现为个别的现实之物，即可以相互论证和说明的现实之物，这时候统一的四方在他们的本质中早已被扼杀了。”[③]

世界的本质是通过世界化本身而成，而不是其他任何现实之物。如果通过反思来面对这个世界，那么天、地、神、人的四方纯一性就没有了，我们能够认识的也只是对这个世界的解释而不是这个世界。换句话说，“神”的现实性或非现实性不能通过反思或试图反思“人”的特征来解释，大地和天空也不

---

① 〔德〕海德格尔：《演讲与论文集》，孙周兴译，生活·读书·新知三联书店，2005，第 169 页。
② 〔德〕海德格尔：《演讲与论文集》，孙周兴译，生活·读书·新知三联书店，2005，第 215 页。
③ 〔德〕海德格尔：《演讲与论文集》，孙周兴译，生活·读书·新知三联书店，2005，第 188 页。

会被解释的意志驱使的人类所关注。哲学和科学对世界和人存在的反思是和目的与意义不相容的，启蒙也是如此。

当现代人发现自己处于启蒙时代的世界或者后启蒙时代的世界，一个充斥着反思与解释的时代时，他们该如何回应自己的处境呢？根据海德格尔在《物》中的观点，我们别无选择，只能继续前进。对于后期的海德格尔来说，前进首先需要我们“从一味表征性的亦即说明性的思想返回到，思念之思”。[①]我们必须学习一种新的思维方式，一种把自己限制在栖居要求的界限之内的思维方式——“惟有终有一死的人，才在栖居之际通达作为世界的世界。”[②]

海德格尔在《物》中有一段话是试图解释“思”的含义的：“如果我们让物化中的物从世界化的世界而来成其本质，那么，我们便思及物之为物了。如此这般思念之际，我们一任自身为物的世界化本质所关涉了。如此思来，我们就为物之为物所召唤了。在语词的严格意义上来讲，我们乃是受限制者（die-BeDingten）。我们已经把一切无限制者的狂妄抛弃了。”[③]

在《物》中，海德格尔描绘了田园般的景象，描绘了我们从栖居视角思考的世界会如何呈现，其中“苍鹰和狍子、马和牛，也是物。每每以自己的方式物化之际，镜子和别针、书和图画、王冠和十字架也是物”。[④] 这也反映出海德格尔个人偏爱农民的生活方式。但他也指出，要想提前确定或预期任何思想的内容是不可能的，因为这些内容是以自己的方式物化于四重整体的。海德格尔认为他所倡导的思想是为新的存在世界的降临做准备，我们必须开放，准备好接受它，无论它是什么。

三　反启蒙的理想

海德格尔 1966 年在接受《明镜》周刊采访时非常清晰地阐述了他对现代世界、哲学和思想的最终看法。当被问及哲学是否能够改善世界时，他说：“哲学将不能引起世界现状的任何直接变化。不仅哲学不能，而且所有一切只

① 〔德〕海德格尔：《演讲与论文集》，孙周兴译，生活·读书·新知三联书店，2005，第 190 页。
② 〔德〕海德格尔：《演讲与论文集》，孙周兴译，生活·读书·新知三联书店，2005，第 191 页。
③ 〔德〕海德格尔：《演讲与论文集》，孙周兴译，生活·读书·新知三联书店，2005，第 190 页。
④ 〔德〕海德格尔：《演讲与论文集》，孙周兴译，生活·读书·新知三联书店，2005，第 191 页。

要是人的思索和图谋都不能做到。只还有一个上帝能救渡我们……这个世界之所以成为今天这个样子以及它如何成为今天这个样子，不能是通过人做到的，但也不能没有人就做到。这件事在我看来是和下述这件事联系在一起的：我用一个长久流传下来、含义很多而现在又遭废弃的字眼‘存在’来称呼这个东西，需要有人启示它维持它使它成形……就是要帮助达到此种见地：再多的事思想也要求不了。哲学到此结束。”①

很明显，此时的海德格尔完全违背了哲学启蒙的理想，放弃了反思的理性。在哲学反思与启示的古老争论中，海德格尔宣告了哲学的终结而且站在了宗教启示一边。几个世纪以来，所有对启蒙有过深入研究的倡导者都认识到，宗教启示是对人类生活和思想立场的一种根本替代。就像启示的捍卫者理解批判反思所带来的巨大挑战一样。启蒙运动的捍卫者要求人们不追求被真理标准和权威约束的知识，因为这些知识是对我们理性与自由的侵占，是对我们思考的限制。而海德格尔则坚持限制的必要性，坚持接受一种神秘的、全面的真理的必要性，这种真理的起源超越了人类的能力，坚持认为存在某种实体或机构来设定这些限制并决定真理的内容。对后一种群体来说，这启示胜过人类利用自身有限的力量进行反思的任何尝试。

在这一方面海德格尔用以反抗启蒙的反思对启示的辩护与正统宗教信徒的辩护是一致的。但在其他方面海德格尔与传统的启示辩护者又存在根本不同之处。海德格尔并没有捍卫任何启示的真理，而是捍卫启示本身。因为海德格尔拒绝依赖或诉诸任何先验启示的内容。真理的每一个先验概念都必须被抛弃，它的残余必须被清除，这样我们才能准备好接受一个新的启示。海德格尔试图开创一个充满期待的先知和不信神的神学家的时代。这是对一种纯粹形式的启示的辩护，完全不受权威或任何传统的影响与调节，这是在海德格尔看来在令人厌恶的理性世界里的唯一可能的替代品。

海德格尔认为我们把对“为什么”的追问和反思批判当作不言而喻的东西，是在长期以来西方哲学传统对为什么的追问的影响下而形成的偏见。然而启示与哲学反思的冲突是从来就有的，至少可以追溯到古希腊以雅典诸神的名义与苏格拉底强调哲学反思的对抗。这是古代的反启蒙运动。到了现代早期，

① 《海德格尔选集》，孙周兴主编，生活·读书·新知三联书店，1996，第 1306、1307 页。

教会与启蒙运动的拥护者仍然对立，但是教会坚持把真理寄托于毋庸置疑的权威而非启示本身上，这其实是对启示的背叛。

一个拒绝一切权威和传统、理性和反思、自然和习俗的人，如何知道他的评价和判断标准来自什么呢？对海德格尔来说现代性的启蒙是一个令他厌恶但又十分重要的事，所以海德格尔选择用自己的方式否定它，对其表现出漠不关心的态度以至不承认存在启蒙。这对他来说已经足够了。只有那些放弃了一切自我批评的人，才能享受到这种奢侈。其他人必须更加谨慎。海德格尔的一些哀叹或许是正确的。从苏格拉底到今天，启蒙的拥护者有时会对其过于强调理性批判和反思的局限性视而不见。启蒙以理性的方式改造着社会、改造着大众，抽象理性凌驾在了个体的人之上，以自由为目的的启蒙反而导致了个体自由的丧失，然而海德格尔用自己的方式让自由重归个体的人自身。18 世纪启蒙留下的问题可能比当代其支持者所愿意承认的要复杂得多。海德格尔对启蒙的厌恶更像是其对启蒙的失望所产生的一种情绪，但这个情绪当中也确有值得我们思考的价值。但这一切都不能证明海德格尔呼吁我们牺牲的批判智慧是合理的。

在康德的《启蒙是什么》发表两百年后的 1984 年，福柯针对康德的这篇文章也以相同的题名发文回应："这或许只是篇小文章。但是，在我看来，它标志着悄然切入某个问题的思想史。对于这个问题，现代哲学既没有能力做出回答，可也从未成功地予以摆脱。"① 显然在福柯看来启蒙的争议远远没有到解决的时候。对于这一争议海德格尔也没有解决，故而哲学尚未终结，人们只是以各种不同的形式重复这一问题。对于福柯来说，正是对这一问题的思考决定了我们今天之"所是、所思和所为"。在福柯看来启蒙就是哲学思想反思自身的现在。至于这种反思能否让我们达到康德所说的成熟状态下的成年，福柯与海德格尔的态度是一致的，那就是充满了无限的悲观，毕竟直到现在我们也未曾达到这样的状态。但是相比于海德格尔，福柯似乎并不关心我们是否能达到这种状态，因为在福柯看来更加重要的是反思启蒙构建对我们自身的批判性追问的意义。可以看出无论福柯或是康德都将反思批判作为启蒙的信念，而反思批判的具体实践则是追问，不是问，而是追问。从这个角度来看海德格尔对反思批判与启蒙的否定也不过是在启蒙框架内对启蒙的反思。

---

① Foucault, *Ethics: Subjectivity and Truth*, The Penguin Press, 1997, pp. 303 - 319.

Abstract

From Natural Equality to Equality of Rights:

A Research on Pufendorf's State Theory

Ning Fan　Du E

Abstract: With the aim to justify the sovereignty of Holy Roman Empire, Pufendorf analyzed the constitution of the empire in seventeenth century mostly from the perspective of sovereignty. By virtue of moral philosophy, he could provide the flexible explanation for his state theory. The irregularity of the empire will be discussed, following which is the exploration about how Pufendorf constructs the constitution of the empire by utilizing the *System of States* as a new form of government. This article will also discuss the relationships between the territorial states by explaining how Pufendorf demonstrates the territorial states which have equality of rights from the concept *Ius*. Furthermore, the article intends to point out that the territorial states will be confronted with the contradiction between equality of rights and substantive inequality. Thoroughly, it indicates the conflict between the common will of the system of states and the individual wills of territorial states. Pufendorf attempted to mitigate the contradiction by defining the powers of the system of states.

Keywords: Pufendorf; Empire; System of States; Sovereignty; Equality of Rights

A Metaphysical Concept of "State of Nature":

On Kant's "State of Nature"

Hu Lei

Abstract: "State of nature" is a concept used by many philosophers in the history of political philosophy. The unique meaning and significant role of this concept in Kant's philosophy, however, have not been fully elucidated. For Kant, state of nature is neither a historical nor an anthropological concept, that is, it is not a special stage that once occurred in the history of human beings and was later been surpassed. Rather, it is the opposite of rightful condition, in other words, it is a state lacking public coercive laws that can be given merely by a will giving laws for everyone. The reason why the human race need to get rid of the state of nature lies not in those empirical purposes like self-preservation and pursuit of greater interests, but in the maintenance of rights, and in the final analysis, leaving the state of nature is for the pursuit of freedom. On the other side, the struggle with the state of nature is not a once-and-for-all undertaking, but rather a lasting mission, and in this sense, perpetual peace is an ideal that is unachievable but can be approached continually. All in all, "state of nature" is, for Kant, a metaphysical concept.

Keywords: State of Nature; A Will Giving Laws for Everyone; Metaphysics

The Possibility of Things and the Sufficiency of God:

On the Relationship between the Concept of God and Optimism during Kant's Pre-critical Period

Zhou Xiaolong

Abstract: The concept of God is the essential problem of the thoughts during Kant's pre-critical period, which also influenced his thinking of God during his critical period. This article examines how Kant fought against optimism on the basis of the sufficiency of God at the beginning and later turned to optimism, but at the same time still adhered to the sufficiency of God during the years from 1753 to 1763. This article attempts to outline the above clues and to explore, Kant insisted on the sufficiency of God and optimism simultaneously, is this feasible? This article hopes to sort out the complex relationship between the concept of God and optimism during Kant's pre-critical period and provide clues for the understanding the concept of God in his critical period.

Keywords: Concept of God; Possibility; Sufficiency; Optimism; Theodicy

Kant's Theory of the Highest Good

Ralf M. Bader

Translated by Ruan Hang

Abstract: This chapter provides an interpretation of the account of the highest good that Kant puts forward in the *Critique of Practical Reason*. The chapter addresses in particular the questions (i) why happiness is included in the highest good, (ii) in what way we are meant to bring our dispositions into complete conformity with the moral law, (iii) why happiness should be distributed in proportion to virtue, (iv) in what sense the highest good is something that we are meant to bring about, and (v) why the validity or bindingness of the moral law presupposes the possibility of the highest good.

Keywords: Kant; Highest Good; Virtue; Happiness; Immortality; Proportional Justice; Postulates of Practical Reason

On the Transcendent meaning of World Theory of Kant's Philosophy

Qiang Yihua　Zhang Di

Abstract: Metaphysics which we will call it old metaphysics before Kant's new metaphysics constructed separately the world theory of idealism or rationalism based on the Plato route and the world theory of materialism or empiricism based on the Aristotle route. Starting from epistemology, Kant's new metaphysics constructs a world theory by combining materials and forms based on the innate principles of human pure theoretical rationality. By establishing ontology on the basis of epistemology, Kant's new metaphysical world theory reverses old metaphysical world theory, that is, it use an "inner" phenomenon world within experience with its own laws to replace external and independent world beyond experience. On Ontology, world theory proposed by Kant on epistemology is more in line with the facts than the world theory of the old metaphysics; On epistemology, it is more conducive to the elimination of inherent difficulties of the old metaphysical epistemology. Therefore, it transcends the world theory of the old metaphysics.

Keywords: Old Metaphysics; New Metaphysics; Theory of World; Transcendent Meaning

Kant's Political Philosophy as a Theory of Non-Ideal Normativity

Christoph Horn

Translated by He Teng　Tan Wenzhang / 106

Abstract: Kant's political philosophy confronts its interpreters with a crucial difficulty: it is far from clear if (or how) Kant, in his political theory, makes use of the Categorical Imperative (CI). It is notoriously demanding to clarify the relationship that exists between his political thought on the one hand and the ethics of the *Groundwork* and the *Critique of Practical Reason* on the other. There are basically two interpretative options available: the more traditional *dependence reading* and the somewhat provocative *separation reading*. Following the first option, the nor-mativity included in "right" (*Recht*) is immediately derived from the normativity of the "Moral Law" as we know it from the 1780s. According to the second reading, Kant's legal normativity is substantially different from what we know as those foundations and procedures on which the Categorical Imperative is based. In this article, a third interpretation is defended that tries to combine the advantages of the previous two. In the political realm we are, according to Kant, dealing with a somewhat different type of normativity which still shows some connection with the moral law. It turns out that Kant's political normativity is not just a kind of "applied ethics" . Kant has formulated a non-ideal form of normativity, according to which "non-ideal" means: a weaker version of normativity which can be lived up to by human beings, which is appropriate to specific situations and which is intended for a long-term effect, namely that of a historical development.

Keywords: Categorical Imperative; Kantian Idea of Morality; Political Normativity; Legal Theory; Philosophy of History

A = A: Zur identitätslogischen Systemgrundlegungbei Fichte, Schelling und Hegel

Philipp Schwab

Translated by Wang Ding / 127

Abstract: Der Beitrag verfolgt ein zweifaches Anliegen: Er zeigt einerseits auf, dassdie Systemgrundlegung aus einem ersten Prinzip , "absoluter Identität" , orientiert amlogischen Satz A = A, den gemeinsamen Ausgangspunkt im frühen Denken Fichtes, Schellings und Hegels bezeichnet. Andererseits macht er deutlich, dass die Wege deridealistischen Denker sich gerade am Gegenbegriff zur Identität trennen-demBegriff der Differenz. Vor diesem Hintergrund werden die wesentlichen Etappeneines , "Streits um die Differenz" in den Jahren 1794 –1801 rekonstruiert. Zwei ,Züge dieses Streits sind dabei zu unterscheiden: Die Debatte zwischen Fichte undSchelling betrifft eine materiale Differenz, der Disput zwischen Schelling und Hegelentzündet sich an einer strukturalen Differenz.

Keywords: Deutscher Idealismus; Fichte; Schelling; Hegel; Identity Logic System

A Brief Study on Schleiermacher's Christology

Zhang Yuntao / 149

Abstract: Schleiermacher, the father of modern theology, deeply investigates into and analyses Christologies of Protestant Orthodoxy and Rationalism in the age of Enlightenment and their respective dilemmas. The theory of one divine-human nature in Christ of the former has the difficulty of inherent incoherence. Its understanding of the work of Christ is magical, and overlooks the natural medium on which it depends as well as the importance of the life fellowship between Christ and his disciples. The latter denies wholly the essential differences between the person of Jesus Christ and all other human beings, and regards him only as a moral teacher or exemplar, who makes a positive impact on others just through external teaching and giving examples, and thus this understanding is plainly empirical. In contrast, Schleiermacher gives his own version of "mystical" Christology which has the character of reconciliation. It transforms the traditional theory of one divine-human nature in Christ and claims that Jesus Christ is the completion of creation of human beings, and thus alone he is the true person and prototype of human beings. His perfect human nature consists in that all moments of his life are wholly determined by his absolutely powerful God-consciousness and become organs or instruments through which it manifests itself. That is to say, God as the pure activity is in him. Only through redemption accomplished by Christ, all other human beings can establish the life fellowship with God and become true human person. Only by participating into the wholly new corporate life founded by Jesus Christ, they can receive his redemptive Grace. Since what this version of Christology is concerned about is that God is incarnate, and finishes his creation through redemption of human being so as to make the world reconciliation with him, it is Christology "from above", rather than "from below" . Furthermore, its object is not human possibility, as Karl Barth criticized, but divine possibility.

Keywords: Christology; Magical; Empirical; Mystical; Supernatural; Natural

How can Intuition be Described?

—On a Difficulty in Husserl's Phenomenology

Tan Wenzhang

Abstract: "Returning to the things-in-themselves" may mean that "the things themselves appear to me" or that "I make the things themselves appear." If it is intuition that makes it possible that "the things themselves appear to me", then "description" plays key part in that "the things themselves not only appear to me", that is to say, "the things themselves are further revealed to others through my description." It is the description that truly breaks through solipsism and becomes a key link in phenomenology. But this ideal blueprint encounters a technical difficulty-how can the intuitive content be accurately described? This is the core topic of this article.

Keywords: Phenomenology; Intuition; Description

Beyond or Beneath Good and Evil?

—Heidegger's Purification of Aristotle's Ethics

Francisco J. Gonzalez

Translated by Liu Mingfeng

Abstract: Heidegger's ontologization of Aristotle's ethics is reflected in many aspects, including agathon, arete, hedone, courage, truthfulness and proairesis. Specifically, Aristotle proves the agathon of mankind on the grounds of happiness and considers it to be the telos of man. With the ontologization of the concept of telos, Heidegger excludes "agathon" from any relationship with choice, desire and decision, so as to "agathon" ontologization. At the same time, Heidegger equates hexis with virtue, and places it in the moment decision of the collected being, The things that were originally classified as moral and immoral by Aristotle in a mesotes sense is be ontologicalitied what is authentic and inauthentic. Similarly, the distinction between hedone and lype is replaced by the "seizing upon one's own existence" and "fleeing one's own existence" after the ontologization; the courage is changed from being calm to face death for noble to being self-existing when faced with Angst. Heidegger's ontologization such is completely exposed when interpreting "proairesis." Simplify the virtue to the aletheuein which sence of dianoetic virtues, and it is regarded as the decision of science. The most real decision is the decision of science. But the decision to "pro" becomes a "against" in the negative sense, so the ture proairesis as hexis is from everyday life but against daily life. Thus, the transformation of virtue, hexis and proairesis has completely eliminated its ethical significance.

Keywords: Agathon; Arete; Hexis; Proairesis; Ontologization; Ethics

Exploration of Heidegger's Anti-Enlightenment Thought

Ma Xun / 222

Abstract: Since ancient Greece, the tradition of western philosophy has been asking "why" . However, Heidegger denies that the longing for an answer to the question of why is comes from our human nature. We have to stop asking after causes, to stop striving for grounds and explanations—about ourselves, about beings and events within the world, and about the whole world. What we should do is firmly refuse to reflect on the world and seek any further explanation or understanding of it, and then to allow the pre-reflective world to reveal itself. Heidegger used his four-fold holistic theory to exclude the reflective criticism and the asking of why from our thinking, which grant us " the possibility of dwelling in the world in a totally different way" . But none of this is enough to justify Heidegger's call for us to sacrifice the wisdom of reflective and criticism.

Keywords: Heidegger; Enlightenment; Reflection-critical; Reason

图书在版编目(CIP)数据

德国哲学. 2019年. 上半年卷 / 邓晓芒，戴茂堂主编. -- 北京：社会科学文献出版社，2020.5
ISBN 978-7-5201-6077-3

Ⅰ. ①德… Ⅱ. ①邓… ②戴… Ⅲ. ①哲学-研究-德国-丛刊 Ⅳ. ①B516-55

中国版本图书馆CIP数据核字(2020)第026210号

德国哲学（2019年上半年卷）

主　　编 / 邓晓芒　戴茂堂

出 版 人 / 谢寿光
责任编辑 / 周　琼
文稿编辑 / 刘　翠

出　　版 / 社会科学文献出版社 · 政法传媒分社（010）59367156
地址：北京市北三环中路甲29号院华龙大厦　邮编：100029
网址：www.ssap.com.cn
发　　行 / 市场营销中心（010）59367081　59367083
印　　装 / 三河市东方印刷有限公司

规　　格 / 开　本：787mm×1092mm　1/16
印　张：15.25　字　数：256千字
版　　次 / 2020年5月第1版　2020年5月第1次印刷
书　　号 / ISBN 978-7-5201-6077-3
定　　价 / 98.00元